U0458097

法学国家教材建设重点研究基地
大教材观研究文丛

主　编　姜泽廷　马怀德

执行主编　刘艳红

法学国家教材建设重点研究基地
大教材观研究文丛

丛书主编 姜泽廷 马怀德

我国法学专业
课程体系研究

刘坤轮 著

中国政法大学出版社

2025·北京

本书为国家教材建设重点研究基地2023年教育部重点规划项目

"中国法学教材的评价标准和要点研究"

本书受中国政法大学出版基金资助

树立"大教材观"，开创教材建设新局面
——"大教材观研究文丛"代序言

习近平总书记早在 2016 年哲学社会科学工作座谈会上就指出，学科体系同教材体系密不可分。学科体系建设上不去，教材体系就上不去；反过来，教材体系上不去，学科体系就没有后劲。但纵观中国社会科学知识界，对于教材的认识还存在着简单化、单一化、复制化、虚无化等问题，这阻碍了新时代中国特色自主教材体系建设。对此，应加强顶层设计，树立"大教材观"，充分认识到教材之于立德树人和教育强国建设的重要意义，加快开创中国哲学社会科学教材建设新局面。

一、"大教材观"的基本立场

在哲学社会科学领域，导致教材领域出现问题的原因很多，但关键症结在于没有科学正确的教材建设指导思想。指导思想的缺位导致教材建设工作简单化，教材建设体制机制运行不畅，教材建设无法构建起科学路径，自主教材体系的构建出现速度缓慢、内容贫瘠、影响有限等问题，迟滞了中国特色社会主义自主教材体系的构建进程。针对这些问题，应尽快构建起中国特色哲学社会科学教材建设的指导思想。目前来看，将大教材观作为统筹解决教材建设中所遇各种问题的指导思想最为恰当。

第一，大教材观认为教材是中心明确的教育要素体系。经典的教材内涵既包括学科内容（subject - matter），也包括教学材料（teaching materials），是二者的有机结合体。前者意味着教材具有知识扬弃的基础功能。后者意味着教材需要表现为具体的载体形态。

学科内容和教学材料的完美结合体就是经典教科书，这是教材教育要素体系非常清晰明确的中心。围绕经典教科书展开的知识创造和教科书辅助材料不断外扩，形成一个类似同心圆球体的教材要素体系。任何简单化或泛化地理解教材的做法，都将不利于中国特色哲学社会科学教材体系的建设布局。

第二，大教材观认为教材体系是学科体系、学术体系、话语体系的根基和骨架。学科体系的主体内容，学术体系的核心概念和范畴，话语体系的规范表达，必然都是哲学社会科学的理论共识，经过实践检验，并为学术界所认可的。但理论共识、实践检验和学界认可，只是构成了成为教材的必要条件，真正成为教材还需要一系列去粗取精、提炼、转化、融合的规范加工过程，从而确保教材的启智增慧。从这个意义上说，在哲学社会科学领域中，教材是学科体系、学术体系、话语体系的根基和骨架，没有教材体系，其他体系的发展就会根基不牢。正如习近平总书记所说，教材体系上不去，学科体系就没有后劲。

第三，大教材观认为教材是最大的思政。党的十八大以来，党和国家高度重视思想政治教育工作，所谓育人的根本在于立德，说的就是思想政治教育。习近平总书记早在 2016 年 5 月 17 日哲学社会科学工作座谈会上就已经点明，"我们在实施马克思主义理论研究和建设工程的过程中，教材建设取得了重要成果，但总体看这方面还是一个短板"。2018 年 9 月 10 日，在全国教育大会上，习近平总书记又对教材的思政功能进行了专门强调，"教材是传播知识的主要载体，体现着一个国家、一个民族的价值观念体系……教材要坚持马克思主义指导地位，体现马克思主义中国化要求，体现中国和中华民族风格，体现党和国家对教育的基本要求，体现国家和民族基本价值观，体现人类文化知识积累和创新成果……教材建设要加强政治把关。政治上把握不对、不到位的教材，要一票否决。简单贴政治标签，不顾教材体系完整、逻辑完备，断章取义塞入政治内容，搞得不伦不类的教材，也要不得。"此外，关于思想政治教育的各种指导性文件也不断出台，或写入国家重大决议，如党的二十届三中全会《决定》中要求"完善立德树人机制，推进大中小学思政课一体化改革创新"。但目前来看，思想政治教育工作尚不尽如人意或不够好，其中一个重要的原因就在于教材的思政育人功能没有被真正重视起来，没有认识到教材才是最大的思政，尤其是在哲学社会科学领域。

第四，大教材观认为教材是人才培养成功的关键。习近平总书记在党的二十大报告中明确指出："教育是国之大计、党之大计。培养什么人、怎样培养人、为谁培养人是教育的根本问题。育人的根本在于立德。全面贯彻党的教育方针，落实立德树人根本任务，培养德智体美劳全面发展的社会主义建设者和接班人。"这就说明，教材是教育知识传授、能力养成、伦理塑造的核心媒介，决定着社会主义建设者和接班人是否有理想、有本领、有担当。教材引导着学生爱党爱国爱社会主义，坚定"四个自信"，树立正确的世界观、人生观、价值观。一流人才、一流课程、一流专业都要靠一流教材来支撑。没有高质量教材，即便有好的专业、学科、教师，也很难把学生培养成高水平人才。教材是一座点亮人民心中理想和信仰的灯塔。在东西方竞争加剧、不同思想价值观念碰撞的背景下，教材是育人育才的重要关口，通过教材能让学生深刻认识中国之治的密码、人类社会发展的趋势和规律等，树立对马克思主义的信仰，对中国共产党和中国特色社会主义的信念，对实现中华民族伟大复兴的信心，从而坚定不移听党话、跟党走，做社会主义建设者和接班人。

第五，大教材观认为教材是科学研究的集成沉淀和动力源泉。这实际上针对的就是教材的三基五性。对于人文社会科学来说，教科书的内容是学科主体知识的集成沉淀，是学科知识的精华，这就是教材的基本知识、基本理论和基本技能。2014年9月11日，习近平总书记在前往塔吉克斯坦的专机上很有感触地说，"古诗文经典已融入中华民族的血脉，成了我们的基因。我们现在一说话就蹦出来的那些东西，都是小时候记下的。语文课应该学古诗文经典，把中华民族优秀传统文化不断传承下去。"实际上指的就是语文教科书的三基，其他学科也同样如此。不能忽视的另一面是，教材还具有创新的重要功能，这种功能既可能是在基础夯实的情况下发生，也可能是在基础断裂的特殊情况下发生。前者为文化稳定的常态情形，后者则主要发生在经济、政治、社会制度等重构的时期，比如新中国的哲学社会科学知识体系一度是从大学的自编教材开始启动的。

第六，大教材观认为教材是国家文化传承和对外交流的重中之重。这一点仍需要再一次强调出来，原因在于，尽管教材对传统文化传承的重要价值学界基本都认可，但在过去一段时间里，学界对此并没有投入足够的重视，以至于教材里有很多西方的理论和知识，甚至出现了将中国古代经典诗词和散文从课本中去掉的情况。对此，2014年习近平总书记在参观北师大"尊师重教、筑梦未来——庆祝第三十个教师节主题展"时就指出，"我很不赞成把古代经典诗词和散文从课本中去掉，'去中国化'是很悲哀的。应该把这些经典嵌在学生脑子里，成为中华民族文化的基因。"这也正是国家教材委员会启动的中国经济学、中国法学、中国新闻学等教材系列被如此看重的原因。与文化传承紧密相连的就是教材在文化对外交流中的重要作用，西方世界的世界观和价值观、学科体系、学术体系、话语体系，通过教材和我国文化"交流"，但也在一定程度上出现了"文化侵蚀"的现象。可以说，没有中国自主的教材体系，中国声音、中国智慧、中国方案可能就是镜花水月。

二、如何树立"大教材观"

党的十八大以来，党和国家高度重视中国特色哲学社会科学工作，习近平总书记在多个场合多次强调，要构建中国特色哲学社会科学自主知识体系。党的二十大和党的二十届三中全会《决定》更是将中国特色哲学社会科学自主知识体系和中国式现代化紧密关联起来，明确了加快构建中国特色哲学社会科学学科体系、学术体系、话语体系的战略任务。近年来,中国哲学社会科学自主知识体系的构建初见成效,但离党和国家的需要、人民的期待还尚有距离,其中一个重要的原因在于对中国自主性、原创性教材体系的重视不足,而要解决这一问题,应尽快从以下几个方面树立大教材观。

第一,明确以大教材观为国家教材建设的指导思想。2017年,中华人民共和国国家教材委员会成立,职责是指导和统筹全国教材工作,办公室设在教育部教材局,负责全国教材工作的具体执行。虽然成立时间短,但全国教材工作的制度体系和编写、选用、研究、审核、使用、创新等系列工程等都已卓见成效。然而,一个不得不说的问题是,目前顶层制度的关注焦点仍是以教科书为中心的,是较为偏狭的教材观,没有看到教材是中心明确、内涵丰富的教育体,这也导致很多工作在推进方面犹豫不决,推进乏力。因此,为尽快支撑起教育强国建设,加快构建起中国哲学社会科学自主体系,就应该解放思想,从教材极简主义、虚无主义、本本主义等错误思潮的桎梏中解放出来,明确将大教材观作为国家教材建设的官方指导思想,坚持科学规范、守正创新,加快开拓中国哲学社会科学自主教材建设新局面。

第二,以大教材观为指导推进教材管理体制机制改革。目前我国的教材工作休系国家层面的实体机构为教育部教材局,也是国家教材委员会办公室。从法理上说,这应该是国家教材建设的最高执行机构,但实际情况并非如此,教育部教材局的职责只是"牵头负责部内教材建设和管理……"这里面还存在部分瑕疵,即教育部教材局不能以自己的名义统筹全国的教材建设工作,因为很多教材的实际建设、管理工作可能分散在各个部委,甚至教育部司局内部。其中存在权责不清的情况,也就是常说的管理体制机制问题。要解决这一问题,首要的就是要有大教材观,也就是真正将教材视为"国家事权",职责都明确落实到具体的管理主体。

第三,以大教材观为指导大幅丰富中国特色哲学社会科学教材体系的建设内涵。在具体的执行方面,有了大教材观的理论指导,教材建设的关注点就不能局限于教科书和教辅材料，而应该全面关注以学科知识和教学材料为中心的整个教材教育体系。鉴于当前的工作基础主要围绕的是教学材料，围绕这一维度的建设就应当扩展外延至课堂教学所涉及的各种教学资料，包括但不限于教科书、教辅材料，以及支撑形成教科书和教辅材料的教学方案、教学大纲、教学实施计划、课堂教程、课程讲义、课堂案例，还有围绕其实施的教学方法等，立体展开并迅速丰富我国教材体系作为教学材料维度的内涵。

第四，以大教材观为指导牵引哲学社会科学自主知识体系构建。这是教材学科内容，也就是知识体系的维度。一定程度上，教材教学材料维度是形式，教材学科体系维度才是内容。马克思主义哲学告诉我们，内容决定形式，形式反作用于内容。党和国家近年来一直关注于构建中国特色哲学社会科学自主知识体系，说明教材体系的学科内容是我们目前亟需的。同时，这也表明我们此前在这方面的工作存在不足。这和我们对教材虚无主义、本本主义的传统认识有直接关系，对此，必须尽快在自主知识体系的构建进程中，以大教材观为牵引，优先关注"中国特色自主教材体系"建设，做好中国知识的梳理、中国理论的总结、中国实践的提升，以及中国方案的推广。

第五，以大教材观为指导支撑高等教育高质量发展。从教材的功用角度来说，在人才培养、科学研究、社会服务、文化传承与创新和国际交流与合作方面，过去一段时间里，教材的作用被压低，尤其是在高等教育阶段，教材本本主义、虚无主义，甚至沙文主义都一度冒头。在教育强国建设的新征程中，必须及时扭转思想，明确树立大教材观，将高质量教材建设作为高质量高等教育的最基础工程，全面支撑高等教育人才培养、科学研究、社会服务、文化传承与创新和国际交流与合作等传统职能，支撑起高等教育的高质量发展。

第六，以大教材观为基础牵引一流大学和一流学科评价体系改革。有什么样的指挥棒，就有什么样的教育。对于教材建设工作来说，尤其要特别关注评价指挥棒的作用。在过去一段时间里，教材基本不在教育评价的指标体系之内，这就导致一流的知识精英精力都游离在建设之外，一定程度上导致教材虚无主义出现，并由此衍生出教材沙文主义的错误。尽管在新时代深化教育评价改革的制度设计中，教材评价被纳入进来，但纳入的对象也只是教科书，并且只是和工作量挂钩，教材的其他内涵和外延等完全没有进入教育评价体系，迟滞了教材建设的推进步伐。因此，新一轮教育评价深化改革中，应明确以大教材观为统领，分学科内容和教学材料两个维度，全面进入高等教育评价体系，尤其是要成为一流大学和一流学科的标志性评价指标，成为深化"双一流"评价体系改革的牵引线。

三、"大教材观研究文丛"的意义

从以上论述中，可以基本了解当前我国教材建设存在的主要问题、大教材观的基本内涵以及树立大教材观的基本路径。然而，万事开头难，在教材建设这一重大事项上，尤其是在人文社会科学领域，近些年来党和国家不断出台各项政策文件和支持措施，但传统教材观念束缚之深之牢，非短时间内可以破除。所谓冰冻三尺非一日之寒，人文社会科学领域中的"破五唯"之路漫漫，更何况是长期以来几乎被忽略的教材建设。

观念的改变是一切之根本。基于这一出发点，法学国家教材建设重点研究基地开始从研究突破，先打破教材极简主义和本本主义，为其他几大典型问题的解决积累经验。由此，也就有了这套"大教材观研究文丛"的规划。它的研究内容围绕学科知识和教学材料两条主线展开，合围形成教材研究的教育综合体。因此，呈现诸公面前的"大教材观研究文丛"，包括但不限于教科书的研究，因为那只是"大教材"的一个构成要素。

持续解放教材研究的思想桎梏是本套文丛的核心使命。对教材建设来说，围绕教科书的研究只是其中一个环节，编写、选用、审核、研究、使用等都需要投入大量的人力物力。但研究却是连接其他既有成就和未来规划的中心，它能够探索教材建设的一般规律，改变教材建设的传统路径，建立适教利学的教材形态等。这些使命，是教材研究应当承担，也必须承担的基本使命。除此之外，教材研究还应当超越教科书，在知识体系的积累沉淀、人才培养的质量提升、文化传承的红色底蕴、国家交流的中国故事等方面持续发力，以原创性教材建设支撑起人文社会科学自主知识体系建设，在教育强国建设中发挥基础性、先导性的作用。

《我国法学专业课程体系研究》作为"大教材观研究文丛"推出的第一本著作，就是以大教材观为指导，在法学学科领域，开拓教材研究新局面的一次尝试，并谨以此书向学界大家表明，教材建设是国家事权，教材是一个中心明确、层层合围的教育综合体，教材研究包括但不限于教科书本身的研究。

是为序！

法学国家教材建设重点研究基地

2025 年 1 月 23 日

目录
Contents

第一章
法学课程研究现状

第一节　法学专业课程研究现状评析[*]

一、引言

2018 年 1 月，中华人民共和国教育部发布我国高等教育领域首个教学质量国家标准，其中《普通高等学校本科专业类教学质量国家标准（法学类）》（以下简称《法学国标》）对法学专业核心课程采取"10+X"分类设置模式。[1]"10"是指法学专业学生必须完成的 10 门专业必修课，包括：法理学、宪法学、中国法律史、刑法、民法、刑事诉讼法、民事诉讼法、行政法与行政诉讼法、国际法和法律职业伦理。"X"是指各院校根据办学特色开设的其他专业必修课，包括：经济法、知识产权法、商法、国际私法、国际经济法、环境资源法、劳动与社会保障法、证据法和财税法，"X"选择设置门数原则上不低于 5 门。由此，法学专业课程设置的问题再次进入研究者的视野。

为什么如此设置法学专业核心课程？10 门法学专业学生必须完成的必修课的选择标准是什么？为什么法律职业伦理教育要进入到 10 门基础性课程之中？各院校根据办学特色开设的其他专业必修课的设置标准是什么？为什么证据法和财税法能够进入"X"门选择

＊　本节原载于《中国政法大学教育文选》2019 年第 26 辑。

〔1〕《法学国标》于 2021 年修订，并采取了"1+10+X"的分类设置模式，其中"I"是指"习近平法治思想概论"。

修习的必修课程之中？为什么要求原则上不低于 5 门？法学专业核心课程和法学专业其他课程之间是一种什么样的关系？作为法学专业的课程体系，法学理论课程和实践类课程之间的关系如何？这些都是《法学国标》本身没有回答的问题，也是需要研究者进行研究的问题。

从理论上讲，这些问题直接构成了《法学国标》中法学专业课程体系设置的合理性问题。当这些问题在理论和实践上能够得到充分论证时，《法学国标》的合理性才能得到充分确立，反之，《法学国标》中法学专业课程体系的设置就有进一步调整完善的必要。当然，限于研究的能力和范围问题，本书并不能，也不力图回答所有这些问题，只是尝试初步梳理、研究法学专业课程体系，以为进一步分类别、分专题的研究奠定文献基础。

二、国内关于法学专业课程的研究

关于国内法学专业课程的研究，专著性的成果并不多见，目前所能看到的也只有费安玲老师的一部专门性的研究成果，系统梳理了法学专业课程体系的演变、基础理论、基本内容，并在介绍国内外法学专业的课程设置情况的基础上，对我国法学本科专业课程设置提出了改革建议。[1] 此外，何美欢先生在其《理想的专业法学教育》中也专章对法学专业的课程设置情况进行了介绍。[2] 其他的研究或是和法学教育教学模式结合的介绍，[3] 或是具体法学专业课程的梳理。[4] 整体而言，无论是从何种角度来说，关于法学专业课程的专门性研究成果仍然较少，这就为专门性的开拓研究留下了可为

---

〔1〕　参见费安玲等：《中国法学专业本科课程体系设计改革研究》，中国政法大学出版社 2016 年版。

〔2〕　参见何美欢等：《理想的专业法学教育》，中国政法大学出版社 2011 年版，第三章。

〔3〕　参见唐稷尧、陈驰主编：《法学本科人才培养模式创新与课程教学改革》，四川大学出版社 2014 年版。

〔4〕　参见王超杰：《转型与嬗变：地方本科院校法学专业法律文书写作课程教学初探》，世界图书出版公司 2016 年版。

的空间。

（一）论文研究数量

关于法学专业课程的国内论文研究。如果以"法学"和"课程"作为篇名在中国知网进行检索，那么，1982—2023 年间，共计有 1377 篇关于法学专业课程的研究文献，其中，最早的文献出现在 1982 年，是关于《法学概论》建设问题的文献，[1] 当年的文献也仅此一篇。之后，关于法学专业课程的研究文献出现断缺状态，直到 1987 年才出现 1 篇，继而又出现空白情况。直到 1993 年之后，关于法学专业课程体系的研究才渐次常规化出现，没有再出现空白的情况。从数量角度，为了清晰展示国内研究的变化，我们将中国知网相关研究的数量变化梳理制作如下表格。

表 1.1　中国知网法学专业课程研究历年数量（1982—2023）

年份	数量	年份	数量	年份	数量
1982	1	1996	2	2010	60
1983	0	1997	4	2011	65
1984	0	1998	2	2012	76
1985	0	1999	9	2013	83
1986	0	2000	9	2014	92
1987	1	2001	5	2015	88
1988	2	2002	17	2016	67
1989	1	2003	8	2017	81
1990	0	2004	20	2018	60
1991	0	2005	21	2019	74
1992	0	2006	37	2020	99

---

[1]　参见《全国高等师范院校加强〈法学概论〉课程建设》，载《法学杂志》1982 年第 1 期。

续表

年份	数量	年份	数量	年份	数量
1993	1	2007	34	2021	77
1994	2	2008	56	2022	76
1995	4	2009	59	2023	84

我们将从 1993 年开始不间断出现法学专业课程研究的历年数据制作成如下趋势图：

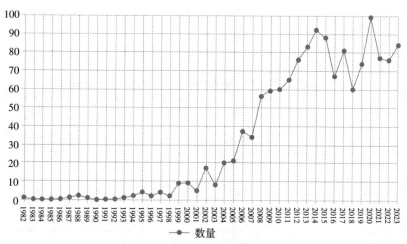

图 1.1   中国知网法学专业课程研究历年数量变化趋势图（1982—2023）

从上述图表中，我们可以看到如下信息：关于法学专业课程的研究，从 1993 年开始，才正式出现连续不断的状态，这一点和中国法学教育的发展阶段有所对应，一般认为，1992—2012 年是我国法学教育的改革发展阶段，这一阶段是新中国成立之后法学教育的第二次发展高潮，是随着 1992 年邓小平南方谈话、党的十四大的召开和社会主义市场经济体制的建立应运而生的，[1] 1993 年的文献变化

---

〔1〕 参见徐显明主编：《中国法学教育状况》，中国政法大学出版社 2006 年版，第 34 页。

恰好反映出发展阶段的理论跟进。关于法学专业课程的研究，在2014年达到高值，之后一直维持较高水平，笔者认为，这和2013年教育部高等学校法学类专业教学指导委员会换届，并将法学类专业教学质量国家指导标准制定作为本届委员会的核心工作有关。[1] 2014年到2023年期间，随着中国法治建设的不断深入，对于法学专业人才的需求日益增长，教育部发布《关于全面深化课程改革 落实立德树人根本任务的意见》，法学专业课程的研究数量在多重因素的影响下也呈现出波动上升的趋势。

（二）论文研究内容

研究数量的逐渐增多，只是说明法学专业课程越来越受到重视，而要实现法学专业课程研究理论的推进，则需要从研究内容来审阅。在这239篇研究文献中，关涉的主题多种多样，比如课程设置、课程教学、课程体系、教学方法、部门法课程、实践教学和双语教学等。因此，要进一步推进法学课程体系的研究，我们需要深度关注有关课程设置和课程体系的文献，尽管这两者之间存在一定的交叉，但是从主题上来考虑，这并不影响对于其研究内容的分析。经过整理，1982—2019年间，中国关于法学课程的研究文献中，涉及法学课程设置的文献共有109篇，涉及法学课程体系的文献共有68篇。

在1997年法学类专业核心课程体系确定之前，由于制度层面并没有对法学专业课程进行统一的设置规定，各校对于法学专业课程的设置还处于特色化探索阶段，因此关于法学课程设置的研究不多，真正涉及具体课程设置的文献，大体出现在1997年之后。直接关涉法学专业课程设置的研究也是对一些基础性课程提出建议，比如张光博先生就认为，法学专业骨干课程除了法理学和宪法学外，还可以开设所有权法、民商法、宏观调控法、劳动法、社会保障法、刑法、行政法、诉讼法、国际法以及国家法等，一共设置12门骨干

---

〔1〕　参见骆红维：《2013—2017年教育部高等学校法学类专业教学指导委员会成立大会在京举办》，载《中国政法大学校报》，https：//newspaper.cupl.edu.cn/index/article/articleinfo.html? doc_id=2057，最后访问日期：2024年6月4日。

课程。[1] 刘德兴认为，法学专业课程设置要兼顾其他学科知识的积累，同时专业课程设置方面，既要注重应用知识课程的设置，也要注重基础理论课程的设置，同时还要兼顾前沿法学课程以及法律实践课程的设置。[2]

当高等学校法学类专业教学指导委员会确定了法学本科专业必修的 14 门核心课程之后，关于法学专业课程的设置，出现了一些实证性的研究，其目的大体是考察规范设置的实际运行效果。比如李龙和李炳安就对北京大学、武汉大学、南京大学、中国人民大学、清华大学、复旦大学、浙江大学、山东大学、吉林大学、厦门大学、湖南大学等综合性大学法学本科专业课程体系进行了实证研究，并指出，"综合性大学法学院法学专业必修课程均以 14 门主干课程为主要教学内容，只是各个学校对少数课程有所调整与充实"，也就是说，基本上各所大学的法学专业课程数量都是超过 14 门的。[3] 此外，对于 14 门法学专业核心课程的设置问题，也出现了一些质疑之声，比如项波和段春霞认为，我国法学本科教育理论课程应设置罗马法、德国民法典以及英美法相关课程，还应该开设法律逻辑学，此外，除专业课外，还应该开设经济学、心理学、哲学、历史学、生物学、人类学、伦理学、社会学、政治学等课程。[4] 高向平则认为，教育部规定的 14 门法学专业核心课程理论课偏多，实务性课程少，选修课不够系统，必修课各学科比例不合理，应加强实务课程，均衡各学科课程比例。[5]

---

〔1〕 参见张光博：《法理学和宪法学所应树立的基本观点及法学骨干课程设置》，载《当代法学》1997 年第 5 期。

〔2〕 参见刘德兴：《关于法学本科教育课程设置问题的思考》，载《四川师范大学学报（社会科学版）》1999 年 S2 期。

〔3〕 参见李龙、李炳安：《我国综合性大学法学本科专业课程体系的调查与思考》，载《政法论坛》2003 年第 5 期。

〔4〕 参见项波、段春霞：《浅析我国法学本科教育课程设置的缺陷》，载《江西理工大学学报》2007 年第 2 期。

〔5〕 参见高向平：《法学专业课程体系和教学内容的改革与完善》，载《黑河学刊》2009 年第 2 期。

2013—2017 年新一届高等学校法学类专业教学指导委员会成立后，关于法学专业课程调整的研究也因《法学国标》的即将制定而再次为学界所关注，出现了一批关注法学专业课程改革的研究。此前，2011 年教育部、中央政法委员会《关于实施卓越法律人才教育培养计划的若干意见》的出台，也刺激了法学研究者对于法治人才培养现状的反思，并直接波及法学课程体系的研究。于是，一些学者直接对法学本科课程体系提出改革建议，王毅和宋丽丽认为，"法学本科课程设置改革已经成为法学本科专业学生的强烈诉求"，建议从增强法律实践性课程开始，比如司法口才学和行政执法学，另外应增设法律诊所和模拟课程等实践型课程，还应开设社会学、经济学、心理学、政治学等跨专业的学科课程。[1] 黎四奇和梁爽认为，2007 年以来的法学专业核心设置标准不清晰，不能适应社会经济的发展形势，对司法考试的过度迎合使得其体系不够完善，应充实法学专业核心课程内容，加强法律实践教学课程体系建设。[2] 此外，这个阶段中，一些行业特色型高校，比如理工类[3]、民族类[4]、医学类[5]，也不断对其法学专业的课程设置提出思考，希望在加强基础理论知识课程体系建设的同时，强化其特色课程体系的建设。一些针对顶层制度设计的研究也开始涌现出来，比如《法学国标》正式出台后，就开始出现对《法学国标》中法学专业课程设置的针

---

〔1〕　参见王毅、宋丽丽：《法学本科课程体系设计改革思考》，载《扬州大学学报（高教研究版）》2014 年第 4 期。

〔2〕　参见黎四奇、梁爽：《对中国法学本科课程设置的检讨与反思》，载《创新与创业教育》2015 年第 2 期。

〔3〕　例见吴斌：《高等理工科院校法学专业课程体系建设刍议》，载《教育教学论坛》2012 年第 18 期；王珏：《理工科高校特色法学双学位课程研究》，载《学理论》2016 年第 2 期。

〔4〕　例见布署、衣海会：《民族高校法学预科阶段课程设置存在的问题及对策》，载《民族高等教育研究》2015 年第 1 期。

〔5〕　例见李海军、王琼瑶：《医学院校卫生法学课程设置情况调查研究》，载《中国卫生法制》2015 年第 6 期；廖晨歌：《完善医事法学专业课程体系的调查与对策建议——以滨州医学院医事法学专业为例》，载《医学与法学》2016 年第 4 期。

对性研究。[1]《关于实施卓越法律人才教育培养计划的若干意见》出台后，也有相应的研究跟进。[2] 司法考试制度向统一法律职业资格考试制度的改革调整，也成为法学专业课程体系研究的推动力量，出现了讨论二者关系的研究。[3]

当然，限于收集途径的有限性，这里的梳理并不能穷尽所有关于法学专业课程的研究，比如教育学中，也会有较多间接涉及法学专业课程体系的研究，其他如社会学、心理学、经济学等，也会有相关性的研究，这里并不能也不欲穷尽。因为整体而言，此处文献的梳理已经可以支撑对研究趋势和研究内容做出一些基本判断。比如，关于国内法学专业课程设置流变的研究尚缺乏；关于法学专业核心课程设置标准的研究也不多见；关于法学专业课程设置的比较研究也不充分；实证性的研究不够；等等。这些问题都使得关于法学专业课程的研究，尤其是关于法学专业科学课程的研究仍然留有大量的探索空间，研究者可以从比较的视角、实证的方法、具体设置原因及标准、具体新增核心课程的历史流变等多个角度进行更加深入的研究，这也正是本文献评述的目的所在。

三、关于国外法学专业课程的研究

文献综述的目的在于寻找现有研究所未涉及的领域，寻找可以继续深入或推进的角度或空间，因此，文献梳理的视野就不能局限于国内的研究成果。限于语言能力，本书只以英文文献作为分析对象。如果不限制期间，关于法学课程的英文文献浩如烟海，各个侧面都有介绍，超出本书梳理的能力。为了与国内研究对应，本书分别以 "curriculum" 和 "law" 作为文献标题关键词，对 1980—2019

---

〔1〕 例见安国江：《〈国标〉视角下对公安院校法学专业课程设置的思考》，载《贵州警官职业学院学报》2018 年第 6 期。

〔2〕 例见马明飞、黄爱莲：《卓越法律人才培养视角下的法学课程改革研究》，载《课程教育研究》2018 年第 9 期。

〔3〕 例见胡武艳：《司法考试背景下民办高校法学专业课程体系重构》，载《西部素质教育》2015 年第 15 期。

年间的英文文献进行了检索，在 Westlaw 中共检索到文献 7 篇，在 JSTOR 数据库中共检索到文献 38 篇，在 ProQuest 学位论文检索系统中共检索到相关文献 11 篇。应该说，从数量来看，这个期间内，英文的文献也并不多，所涉及的国家也不多，主要是美国的法学教育，间或涉及英国、澳大利亚等国家的法学教育。笔者以为，这种现象的主要原因在于，英美世界的法学教育已经相对成熟。以美国为例，法学院系的课程设置已经和相关制度紧密衔接，美国律师协会（ABA）[1]和美国法学院协会（AALS）[2]对于美国法学教育有着具体的管理规则，但是，对于课程的设置，并没有具体细化，只是依据能力对某些课程提出相应的强制要求，比如《美国律帅协会法学院认证标准和程序规则》第 303 条中关于课程的规定要求包括 2 学分的法律职业责任课程、第一年和之后时间的两次写作课程、6 学分的实践课程，以及为学生提供法律诊所和公益服务课程。[3] 在这种制度下，各个法学院对于课程的设置都有一定的自主权，但实际上，由于美国法律职业的一元化，法学院的课程必然和法律职业资格考试紧密相连，而《美国律师协会法学院认证标准和程序规则》第 509 条又强制各个法学院披露法律职业资格考试通过率以及课程提供等信息，[4] 因此，实践层面的美国法学院系自主性并不高。在此背景之下，美国法学课程设置的规范性程度就相对较高，这当然有其积极的方面，但同时，这也限制了研究者，尤其是法学教育家对于课程体系的关注程度。

尽管如此，英文领域的研究文献中仍然出现了一些对于法学专业课程较有深度的思考。这些研究大多对现行法学专业课程持批判

---

〔1〕 关于美国律师协会（American Bar Association，ABA），详情可参见 https：//www. americanbar. org/，最后访问日期：2019 年 3 月 1 日。

〔2〕 关于美国法学院学会（Association of Law Schools，AALS），详情可参见 https：//www. aals. org/，最后访问日期：2019 年 3 月 1 日。

〔3〕 See ABA Standards and Rules of Procedure for Approval of Law Schools 2016-2017, 303.

〔4〕 See ABA Standards and Rules of Procedure for Approval of Law Schools 2016-2017, 509.

态度，或要求增加某一领域的法学课程，或要求增加法学外课程，或是推介某个大学的课程体系和教学模式。整体而言，文献的具体情况如下：

第一，关于整体课程改革的文献。这类研究关注法学课程整体或某一领域的法学课程体系，一般持批判性态度，并针对性地提出一些实际建议。比如卡尔·E. 克莱尔（Karl E. Klare）很早就认为，法学院的课程没有行动化，还是纸面上的，无法使学生获得胜任职业的能力，而要改变这种状况，除非法学教师改变自己和对职业的认知，否则便不可能实现。[1] 保罗·M. 库尔茨（Paul M. Kurtz）教授在对当前法学院系刑事司法课程进行分析的基础上，对其课程结构进行了检视，认为现行的刑事司法课程结构存在着制度性障碍。[2] 保罗·J. 施皮格尔曼（Paul J. Spiegelman）认为，传统法学教育课程之争一直停留在加强理论教育和加强实践教学之间，而法学教育面对的真正挑战，也是最应该做的，却是如何将学说、理论和实践融为一体，构建一体化的课程。[3]

第二，关于增设某一专业法学课程的研究。这类研究比较多见，一般是从研究者自身的认知出发，认为某一课程对于法学课程较为重要，需要增设使其进入法学专业核心课程或予以强化。比如李·琼斯（Leigh Jones）教授就指出，现在的法学院应该为法学新生提供一些新课程，并对哈佛大学法学院要求为一年级学生提供立法、规制以及世界法律体系等相关课程后各界的反应进行了分析。[4] 雅内尔·塞姆卡尔（Janel Thamkul）认为，美国的宪法课程出现了重

---

〔1〕 Karl E. Klare, "The Law-School Curriculum in the 1980s: What's Left?", *Journal of Legal Education*, Vol. 32, No. 3 (Septemper 1982), pp. 336-343.

〔2〕 See Paul M. Kurtz,, "An Inventory of the Criminal Justice Curriculum of American Law Schools", *Journal of Legal Education*, Vol. 31, No. 1/2 (1981), pp. 164-182.

〔3〕 See Paul J. Spiegelman, "Integrating Doctrine, Theory and Practice in the Law School Curriculum: The Logic of Jake's Ladder in the Context of Amy's Web", *Journal of Legal Education*, Vol. 38, No. 1/2 (March/June 1988), pp. 243-270.

〔4〕 See Leigh Jones, "Schools Altering Curriculum Beyond First Tear", *Nat'l L. J.*, Oct. 16, 2006.

大问题，不利于平等保护、民权保护以及民主制度的构建，当代美国公民应修订美国宪法，真正理解什么才是一个宪法意义上的美国公民。[1] 弗兰克·E. A. 桑德（Frank E. A. Sander）对替代性纠纷解决在法学院课程中的地位进行了描述，并指出了设置该课程的障碍和该课程发展的机遇。[2] 亨利·F. 佛雷得拉（Henry F. Fradella）在描述了同性恋者、双性人和变性人在美国的隐形地位后，提议在美国法学院的核心课程中增加性别研究。[3] M. 斯图尔特·马登（M. Stuart Madden）以侵权法为例，建议在法学院第一年课程中传授侵权法的比较法律知识。[4] 安尼塔·伯恩斯坦（Anita Bernstein）则提出应补充一些跨国的法律材料，丰富法学院第一年的课程。[5]

　　第三，关于增设法学以外课程的研究。这类研究一般认为，法学课程应更具有开放性，培养法学学生专业能力之外的其他能力。比如黛博拉·马朗维尔（Deborah Maranville）指出，情感和语境有利于促进有效的法学教育，而体验式学习有助于学术情感和价值观培育，并能够提供各种重要情境。[6] 爱德华·麦格林·加夫尼（Edward McGlynn Gaffney）教授探讨了美国法学院课程中宗教法设

---

〔1〕　See Janel Thamkul, "The Plenary Power-Shaped Hole in the Core Constitutional Law Curriculum: Exclusion, Unequal Protection, and American National Identity", *California Law Review*, Vol. 96, No. 2（Apr., 2008）, pp. 553-593.

〔2〕　See Frank E. A. Sander, "Alternative Dispute Resolution in the Law School Curriculum: Opportunities and Obstacles", *Journal of Legal Education*, Vol. 34, No. 2（June 1984）, pp. 229-236.

〔3〕　Henry F. Fradella, "Integrating the Study of Sexuality into the Core Law School Curriculum: Suggestions for Substantive Criminal Law Courses", *Journal of Legal Education*, Vol. 57, No. 1（March 2007）, pp. 60-76.

〔4〕　M. Stuart Madden, "Integrating Comparative Law Concepts Into the First Year Curriculum: Torts", *Journal of Legal Education*, Vol. 56, No. 4（December 2006）, pp. 560-577.

〔5〕　Anita Bernstein, "On Nourishing the Curriculum with a Transnational Law agniappe", *Journal of Legal Education*, Vol. 56, No. 4（December 2006）, pp. 578-595.

〔6〕　See Deborah Maranville, "Infusing Passion and Context into the Traditional Law Curriculum Through ExperientialLearning", *Journal of Legal Education*, Vol. 51, No. 1（March 2001）, pp. 51-74.

置不足的问题，提出应加强宗教教育，以此丰富法学教育的内容。[1] 诺曼·R. 普拉斯（Norman R. Prance）则基于1982年美国法学教育委员会召开的一次商法课程改革项目，认为经济分析将会改变美国商法的课程设置。[2]

第四，关于推介某一课程教学模式的研究。这类研究一般认为某一课程教学模式具有重要价值，应介绍推广。比如博贝特·沃尔斯基（Bobette Wolski）综合考察了美国、英国和澳大利亚大学中技巧传授的现状，在此基础上，介绍了当前澳大利亚邦德大学法学教育中的技巧传授和学习模式。[3] R. 迈克尔·卡西迪（R. Michael Cassidy）教授认为，应以"法律问题高级解决方法"（Advanced Legal Problem Solving，ALPS）工作坊的方式推动法学教育进行自上而下的课程改革。[4]

第五，探讨法学课程和律师资格考试之间关系的研究。这类研究聚焦律师资格考试通过率对课程设置的影响，并对课程设置提出相应的建议。比如一些研究者通过问卷调查的方式分析认为，科学课程对于未来法学专业学生毕业通过律师职业资格考试以及未来执业具有积极作用，而当前的法学课程中缺乏科学内容，应调整拓宽法学教育的课程内容，增加社会学、经济学以及其他科学类课程。[5] 道格拉斯·K. 拉什（Douglas K. Rush）和松尾尚子（Hisako Matsuo）对法学院课程和律师资格考试通过率之间的关系进行了实

---

〔1〕 See Edward McGlynn Gaffney, Jr. , "Biblical Law and the First Year Curriculum of A-merican Legal Education", *Journal of Law and Religion*, Vol. 4, No. 1 (1986), pp. 63-95.

〔2〕 See Norman R. Prance, "Economic Analysis Will Change Business Law Curriculum", *Business Law Memo*, Vol. 3, No. 5 (May/June 1983), pp. 4-6.

〔3〕 Bobette Wolski, "Why, How, and What to Practice: Integrating Skills Teaching and Learning in the Undergraduate Law Curriculum", *Journal of Legal Education*, Vol. 52, No. 1/2 (March/June 2002), pp. 287-302.

〔4〕 R. Michael Cassidy, "Reforming the Law School Curriculum from the Top Down", *Journal of Legal Education*, Vol. 64, No. 3 (February 2015), pp. 428-442.

〔5〕 Mara Merlino, James T. Richardson, Jared Chamberlain and Victoria Springer, "Sci-ence in the Law School Curriculum: A Snapshot of the Legal Education Landscape", *Journal of Legal Education*, Vol. 58, No. 2 (June 2008), pp. 190-213.

证研究，得出结论认为法学院因为律考通过率低面临认证风险而开设相关内容课程的做法，对于提升学生通过率并无明显效果。[1] 唐纳德·H. 齐格勒（Donald H. Zeigler）、乔安妮·英厄姆（Joanne Ingham）和大卫·常（David Chang）教授则以纽约大学法学院的经验指出，法学院课程的设置和律师资格考试通过率密切相关，应推广其开创的综合课程项目（The Comprehensive Curriculum）。[2]

四、现有研究评析

尽管已经尽可能地收集相关研究，但这里所列文献并不能穷尽当前关于法学课程的研究，因此这里的评析只能在现有文献基础上完成，结论的有效性也仅针对所列文献的梳理。评析的目的在于寻找研究的不足或未涉及的地方，为未来进一步的研究做好基础性工作。经过整理，笔者认为，关于法学专业课程的研究，尽管已经相当丰富，并且几乎覆盖了各个不同的视角和领域，但仍然存在着一定的不足之处。

第一，聚焦度不够。课程是专业的载体，专业是人才培养的基本单元。对于法学专业课程来说，指向的只能是法治人才的培养质量问题。要以提升法治人才培养质量为核心来反观法学专业课程，那么，核心课程体系就是最重要的内容。但是，在现有的研究中，对于这一问题，大体都是泛泛而言，没有细致拆分，尤其是对于中国法学教育新实行的法学课程体系来说，目前还没有太多直接的切入性研究。如何选择具体的 10 门必修课程？选择标准是什么？新设的核心课，比如法律职业伦理、证据法和财税法为什么能够进入核

[1] See Douglas K. Rush and Hisako Matsuo, "Does Law School Curriculum Affect Bar Examination Passage? An Empirical Analysis of Factors Related to Bar Examination Passage During the Years 2001 Through 2006 at a Midwestern Law School", *Journal of Legal Education*, Vol. 57, No. 2 (June 2007), pp. 224-236.

[2] See Donald H. Zeigler, Joanne Ingham and David Chang, "Curriculum Design and Bar Passage: New York Law School's Experience", *Journal of Legal Education*, Vol. 59, No. 3 (February 2010).

心课程？这些问题都有待进一步的阐释。

第二，中国本土的实证研究不够。英文世界关于法学课程的研究中，出现了大量关于实证性课程的研究，比如关于课程设置、课程体系、课程与律师资格考试通过率之间的关系等；但在国内的研究中，此类的实证资料缺乏，某一课程具体的开设情况并不能通过文献研究获得，这对于法学课程，特别是法学专业核心课程体系的研究来说，是至关重要的，尤其是当涉及新设法学专业核心课程时，没有实证的研究，就无法针对性地找到问题及其症结，也就只能在宏观层面上予以分析，从而使得文献的说服力不够。

第三，缺乏具体课程的历史分析。国内文献中，对于某一法学课程，一般的研究都是从职业角度或是教学角度展开，对于具体法学课程发展历程的梳理较为少见，而对于某一法学课程的建设而言，能够借鉴成熟课程，尤其是那些由非核心课程进入核心课程体系之中的课程发展历史，却是极具价值的。这也是未来关于法学专业课程的研究应予以深化的。

综上，本书认为，要厘清我国法学专业的课程问题，就应当聚焦法学类专业核心课程体系，尤其是关注《法学国标》中所列的法学专业核心课程体系，针对性地进行实证研究，梳理其历史，既找出现行法学教育中核心课程贯彻执行的问题，也为其他法学专业课程的建设提供借鉴。

第二节　我国法学专业核心课程的流变及调整 *

一、问题的提出

本着"质量为王、标准先行"的理念，2018 年 1 月，中华人民共和国教育部发布我国高等教育领域首个教学质量国家标准，涵盖了普通高校本科专业目录中全部 92 个本科专业类、587 个专业，涉

---

　* 本节原载于《中国法学教育研究》2019 年第 2 辑。

及全国高校 56 000 多个专业点。〔1〕 其中《法学国标》的出台尤其引人关注，这不仅是因为法学专业在规范制定方面具有天然的优势，《法学国标》具有引领作用，还在于《法学国标》解决了一直困扰法学研究者的若干关键性争议问题，比如法学教育的根本属性问题、法律职业伦理教育和法律实践教学问题，以及法学专业课程体系问题。〔2〕 其中，法学专业〔3〕核心课程体系的建设问题尤其为法学教育界所关注。因为本次《法学国标》的出台，改变了将近二十年不变的法学专业核心课程体系，采取了分类设置的方法，采取"10+X"分类设置模式设置法学专业核心课程。"10"指法学专业学生必须完成的 10 门专业必修课，包括：法理学、宪法学、中国法律史、刑法、民法、刑事诉讼法、民事诉讼法、行政法与行政诉讼法、国际法和法律职业伦理。"X"指各院校根据办学特色开设的其他专业必修课，包括：经济法、知识产权法、商法、国际私法、国际经济法、环境资源法、劳动与社会保障法、证据法和财税法，"X"选择设置门数原则上不低于 5 门。〔4〕

　　一石激起千层浪，法学专业核心课程为什么要如此设置？其背后的支撑原则是什么？《法学国标》对于法学专业核心课程改革的意义何在？这些问题都引发了研究者极大的兴趣。对于这些问题，本节将概览法学专业课程的流变历程，从法学专业课程体系改革的背

〔1〕 参见《教育部发布我国高等教育领域首个教学质量国家标准》，载 http：//www. moe.gov.cn/jyb_xwfb/xw_fbh/moe_2069/xwfbh_2018n/xwfb_20180130/sfcl/201801/t20180130_325920.html，最后访问日期：2024 年 6 月 4 日。
〔2〕 参见李树忠：《坚持改革调整创新立中国法学教育 德法兼修明法笃行塑世界法治文明》，载《中国大学教学》2018 年第 4 期。
〔3〕 《法学国标》下设三个专业，分别是法学（030101K）、知识产权（030102T）和监狱学（030103T）。《法学国标》于 2021 年修订，修订后下设七个专业，除上述三个外，还包括信用风险管理与法律防控（030104T）、国际经贸规则（030105T）、司法警察学（030106TK）、社区矫正（030107TK）。本节所探讨的主要是第一个法学专业的核心课程设置问题，在此予以说明。参见《普通高等学校法学类本科专业类教学质量国家标准》2.2 版本标准适用的专业。
〔4〕 《法学国标》于 2021 年修订，采取了"1+10+X"的分类设置模式。但本节以 2018 年版《法学国标》为分析基础，特此说明，下文不再赘述。

景切入，介绍分类设置的原因、原则和具体课程的选择标准。在此
基础上，总结《法学国标》法学专业课程调整的意义，以对相关争
议问题予以澄清。

二、法学专业核心课程设置的流变历史

新中国法学专业课程的流变，是和新中国法学教育的发展脉络
联系在一起的，在不同的阶段，由于顶层制度和经济社会发展的不
同，法学专业的课程也呈现出不同的特点，因而，法学专业课程设
置的流变，也随着中国法学教育的各个发展阶段而变，大体分为如
下几个阶段。

（一）课程初建

因为法学专业在挫折阶段几乎处于停滞状态，所以对于法学专
业课程而言，主要的成就是在 1966 年之前取得的。

在新中国法学教育发展的初创阶段和挫折阶段，法律院校的课
程设置是由中央统一下达的教学计划决定的，[1] 1949 年 10 月颁发
的《各大学专科学校文法学院各系课程暂行规定》是新中国第一个
由教育行政部门颁发的统一的法学专业教学计划，内容包括任务和基
本课程两块内容，其中任务为——培养以马列主义的科学观点分析政
治法律问题，并培养新民主主义国家立法司法干部的基本知识。基本
课程包括 12 门：马列主义法律理论、新民主主义的各项政策法令[2]、
名著选读[3]、新民法原理、新刑法原理、宪法原理、国际公法、国

---

〔1〕　1957 年 9 月后，各政法学院下放到省市管理，不再执行统一教学计划。1964 年
1 月，教育部和最高人民法院制定和颁布了"法律专业四年制教学方案"，又恢复了统一
的教学计划。

〔2〕　主要包括八个部分：①新司法制度：人民法院组织新审检实务、监狱制度；
②土地政策法令：土改、减租、减息、城郊土改政策等；③城市政策法令：工商业政策、
房屋租赁、民主建设、城市管理及建设、失业处理、乞丐、妓女问题等；④劳工政策法
令：职工运动、劳工立法、工会工作、工资政策等；⑤财经政策法令：金融外汇管理、对
外贸易、财政、合作新法规等；⑥婚姻法令；⑦文教政策法令：新民主主义文化教育方
针、知识分子政策等；⑧外交政策法令。

〔3〕　选读马、恩、列、斯和毛泽东的重要著作，如《共产党宣言》《家庭、私有制
和国家的起源》《论一元论历史观的发展》《国家与革命》《论国家》《斯大林关于苏联宪
法草案的报告》《新民主主义论》《论联合政府》《论人民民主专政》等。

内公法、商事法原理、犯罪学、刑事政策以及苏联法律研究。[1]

这一时期，从法学专业课程建设的角度来看，大体上形成了新中国法学教育课程的基本框架，尽管内容方面有待完善，但是，民事、刑事、行政三大实体法的框架已初步搭建起来，程序性的法律，也以法令的形式覆盖了审判、检查、执行和国际交往等内容。尽管之后由于教学计划变动频繁，法学专业课程设置的变化也较为频繁，比如从1949年到1956年间，我国先后颁布了六种课程设置方案，出台了一系列的规范性文件，如《关于实施高等学校课程改革的决定》[2]《法学院、法律系课程草案》《综合大学法律系教学计划》[3]《高等学校文、法、理、工各学院课程草案》[4]等一系列调整文件，法学课程的稳定性不足。整体而言，对于处于初步探索阶段的我国法学专业课程建设而言，基本的框架一旦形成，后续工作就是不断完善。因而，从基础性构建的角度来说，这一时期的法学教育还是具有较大的积极意义，在这一时期，中国法学教育的早期引领者也对法学专业课程进行了诸多有益的探索，比如北京大学法律系[5]、人民大学法律系[6]、中央政法干部学校[7]等都在法学课程设置方面进行尝试与探索，中国政法大学[8]的成立和专门性新法

―――――――

〔1〕　参见《华北高等教育委员会颁布各大学专科学校文法学院各系课程暂行规定》，载《人民日报》1949年10月12日。

〔2〕　参见《关于实施高等学校课程改革的决定》，载《人民教育》1950年第5期。

〔3〕　参见董节英：《1949—1957年的中国法学教育》，中共中央党校2006年博士学位论文。

〔4〕　参见俞江：《"文革"前的北大法律系（1949—1966）》，载《中外法学》2004年第2期。

〔5〕　关于这一时期北京大学法学课程建设的介绍，可参见李贵连等编：《百年法学：北京大学法学院院史（1904—2004）》，北京大学出版社2004年版，第211~212页。

〔6〕　关于这一时期中国人民大学法学课程建设的介绍，可参见张腾霄：《中国人民大学的教学工作概述》，载《人民教育》1951年第1期。

〔7〕　关于这一时期中央政法干部学校课程建设的介绍，可参见克昌：《政法院校介绍》，载《法学研究》1954年第4期。

〔8〕　这一时期的中国政法大学和现在的中国政法大学并不是同一概念。中国政法大学的前身是北京政法学院，诞生于1952年。1983年，北京政法学院和中央政法干部学校双剑合璧，合并组建成立了中国政法大学。

学研究院[1]的建设都为中国法学教育的课程设置的发展打下了初步
基础。

　　从课程设置角度来看，这一时期的课程建设已经具备了模块化
的特征，思想政治课、法学专业必修课和法学专业选修课构成了基
本的课程体系。这一特征仍然延续到今天。但同时，这一时期的法
学专业课程也有着一些今天看起来不那么如意的地方，限于当时新
中国的各项实体法令尚未健全，法学体系的政治色彩还比较浓厚，
一些政策性法令成为当时法学专业课程的主要内容。同时，新中国
法学专业课程建设也受到苏联意识形态的较大影响，课程设置方面
有很多直接来自苏联法学教育的内容，教材体系也多引自苏联。例
如1951年教育部制定的《法学院、法律系课程草案》规定："讲授
课程有法令者根据法令，无法令者根据政策……如无具体材料可资
参照，则以马列主义、毛泽东思想为指导原则，并以苏联法学教材
及著述为讲授的主要参考资料。"在1954年召开的全国政法工作会
议上，高教部明文规定："中国人民大学应将所编译的苏联法学教材
进行校阅，推荐各校使用。"[2] 当时法学院（系）开设的课程有：
苏联国家与法权史、苏联国家法、人民民主国家法、中国与苏联法
院组织、苏联民法、苏联刑法、中国与苏联民事诉讼法、中国与苏
联刑事诉讼法、中国与苏联劳动法、中国与苏联行政法、土地法与
集体农庄法、中国与苏联财政法。[3] 出现以上现象的主要原因在于
当时的新中国处于一个相对封闭、没有其他知识资源可学习的境地，
苏联建国几十年的经验以及在法学教育建设方面的成就，理所当然
地就成为模仿的对象，成为新中国法学理论体系构建的主要来源，
因此，这一时期的课程体系带有浓厚的苏联特征也是情有可原的，

---

　　[1]　关于这一时期新法学研究院课程建设的介绍，参见《中国新法学研究院第一期
教学计划大纲》，载司法部教育司：《有关法律专业教学计划资料》，1958年6月。

　　[2]　1952—1956年，中国翻译、出版了165种苏联法学教材。参见张友渔主编：《中
国法学四十年（1949—1989）》，上海人民出版社1989年版，第2页。

　　[3]　汤能松等编著：《探索的轨迹——中国法学教育发展史略》，法律出版社1995年
版，第485页。

但同时我们也看到，这种模式下的中国法学教育的主体性基本是缺位的，因为苏联教育体制本身所存在的缺陷以及与中国国情的错位，导致中国法学知识体系与中国实际出现了一定的脱节，这需要以后逐步的改革予以弥补。

（二）重建发展[1]

"文革"后，中国法学教育的迅速恢复和发展发生在 20 世纪 70 年代末到 90 年代初的十多年间。这一阶段中，1977 年到 1983 年期间主要致力于对法学教育的恢复和重建，1984 年到 1991 年则集中于法学教育的适度调整和迅速发展。这一期间，关涉法学课程设置的三个规范性文件，分别为 1978 年教育部《法学专业学时制教学方案（草案）》、1982 年司法部《政法学院法学专业学时制教学方案》和1985 年《中共中央关于教育体制改革的决定》。

这一时期法学课程体系的总体状况是特色探索、多元趋同。恢复重建的中国法学教育在课程的探索方面，也渐次朝着自主化的方向发展，具体表现在顶层设计所规定的大体上方向性、原则性的内容，具体的课程设置不再统一，而是由各个高校具体探索。1981 年7 月，司法部召开的政法学院教育工作座谈会上提出，不宜将法学专业再划分为若干个专业。可从三年级开始，开设一些专门课程和专题讲座，让学生选修。政法学院应突出法律专业课，应不低于必修课总学时的 55%。政治理论课不应超过必修课总学时的 20%。会议参照 1978 年教育部在武汉召开的全国高等学校文科教学工作座谈会制定的《法学专业学时制教学方案（草案）》，制定了《政法学院法学专业学时制教学方案》。教学方案规定，必修课共 25 门，共2400 学时，其中政治理论课 4 门，440 学时，占 18.3%；文体课 4 门，610 学时，占 25.4%；专业课 17 门，1350 学时，占 56.3%。[2]

---

〔1〕 这一阶段法学教育的发展状况的梳理，参见《1979—1993 年的法学教育工作》，载《中国司法行政年鉴（1995）》，法律出版社 1996 年版，第 40~45 页。

〔2〕 《中国教育年鉴（1949—1981）》，中国大百科全书出版社 1984 年版，第269 页。

1984 年的修订方案是指导性的，课程设置以学分方式表述，不再有全国统一的课程设置，并开始鼓励开设选修课。1986 年司法部明确规定："各校可结合本校的实际情况灵活掌握；选修课只作举例，各校可以根据需要和现有条件，决定选修课的开设或增开其他选修课。"之后，以政法院校为代表的法学专业选修课程体系日益丰富起来。法学专业课程设置灵活性增强的一个正面效果就是，意识形态的影响越来越小，政治课与专业课比重日趋合理，1984 年教学方案的课程设置政治理论课占总学时的比例下降为 16.3%，不仅远远低于"文革"前的比例，而且低于 1978 年教学方案的 23.7%。从 1978 年开始，法学专业课程被分为必修和选修两大类，之后选修课的比重不断增加，至 1984 年，选修课占总课时的 21.6%。[1]

（三）分久必合

1997 年之后，随着我国法学教育进入改革发展阶段，法学专业课程体系改革也有序推进，新的核心课程体系建设成为这一阶段的主要成就。1997 年开始，教育部高等学校法学类专业教学指导委员会对我国当前的课程体系进行讨论，达成了统一设置法学专业核心课程的初步共识，并最终确定将法理学、中国法制史、中国宪法、行政法与行政诉讼法、民法、商法、知识产权法、经济法、刑法、民事诉讼法、刑事诉讼法、国际法、国际私法、国际经济法等 14 门课程作为法学本科核心课程。1998 年 6 月 20 日至 21 日，教育部高等教育司在中国人民大学召开了法学专业 14 门核心课程教学指导纲要审定及教材主编遴选会，全国各高等学校共提出 60 份主编申请书，与会专家听取了教育部高等教育司财经政法处关于申报主编教材的经过和基本情况，阅读审查了申报材料，进行了无记名投票，最后遴选出 14 门核心课程教材的主编。1998 年 7 月 16 日，教育部在中国人民大学召开了 14 门核心课程教材主编会议，法学专业核心

----

〔1〕　参见徐显明主编：《中国法学教育状况》，中国政法大学出版社 2006 年版，第 34 页。

课程体系建设的基础性工作正式拉开帷幕。[1] 2007 年 3 月，高等学校法学类专业教学指导委员会会议将劳动与社会保障法、环境与资源保护法增补为核心课程。至此，法学专业核心课程体系步入稳定阶段，截止到 2017 年，各高校法学专业必修课程基本上以上列核心课程为主，同时根据本校实际情况略有增减。应该肯定的是，在法学教育的规范化建设道路上，同质化课程体系要求在一定时期对我国法学教育的发展是起着重要推进作用的，在一定程度上解决了法学专业生存的合法性问题，反映了法学专业对制度环境的适应。[2]

三、法学专业核心课程再调整的背景

但随着社会的快速发展，大学的多样化、特色化发展越来越成为未来高等教育的发展趋势，我国《国家中长期教育改革和发展规划纲要（2010—2020 年）》也明确提出要"促进高校办出特色""建立高校分类体系，实行分类管理""发挥政策指导和资源配置的作用，引导高校合理定位，克服同质化倾向，形成各自的办学理念和风格，在不同层次、不同领域办出特色"。在此背景下，迅速发展的中国高校法学院系，在 16 门主干课程之外，逐步扩大选修课开设的范围。实践中，以法学专业供给者为中心的课程设置体制，渐次转向以需要者为中心的设置模式，以需要者的需求为基础确定课程结构，使学生根据自己的毕业去向与兴趣自由地选择课程，强化课程结构的逻辑性与规范性。教师开设课程的自由度也越来越大，除专业必修外，教师可根据自身的研究领域，开设专门化的课程。

除此之外，中国特色社会主义法律体系的日益完善，也影响着法学专业课程体系的设置。随着立法的增加，20 世纪 90 年代以后出现了课程的扩张，如与法官法、检察官法、律师法、海关法、商法、

──────────

〔1〕 参见《法学专业 14 门核心课程教学指导纲要审定暨核心课教材主编遴选会在京召开》，载《法学家》1998 年第 5 期。

〔2〕 参见王小梅：《理性对待我国大学"同质化"问题》，载《文汇报》2016 年 9 月 23 日。

反不正当竞争法、公司法、证券交易法、产品质量法、消费者权益保护法、房地产法、环境法、知识产权法等立法对应的新课不断增加。因此,尽管现行法学专业核心课程的设置在中国法学教育发展初期发挥了重要的指导作用,对依法治国和建设社会主义法治国家起到了积极作用,但由于社会经济形势的进一步发展,在国家治理现代化的新形势下,当前法学专业课程体系配置仍然无法适应新时代对于高素质法治专门人才培养的需要。在这种背景之下,法学专业课程体系的调整顺理成章。

本书认为,之所以对运行 20 年的法学专业课程体系进行调整,其原因主要在于如下几个方面。

(一) 顺应法治专门人才培养的时代使命

对于中国法学教育而言,2014 年无疑至关重要。2014 年 10 月 20 日至 23 日,中国共产党第十八届中央委员会第四次全体会议在北京召开,首次专题讨论依法治国问题。本次会议通过了《中共中央关于全面推进依法治国若干重大问题的决定》(以下或称"党的十八届四中全会《决定》"),对于我国的法学教育和法治人才培养提出了崭新的要求,明确要求"……形成完善的中国特色社会主义法学理论体系、学科体系、课程体系……"[1] 对于中国的法学教育而言,这次会议的一个重要转向就是将法治专门人才的培养确定为中国法学教育和法治人才培养的重要任务,直指法律职业队伍建设的正规化、职业化和专业化。所谓法治人才专门队伍,其内涵必然要求着力点之一即"专业化",而专业化素质的培养,从法学专业课程体系的设置上来看,无疑要通过专业必修课程和专业选修课程体系来综合实现。从这一意义上说,在法学专业课程体系中,应该体现出一定的专业化、精细化建设方向,即法学专业选修课应当能够和某一特定的法学专业必修课形成对应某一职业领域的课程模块,建构出专业和基础相结合的知识体系,这样才能确保人才培养的专

---

〔1〕《中共中央关于全面推进依法治国若干重大问题的决定》,载 http://cpc.people.com.cn/n/2014/1029/c64387-25927606.html,最后访问日期:2024 年 7 月 22 日。

业化，也是对法治专门人才建设的理性回应。[1]

（二）顺应法学教育特色化发展与法律职业资格准入改革实践

当前我国法学专业核心课程的设置，具有一定的历史积极意义，但是，在新的时代背景下，一些突出的问题也亟须解决。根据《国家中长期教育改革和发展规划纲要（2010—2020 年）》和教育部《关于全面提高高等教育质量的若干意见》的要求，提高高等教育质量，发挥学生自主学习能力，突出高校办学特色已经成为时代赋予法学专业人才培养的使命。但是，在现行法学专业核心课程体系下，必修课程门数过多，学生自主学习严重不足，无法充分发挥学生自主学习的积极性和主动性。与之同时，在现行法学专业核心课程体系下，各法学院系自主性不足，形成法学院系千人一面、特色化不明显的现状，无法满足现实社会对高素质法治专门人才的多样化需求。此外，在现行法学专业核心课程体系下，传统法学和新兴法学科目设置不平衡，无法覆盖新兴学科领域，新兴学科往往设置于选修课程类别中，影响了学生在新兴领域的积极性和主动性。为此，法学专业核心课程体系应当积极回应，不断完善，以适应社会经济的发展要求为方向进行调整。

2015 年 6 月 5 日上午，习近平总书记主持召开的中央全面深化改革领导小组第十三次会议审议通过了《关于完善国家统一法律职业资格制度的意见》。2015 年 12 月 20 日，中共中央办公厅、国务院办公厅印发全文。该《意见》第 6 条规定，统一法律职业资格"考试内容增加中国特色社会主义法治理论。着重考查宪法法律知识、法治思维和法治能力，以案例分析、法律方法检验考生在法律适用和事实认定等方面的法治实践水平。加大法律职业伦理的考察力度，使法律职业道德成为法律职业人员入职的重要条件。考试以案例为主，每年更新相当比例的案例，大幅度提高案例题的分值比重"。该

---

[1]　参见刘坤轮：《我国法学类专业本科课程体系改革的现状与未来——以五大政法院校类院校为例》，载《中国政法大学学报》2017 年第 4 期。

《意见》除了要求强化法律实践教学和法律职业伦理教育[1]外，中国特色社会主义法治理论、操作性案例分析能力和法律思维的应用能力也成为新时代法学专业课程的重要任务，这就要求法学专业的课程作出相应调整，在中国特色社会主义法律体系的课程设置框架之下，释放学生自主学习、动手操作的能力；而在以往16门核心课程的课业压力下，这一任务的完成显然有难度。

四、法学专业核心课程再调整的原则及方案

2017年5月3日，习近平总书记考察中国政法大学时明确中国法学教育和法治人才培养要坚持立德树人、德法兼修，培养高素质法治专门人才。随之，教育部高等学校法学类专业教学指导委员会召开全体会议，并最终于2017年6月18日完成了法学专业核心课程的调整工作。应该说，这次法学专业核心课程体系的调整是回应中国经济政治社会发展的重要举措，是我国教育部坚定落实党的十八届四中全会《决议》的重要工作，是对习近平总书记在哲学社会科学工作座谈会上的重要讲话精神和习近平总书记考察中国政法大学重要讲话精神的坚定落实。整个调整过程历时长久，推进步骤稳妥，是从2013年起就在教指委年会上提出，历经四届教指委年会会议反复审议，又在广泛听取教育主管部门、相关法学院校和专家学者意见的基础上推进的。

（一）调整原则

法学专业核心课程调整遵循的原则如下：

第一，核心课程性质不变的原则。调整要保持所有入选课程核心课基本性质不变。调整方案的一个前提是，所有入选的课程仍是法学专业核心课程体系，其核心课程的基本属性不变，尊重前人成果，保持中国法学教育历史发展的延续性。

第二，做增量改革的原则。调整的核心工作在于分类，采取的

---

[1]　关于我国法律职业伦理教育的必要性和可能性问题的专门研究，可参见刘坤轮：《中国法律职业伦理教育考察》，中国政法大学出版社2014年版。

主要方式是增设若干可选择的核心课程，采取增加而不是减少核心课程的做法，改革以不损害任何学科的基本利益为出发点；通过优化核心课程结构，增加学生自主权，达到减少学生学业负担的目的；通过增加社会经济发展和法治建设急需的课程，最终实现加快法治国家建设步伐的战略。

第三，重基础、出特色的原则。调整要充分反映出法学教育重基础、出特色的原则，将一批基础性、理论性强的课程分类出来。同时，要根据社会发展需求，开放性挑选出若干新兴学科，将其纳入法学专业核心课程体系中来，积极回应习近平总书记强调的大力加强新兴学科、交叉学科建设问题。

第四，包容性、开放性原则。法学是一个实践性很强的学科，为此，法学教育要保持一定的开放性和包容性，以适应社会经济的发展变化。调整方案要充分体现出这一原则，在分类设置法学专业课程的基础上，保持一定的开放性，先将若干各方面发展成熟的学科纳入进来，在条件允许的情况下，根据各个法学院校的办学特色，开放式吸收新兴学科、交叉学科进入法学专业核心课程体系。

（二）调整方案

经过调整，法学专业核心课程采取"10＋X"分类设置模式。"10"指法学专业学生必须完成的10门专业必修课，包括：法理学、宪法学、中国法律史、刑法、民法、刑事诉讼法、民事诉讼法、行政法与行政诉讼法、国际法和法律职业伦理。"X"指各院校根据办学特色开设的其他专业必修课，包括：经济法、知识产权法、商法、国际私法、国际经济法、环境资源法、劳动与社会保障法、证据法和财税法，"X"选择设置门数原则上不低于5门。

对于法学专业学生必须完成的10门专业必修课，具有明确的标准，这些标准包括：①基础性。这些课程本身必须是法学最基础、理论性较强的课程，它们必须同时构成其他课程（包括X类核心课程）的基础。②各国通行做法。10门专业必修核心课程的确定应当与国际保持一致，这些课程必须是各国法科学生的"标配"。③认同性。确定的 10 门专业必修核心课程必须是在社会（包括教指委委员）没有争议或者争议小的课程，具有广泛的社会认同度，能经得起历史检验。

对于 X 类课程的选择，同样有严格的标准，具体包括：①基础性和继发性。X 类课程同样要有一定的基础性，尽管这一基础地位和 10 门专业必修核心课程相比，相对程度要低一些，具有相当的继发性，但它们同样要有较强的理论性，能够和其他类一定的非核心类课程形成较宽泛的课程模块。②前沿性和交叉性。X 类课程应该具有一定的前沿性和交叉性，能够将基础理论和实践前沿需求结合在一起，在一定程度上，反映社会多维发展的需求。③社会急需性。X 类课程必须反映社会某一领域的迫切需求，有对应的人才需求队伍。

五、法学专业核心课程调整的意义

随着《法学国标》的正式出台，法学专业核心课程体系的调整工作已经落下帷幕，下一步就是具体落实的问题。法学专业核心课程的改革是一项艰巨的工程，涉及法学教育的发展布局，是一项牵一发而动全身的系统工程。为此，改革过程中需要兼顾各方利益，严密论证，但同时，我们也要看到，法学专业核心课程的调整具有重要意义。

第一，基础的更基础，前沿的更前沿。2017 年法学专业核心课程的调整将基础性和前沿性融入法学专业课程的分类设置，回应社会经济发展和法治建设的需求，将社会急需的课程纳入进来，并最终服务于实现加快法治国家建设步伐的战略目标。值得肯定的是，在核心基础课程和核心特色课程基础上，法学专业本着板块建设的课程建设方针，结合具体的必修课程，建设若干门选修类课程。一般而言，一门核心课程对应 1~3 门的选修课程，在内容上，要和相应的核心课程形成拓展与延续。这样做，一方面可以顾及新兴的法学领域，形成体系化的课程模块，照顾到对特殊领域感兴趣的学生；另一方面，也能够避免某一课程形成一家独大的局面，消减其他法学专业知识的体系化建设。这样一来，真正基础的课程就变得更加基础，真正前沿的课程也有了更广阔的发展空间，既有利于学生自主学习能力的释放，也有利于法学院系结合自身情况，办出特色、办出风格、办出气派。

第二，切实贯彻落实了法治专门人才的"德法兼修"。2017年，习近平总书记考察中国政法大学时提出了"德法兼修"的要求，要求法治人才培养要坚持立德树人，不仅要提高学生的法学知识水平，而且要培养学生的思想道德素养。法学专业核心课程的调整结合法学学科特点，将法律职业伦理纳入法学专业学生必须完成的10门专业必修课，同时要求强化法律实践教学，培育法科学生关注社会、服务社会的公益服务精神和法律职业伦理，为"德法兼修"的法治专门人才的培养建构起了系统的课程框架体系。

当然，必须指出的是，改革永远在路上，一次法学专业核心课程体系的调整并不意味着法治专门人才培养的时代重任就已经顺利完成。在法学教育和法治人才培养的道路上，我们依旧要认识到，所有的调整方案都可能存在这样或那样的不足，但千里之行始于足下，当我们起步，一切就有向好的可能。

第三节　我国法学类专业市科课程体系改革的现状与未来
——以五大政法类院校为例*

一、问题的提出

法学教育无法提供令人满意的法律职业人才，[1] 其中一个基础

＊ 基金项目：本节系中国法学会自选项目"五大政法院校法律实践教学状况考察"；中国政法大学校级规划项目"我国法学教育课程体系改革研究"。原载于《中国政法大学学报》2017年第4期。

〔1〕 关于这一问题，长久以来，法学界存在着各种各样的批判之声，出现了大量的专门论述，具体可参见霍宪丹：《中国法学教育反思》，中国人民大学出版社2007年版；刘坤轮：《法学教育与法律职业衔接问题研究》，中国人民大学出版社2009年版；方流芳：《中国法学教育观察》，载《比较法研究》1996年第2期；徐显明：《法学教育的基础矛盾与根本性缺陷》，载《法学家》2003年第6期。

性原因就在于知识传递的模式存在缺陷，而作为法学教育核心的法学类课程体系，首当其冲要面对各方质疑。但令人遗憾的是，法学教育界多关注宏观层面的改革，对于法学专业课程体系的研究相对不多，尤其是因为各种利益配置的固化镶嵌之原因，法学类专业核心课程体系的设置问题，更是成了一座封闭的堡垒，鲜有研究者统筹研究。当前法学教育改革的推进，多流于宏观层面的指导和形式变化，以培养模式的改革为主，[1] 虽然指向的均是法律人才的培养问题，但通常无法深刻触及法治人才培养这一法学教育本应承担的中心任务，从而也就无法充分应对我国全面推进社会主义法治国家建设的战略布局。

2014 年 10 月 23 日，中国共产党第十八届中央委员会第四次全体会议通过了《中共中央关于全面推进依法治国若干重大问题的决定》。该《决定》关于全面推进依法治国的科学论断与决策部署为高等法学教育改革工作指明了改革方向。同时，该《决定》对"创新法治人才培养机制"提出了新的任务，其重要内容之一就是"形成完善的中国特色社会主义法学理论体系、学科体系、课程体系"。[2]

随着党的十八届四中全会的召开，我国司法改革也如火如荼地推进着，法律职业界关于法官、检察官员额制的改革，[3] 法律职业准入领域关于《关于完善国家统一法律职业资格制度的意见》的出

---

〔1〕　如一些院校正在推进的复合型人才培养模式、三三制人才培养模式、四加二人才培养模式等。

〔2〕　《中共中央关于全面推进依法治国若干重大问题的决定》，载 http：//cpc. peo-ple. com. cn/n/2014/1029/c64387-25927606. html，最后访问日期：2024 年 7 月 22 日。

〔3〕　关于法官、检察官员额制改革，存在着各种不同的声音。有学者认为，员额制改革助力法律职业专业化和职业化，有利于司法职业队伍的正规化和司法公信力的提高。但也有学者认为，员额制改革造成了法官、检察官离职等各种问题。相关论述例见傅郁林：《以职业保障为前提实行法官员额制与选任制度》，载《中国审判》2015 年第 5 期；顾晓宁：《员额制改革与司法监督理念的转变》，载《中国检察官》2016 年第 5 期；丰霏：《法官员额制的改革目标与策略》，载《当代法学》2015 年第 5 期；陈永生、白冰：《法官、检察官员额制改革的限度》，载《比较法研究》2016 年第 2 期；刘斌：《从法官"离职"现象看法官员额制改革的制度逻辑》，载《法学》2015 年第 10 期。

台，无不是对党的十八届四中全会《决定》的具体回应。与之同时，法学教育的改革也在稳步推进，除了教育部颁布了《高等法学教育贯彻十八届四中全会精神的教学指导意见》[1]外，关于法学类专业教学国家标准的制定工作、关于法学类专业评估标准的制定工作也在紧锣密鼓地推进。[2] 在法学院校方面，为了回应党的十八届四中全会《决定》所提出的"创新法治人才培养机制"的要求，一些知名的院校也积极推出了各项改革措施，比如中国政法大学进行的各种法学人才实验班的尝试、关于跨学科教研室的探索，无不是对时代所要求的培养法治专门人才的积极回应。[3]

但是，必须看到的是，关于法治专门人才的培养问题，无论是何种创新模式，最终的落点都必然指向法学专业的课程体系，具体化为一门一门的法学类专业课程。在现代高等教学体系中，课程是所有知识传递的载体，是所有宏观改革的抓手所在，没有课程体系的改革，一切的改革都将会流于形式，无法实现最初设定的目标。所谓创新法治人才培养模式，核心要义就是要创新法学专业的课程体系，一切都要从这里具体落实。因此，对于中国的法学院校而言，所有的远大目标最终都要有一整套科学的课程体系来支撑，只有完成了课程体系的改革，明确了法学专业课程改革的主导思想和问题指向，才能最终彻底地变更法学教育的传统模式，真正迈向职业化的法学教育。

当前来说，在我国的法学教育体系中，承担着法治人才培养基石工作的仍然是法学本科教育。以法学、监狱学和知识产权为专业

---

〔1〕　相关内容可参见《教育部办公厅关于转发〈高等法学教育贯彻十八届四中全会精神的教学指导意见〉的通知》（教高厅〔2015〕3号）。

〔2〕　相关介绍参见中国政法大学法学教育研究与评估中心，载 http：//fxjyzx. cupl. edu. cn/index. htm，最后访问日期：2024 年 7 月 22 日。

〔3〕　参见《中国政法大学整合资源：学科跨界原来可以这样搞》，载《中国教育报》2016 年 5 月 14 日，第 1 版。

方向的小法学为统计口径，[1] 2015 年，全国共有 627 个法学本科专业学科点，法学专业在校生 311 429 人，知识产权专业在校生 8472人，监狱学专业在校生 3416 人，未分入具体专业的法学类专业在校生 4601 人，法学类专业在校生总人数达到了 327 918 人之多。[2] 据媒体报道，我国法律职业岗位每年需求总数大约为 2 万个，而各类法学毕业生则达到了 14 万人之多，对口就业的比例不足两成。[3]在这 14 万各类法学毕业生中，法学本科毕业生构成了绝对的主体，2015 年，我国法学专业本科毕业生总数为 78 923 人，知识产权专业毕业生 632 人，监狱学专业在校生 716 人，未分入具体专业的法学类专业在校生 233 人，法学类专业在校生总人数达到了 80 504 人，占到各类毕业生总人数的大半之多。[4] 法学本科教育在整个法学教育中的基石性地位，意味着法学教育的改革，根本上都必然以法学本科的改革为基础。没有法学本科教育的改革，任何大而化之的改革，无论目标如何高远，都无法适应我国全面推进依法治国的法治现代化战略。[5]

在正确认识法学本科教育的重要性、直面法学教育规模不断膨胀的现实背景下，要推进法治专门人才的培养，在改革的路径选择

---

〔1〕　在相关的数据统计中，大法学和小法学之间的界定模糊不清，常常让人混淆了对中国法学教育的精准认知。尽管在宏观趋势上，大法学和小法学的统计口径并不影响法学教育的发展趋势判断；但对于精确的论证而言，小法学的统计则更为难能可贵。特别重要的是，2015 年 12 月，中共中央办公厅、国务院办公厅印发了《关于完善国家统一法律职业资格制度的意见》，这一意见的出台，直接将法学学科门类中其他一级学科，如社会学、民族学、思想政治教育等排除在外，这也就使得小法学的统计数据越来越对法学教育和法律职业的改革起到基石性的引导作用。关于大法学和小法学统计口径的论述，具体可参见徐航、刘坤轮：《"大法学"与"小法学"：解释力的差异与同质》，载《首都师范大学学报（社会科学版）》2014 年第 4 期。
〔2〕　本数据来源于中华人民共和国教育部。
〔3〕　《法学毕业生就业率倒数第二 就业对口率仅 47%》，载 https://www.qingdaonews.com/content/2009-06/19/content_8069327_2.htm，最后访问日期：2024 年 8 月30 日。
〔4〕　本数据来源于中华人民共和国教育部。
〔5〕　关于习近平总书记提出的四个全面的内涵，学界有着诸多论述。例见程恩富、刘志明：《"四个全面"：治国理政的重要遵循》，载《人民日报》2015 年 5 月 28 日，第 7 版。

上，首先需要关注的仍是法学课程体系。关于课程的重要性，曾任中国政法大学校长的黄进教授以"课比天大"为题对新教师进行过勉励。[1] 在高等教育界，"课比天大"也成了一个共识性的基本认知。[2] 这一理念的树立，本质上指向的就是知识传递的载体核心，只有将课程体系完备地建立起来，科学合理地设置法学类专业课程体系，才能应对正规化、专业化、职业化法治专门人才培养的时代呼召，才能真正履行创新法治人才培养机制的改革重任。

正是在这一背景下，本节才以法学类专业本科课程体系为关注点，以代表性的法学院校为例，梳理我国法学教育改革的必要性和可能性，并对未来我国法学教育的课程改革方向提出初步构想，以抛砖引玉，供法学教育的研究者批评指正。

二、研究方法与研究思路

本节以社会学研究方法为主要研究工具，采取定性研究和定量研究相结合的研究方法，以中国政法大学、华东政法大学、西南政法大学、中南财经政法大学和西北政法大学等五大传统政法类院校为样本，综合分析我国具有代表性的传统五大法学院的课程设置情况。同时，拟通过综合分析五大政法类院校法学课程的设置现状，管窥中国法学教育在课程设置方面所存在的问题，在此基础上，结合当前法学教育改革的宏大背景，分析我国法学类专业本科课程体系改革的必要性和可能性，进而初步提出本节所设定的法学类专业课程体系改革的改革方案。

这里对选择五大政法类院校作为研究对象的原因略作说明：

第一，五大政法类院校是中国法学教育进程的关键力量。中国法学教育界素有"五院四系"之说，其中，"五院"指的就是本节

---

〔1〕《"以教书为业，也以教书为生"——黄进校长在 2015 年教师节庆祝大会上的讲话》，载 http://news.cupl.edu.cn/info/1013/1230.htm，最后访问日期：2024 年 7 月 22 日。

〔2〕关于课比天大的专门论述，可参见李浩：《课比天大》，生活·读书·新知三联书店 2013 年版。

所选定的样本。[1] 作为新中国最早的一批政法院校,五大政法类院校为新中国法治建设培养了大批优秀的法律人才,集聚了大量优秀的法学教育师资。在一定程度上,五大政法类院校代表了中国法学教育的最高水平,并且随着五大政法类院校发起"立格联盟",推进中国法学教育的标准化建设,其对于中国法学教育也日益发挥着越来越重要的作用。作为专门类法学院校,五大政法类院校的发展脉络基本上代表了中国法治建设的基本进程,比如,在中国政法大学的院校文化中,就有"法治兴,则法大兴"之说。这种特殊的历史背景和发展历程,决定了在全面推进社会主义法治国家进程中,政法类院校必然具有标志性,了解并把握政法类院校的法学教育现状和改革思路,对于中国法学教育的改革而言,就必然具有标杆性的意义,也就有利于明确掌握中国法学教育的未来发展之路。

第二,五大政法类院校法学教育资源具有比较优势。和综合类院校相比,传统的政法类院校在师资力量和法学教育资源方面具有先天的比较优势。以师资力量为例,传统的"五院四系"中,北京大学、中国人民大学、武汉大学和吉林大学法学院在师资力量方面,一般以 100 人的教师团队为主流模式。尽管师资团队具有精英型的特征,但一人多岗的现实常常制约着综合性院校全面展开以人才培养为中心地位的各种法学教育形式,科研和教学之间的平衡关系也较难掌控。因而,对于法学教育的改革,尤其是法学本科教育的改革而言,常常会出现教学资源配置无法全面顾及的局面。相对而言,政法类院校的师资力量较为充沛,一般情况下,法学专业的师资常常达到数百人的规模,法学专业本身,也在学校中处于中心地位。对于法学教育形式的多样性而言,这种比较优势无疑有利于积极应对司法改革的时代使命,能够更为有效地配置教学资源,创新法治专门人才的培养机制,强化法治专门人才的培养质量。

---

　　〔1〕　关于"五院四系"特征的简介,可参见王丽君、方天:《悬挂在法制社会的天平——政法类高校巡礼》,载《求学》2015 年第 6 期。

当然，政法类院校也存在一些问题，如在某些国际化指标方面会处于相对弱势的地位。但对于法学本科人才的培养而言，这种相对丰富的教学资源，还是具有更多的积极意义，有利于便捷地推进各种创新性法治专门人才培养模式的实施。正是在这种意义上，本节以五大政法类院校为分析样本，以求对我国法学教育的课程体系设置进行综合考察，为中国法学教育未来的改革寻找一条现实的改革路径。

三、五大政法类院校法学类本科课程体系的设置现状

本节收集整理了五大政法类院校法学专业本科的培养方案，对其课程体系的设置进行了分析整理。经过资料的收集，大体可将五大政法类院校法学本科的课程体系分为如下五大板块：通识必修课程体系、通识选修课程体系、专业必修课程体系、专业选修课程体系、实践教学课程体系。中国政法大学在这五大板块之外，设置了3学分的任选课，西南政法大学另设了1学分的第二课堂课程，西北政法大学设置了10学分的课外附加学分。按照法学类专业学士学位获取的学分要求来统计，具体信息对比如下。

表 1.2　五大政法类院校课程类别及所占比例[1]

学　校	学士学位获得总学分/比例（100%）	通识必修课程总学分/比例（100%）	通识选修课程总学分/比例（100%）	专业必修课程/比例（100%）	专业选修课程/比例（100%）	实践教学课程总学分/比例（100%）	任选课/第二课堂总学分（100%）
中国政法大学	160/100%	43/26.88	18/11.25	58/36.25	20/12.50	18/11.25	3/1.87
华东政法大学	160/100%	47/29.38	11/6.87	63/39.38	23/14.37	16/10.00	
西南政法大学	162/100%	32/19.75	18/11.11	62/38.27	27/16.67	22/13.58	1/0.62

---

　　[1]　比例精确到小数点后两位数，在遇有最后两位均为5，需要递升时，为保证总和一致，则一数递升，一数不升。

续表

学 校	学士学位获得总学分/比例(100%)	通识必修课程总学分/比例(100%)	通识选修课程总学分/比例(100%)	专业必修课程/比例(100%)	专业选修课程/比例(100%)	实践教学课程总学分/比例(100%)	任选课/第二课堂总学分(100%)
中南财经政法大学〔1〕	175/100%	53/30.29	18/10.29	63/36.00	24/13.71	17/9.71	
西北政法大学〔2〕	192/100%	40/20.83	20/10.41	69/35.94	32/16.67	21/10.94	10/5.21

从以上表格所反映的数据中，可以看出如下四个特点：

（一）通识课和专业课设置比例相对稳定

对于大学教育而言，一直存在着通识教育和专业教育之争，反映在课程体系的设置上，也就是通识类课程体系和专业类课程体系的设置比例问题。从世界大学教育的发展历程来看，通识教育和专业教育一直处于不断博弈的过程之中，事实上，不断涌出的强化通识教育的呼声，反面映衬出大学教育对通识教育的重视不足，这一点不仅在我国如此，西方国家也同样如此。有学者统计，我国通识类课程的学分和学时比例，只占全部课程学分和学时比例的10%左

---

〔1〕 中南财经政法大学的法学本科专业培养方案，学分设置比较复杂，在大类上分为五大课程体系，然后再以必修、选修进行二次划分。为了方便比较，本书参照其他院校的分类对这五大课程体系进行了整合，将其课程体系中的通识课程体系和专项课程体系整合为通识课程，将其专项课程体系中的课外素质课程和实践教学课程体系整合，将其专业基础课程体系和专业课程体系进行整合，形成本表中的基础对比数据。关于中南财经政法大学本科培养方案中的课程设置的细化分类，具体情况如下：

学 校	总学分	通识课程体系		专项课程体系			专业基础课程体系		专业课程体系		实践教学课程体系
		必修学分	选修学分	必修学分	选修学分	课外素质	必修学分	选修学分	必修学分	选修学分	
中南财经政法大学	175	31	12	22	6	10	30	6	33	18	7

〔2〕 根据2016级适用的《西北政法大学本科各专业人才培养方案》，其法学专业本科培养方案分为应用型，复合型、西部基层、涉外型和反恐主义法方向四种类型，涵括刑事司法学院、民商经济法学院、经济法学院、行政法学院、国际法学院等五个学院，较之以往，学分也大幅度提高，基本都在190学分左右。这里以应用型、复合型法学本科专业培养方案为例论证。感谢西北政法大学冉巨火教授的支持，得以更新西北政法大学的法学本科培养方案。

右，相对处于较低的水平。在以美国为代表的西方高等教育体系中，随着专业的细化和双专业、多专业的流行和崛起，通识类课程遭遇挤压的问题也同样普遍存在。通识教育和专业教育的均衡发展，受制于社会特定的政治、经济、文化因素的多维度影响，具体反映出了一国高等教育的历史发展阶段。因此，高等教育的改革，无论如何都无法避免对这个问题进行回答。

反观中国的法学教育，在课程设置中，由于特定的政治属性和文化属性，一般而言，各个院校的通识类课程学分和学时的大概占比都保持在1/3。相较于其他专业而言，这一比例相对稳定，也符合世界高等教育对于通识教育的重视程度，可以较为充分地反映出法学专业人才培养的"厚基础、宽口径"的培养目标取向。从五大政法类院校的通识类课程设置情况来看，其学分比例基本上都在30%~40%左右，相对而言，这个比例是符合高等教育潮流的，至于通识教育的内容和教学方式问题，则各校又有其特征，这里不再具体展开。[1]

（二）专业必修和专业选修的课程设置存在一定偏差

在中国的高等教育体系下，如果通识课和必修课之间的博弈在较高层面代表着通识教育和专业教育属性之争的博弈，那么，与这种博弈相对应的另外一个问题就是专业课设置中的专业必修和专业选修之争。如果就专业教育的层次和深度而言，专业教育课程体系中，专业必修和专业选修课之间代表着基础和精深之间的另外一种博弈。也正是在这个意义上，有人将专业必修课称为"小通识"，而专业选修课则被称为"拓展和兴趣课程"。

专业必修课程和专业选修课程之间也存在着一定的平衡关系，一般而言，专业必修课程和专业选修课程应当形成一定的课程模块，

---

〔1〕 例如中国政法大学所开展的以"中华文明通论"和"西方文明通论"为依托的通识教育体系。《"中华文明通论"课程简介》，载 https：//wenmingcn. cupl. edu. cn/kcgl/kcjj. htm，最后访问日期：2024 年 7 月 22 日；《〈西方文明讲演录〉被列为"全国高等院校通识课教材"》，载 https：//newspaper. cupl. edu. cn/index/article/articleinfo？ doc _ id =4778，最后访问日期：2024 年 7 月 22 日。

对应某一法学研究领域从基础到前沿的课程模块。以中国政法大学的本科培养方案为例，如果"厚基础、宽口径"对应的是通识教育的规训任务，那么"高素质、强能力"对应的便是"专业教育"所应承担的培养目标。[1] 而这里分解看，"高素质"的培养指向，更多的应该是通过专业必修课程模块来实现；而"强能力"，则更多的是通过具有较宽辐射面的法学专业选修课来实现，以满足社会分工日益细化对各类法律职业人才的需求。

在这个意义上，法学专业本科的课程体系中，专业必修课程和专业选修的课程比例之间，应该有一个中心和外围的关系：一门法学专业必修课应该有若干法学选修课程予以辐射，共同建构起一个法律领域的课程体系。因此，理想的状态中，法学专业必修课应该是位于基础性的地位，对应若干辐射性课程，它们之间的对比关系应该大于1：1才较为合理。对于以法学学科作为强势学科的五大政法类院校而言，这一点应当更可能实现。但是，从以上表格中的数据观之，专业必修课的学分设置都高于专业选修课程的学分设置，在一定程度上，这遮蔽了法治专门人才"强能力"的拓展取向。尽管在现实的设置中，必修课程的总数量可能远远低于专业选修课程的总数量，但作为纲领性、指导性的教学文本，法学本科培养方案对于专业必修和专业选修课程的学分要求，还是有一定的取向偏差，不利于学校自身特色化育人目标的实现。

（三）专业选修课课程数量要求较低

与专业必修课程和专业选修课程比例设置相关联的一个问题就是：在实际的执行过程中，在专业选修课的课程数量方面，五大政法类院校所要求的数量过低。如果按照通常的认知，一门专业选修课程以2学分计，那么，五大政法类院校法学本科的专业选修课程数量也就只有10~16门。和以师资力量见长的政法类院校的实际情况相比，这一数量显然是不够理想的，也难以有效地形成专业选修

---

〔1〕 参见《中国政法大学本科培养方案2015》。

课程对专业必修课程的深化和多点支撑效应，不利于法学专业人才的高素质培养目标的完成。

一般而言，五大政法类院校所拥有的师资力量大致在千人左右，中南财经政法大学在合并后要更多一些。其中，法学专业的师资力量占据了将近一半，大致达到了数百人的规模，常常是综合性大学的数倍之多。以中国政法大学为例，"世界知名法科强校"的办学定位决定了其法学师资力量占据着全校师资力量的半壁江山，法学专业师资力量达到了519人的规模。2022—2023学年，本科各专业各类课程开设规模达到了1921门，[1] 与20学分的专业选修课所要求的10门左右的专业选修课相比，专业选修课程在本科教育的要求开设门数是略低的。

（四）缺乏自主性、前沿性和特色性

从五大政法类院校的法学类专业本科课程体系来看，在现行的法学专业课程体系下，通识必修和专业必修课程基本超过了100学分，占60%以上的学分比例。在现行必修课程设置下，必修课程门数过多，法学专业学生忙于上课，缺乏足够的时间进行自主学习，无法充分发挥学生自主学习的积极性和主动性。

就专业素质的培养而言，以五大政法类院校的专业必修课程为例，专业课程体系总学分比例大概都在50%以上，除了16门专业必修课外，前沿性、特色性课程不足以和具体的专业必修课形成合围，无法为学生提供某一领域足够前沿的知识体系，以及无法形成有效的知识供给。由于现行法学类专业核心课程体系中，传统法学和新兴法学科目设置不平衡，无法覆盖新兴学科领域，新兴学科往往设置于选修类中，而选修课程的学分极度受限，往往只有不足20学分的毕业要求，这就大大影响了学生在新兴领域学习的积极性和主动性。

党的十八届四中全会《决定》提出，要建设正规化、职业化和

---

〔1〕《中国政法大学本科教学质量报告（2022—2023学年）》，载 https：//xxgk.cupl.edu.cn/info/1067/5409.htm，最后访问日期：2024年7月22日。

专业化的法律职业队伍，这除了要求法学教育要统摄法律职业队伍的培养任务之外，对于专业素质的培养也进行了重点强调。在回应专业素质建设方面，新兴学科领域的知识体系发挥着至关重要的作用，直接对应着法律职业队伍专业素质的培养。然而，反观现行法学类专业核心课程体系，由于各法学院系自主性不足，形成法学院系千人一面、特色化不明显的现状，无法满足现实社会对高素质法治专门人才的多样化需求。随之而来的影响就是，新兴人才所需的知识体系无法被满足，缺少领军型、复合型、符合现代国家治理需要的人才，特别是新兴领域的专业型、应用型人才输出不力，从而导致法学本科人才培养质量堪忧，一定程度上影响了法学毕业生的就业。

四、改革的必要性

新中国成立以来，我国法学教育的发展经历了若干个不同的阶段，发展到今天，法学教育的成就是有目共睹的，在很多方面都取得了重大成绩，反映在课程设计上，就是基本形成了以中国特色社会主义法律部门为主体的核心课程体系。针对我国法学教育中法学专业课程体系的建设，教育部法学类专业教学指导委员会在1998年确立了法理学、宪法等14门课程作为法学本科核心课程，2007年提出将劳动与社会保障法、环境与资源保护法增补为核心课程。目前，各高校法学专业必修课程基本上以上列核心课程为主，同时根据本校实际情况略有增减。应该肯定的是，在法学教育的规范化建设道路上，同质化课程体系要求在一定时期对我国法学教育的发展是起着重要推进作用的，在一定程度上解决了法学专业生存的合法性问题，反映了法学专业对制度环境的适应。

但随着社会的快速发展，大学的多样化、特色化发展越来越成为未来高等教育的发展趋势，我国《国家中长期教育改革和发展规划纲要（2010—2020年）》也明确提出要"促进高校办出特色""建立高校分类体系，实行分类管理""发挥政策指导和资源配置的作用，引导高校合理定位，克服同质化倾向，形成各自的办学理念和风格，在不同层次、不同领域办出特色"。因此，尽管现行法学专业核心课程的设置在中国法学教育发展初期发挥了重要的指导作用，对依法治国和建设社会主义法治国家起到积极作用，但由于社会经济形势的进一步发展，在国家治理现代化的新形势下，现行的本科法学教育模式暴露出了一些不足，法学类专业培养人才质量不高，无法适应我国"四个全面"战略布局，无法满足全面推进依法治国的总目标，无法胜任法治专门人才队伍培养的重任。以五大政法类院校的课程体系为例，笔者认为，在当前法学专业课程体系配置下，法学教育课程体系的改革存在着以下必要性。

（一）肩负法治专门人才培养的使命

党的十八届四中全会《决定》对创新法治人才培养机制提出要求，它明确要求"……加强法学基础理论研究，形成完善的中国特色社会主义法学理论体系、学科体系、课程体系，组织编写和全面采用国家统一的法律类专业核心教材，纳入司法考试必考范围……"[1]这一论述，乃是法治专门人才队伍培养对法学教育所提出的时代要求，而要建设高素质的法治专门人才队伍，一个题中之义就是必须对承担法治专门人才培养任务的法学教育进行改革，改革的方向是顺应法律职业队伍建设的正规化、职业化和专业化，支撑点则是高等法学教育。

法治专门人才队伍的培养任务，是时代赋予法学教育的一个重要命题，对于这一时代使命，法学教育应当积极回应，无论回应方式的最后落脚点如何，最终的改革无疑都会涉及课程体系的改革。所谓法治人才专门队伍，其内涵必然要求着力点之一即"专业化"，而专业化素质的培养，从法学专业课程体系的设置上来看，无疑要通过专业必修课程和专业选修课程体系来综合实现。从这一意义上说，法学专业课程体系中，应该体现一定的专业化、精细化建设方

---

〔1〕《中共中央关于全面推进依法治国若干重大问题的决定》，载 http：//politics. people. com. cn/n/2014/1029/c1001-25926932. html，最后访问日期：2016 年 9 月 4 日。

向，这和之前的分析也是一致的，即法学专业选修课应当能够和某一特定的法学专业必修课形成对应某一职业领域的课程模块，建构出专业和基础相结合的知识体系，这样才能确保人才培养的专业化，也是对法治专门人才建设的理性回应。

（二）回应统一法律职业资格考试

2015 年 6 月 5 日上午，习近平总书记主持召开的中央全面深化改革领导小组第十三次会议审议通过了《关于完善国家统一法律职业资格制度的意见》。2015 年 12 月 20 日，中共中央办公厅、国务院办公厅印发全文，该《意见》的发布，是落实党的十八届四中全会《决定》关于推进法律职业队伍职业化、正规化和专业化建设的重要举措，无疑会对我国的法学教育产生深远影响。笔者认为，该《意见》对于法学教育的影响会是革命性的，既往统一司法考试制度下的法学教育培养模式会发生重大变革。对于法学教育而言，积极应对这一变化，已经成为当务之急，而落实这一应对策略，重中之重仍是对法学教育的课程体系进行改革。

《关于完善国家统一法律职业资格制度的意见》第 6 条规定，统一法律职业资格考试内容增加中国特色社会主义法治理论，着重考查宪法法律知识、法治思维和法治能力，以案例分析、法律方法检验考生在法律适用和事实认定等方面的法治实践水平。加大法律职业伦理的考察力度，使法律职业道德成为法律职业人员入职的重要条件。考试以案例为主，每年更新相当比例的案例，大幅度提高案例题的分值比重。该规定蕴含着丰富的信息，至少在两个方面将会大大影响中国法学教育的改革方向，当务之急就是课程体系的调整，实践类课程体系的规模将会被大大强化。以五大政法类院校为例，当前的法律实践教学比例仍然处于偏低的水平，甚至没有超过 15% 的学分比例，显然这一比例是不适应上述《意见》所设定的未来统一法律职业资格考试的命题结构的，是需要予以调整的。另外，关于法律职业伦理教育，这也是当前我国法学教育中所普遍缺乏的。[1] 而上述《意见》对法律职业伦理的重视力度，显然是前所未有的，这必然决定了未来中国法学教育课程体系的调整，其中，强化法律职业伦理的教育乃是题中之义。职是之故，法学类专业的课程体系改革乃是回应统一法律职业资格考试的必要之举，而除了之前所论述的专业选修和专业必修课程体系之间的不平衡关系需要协调外，另外一个改革方向也是基本明确的，那就是强化法律实践教学和强化法律职业伦理教育。

（三）顺应国家高等教育自主化学习建设的潮流

根据《国家中长期教育改革和发展规划纲要（2010—2020年）》和教育部《关于全面提高高等教育质量的若干意见》的要求，全面提高高等教育质量，发挥学生自主学习能力，突出高校办学特色已经成为时代赋予高等学校人才培养的使命。目前，我国高等教育已经逐步进入普及化阶段，以往重规模的粗放式发展形态已经不适合新时期的高等教育发展阶段，由粗放式外延发展的模式向以质量提高为方向的转变已经成为新时代高等教育的重要命题。为此，全面提升高等教育质量、完善高等教育体系各个环节的改革已经提上日程。这一轮高等教育的改革，指向内涵式的发展路径，以人才培养质量提升为发展目标，因而，与之相匹配的创新创业教育、实践教学环节的强化、学生自主性地位的提高，也就需要进行相应强化。

与国家高等教育的发展战略相一致，法学教育同样应该以提高人才培养质量为核心，强化法学专业教学质量标准建设，调整具体的培养模式和培养方案。其中，作为知识传递功能的首要承担者，法学专业课程体系的调整就成为当务之急。所需要调整的不仅仅是强化法学实践教学课程，还需要在具体课程的设置方面，积极适应社会需求，充分释放学生学习的自主性和积极性。这就需要法学类

---

[1]　关于我国法律职业伦理教育必要性和可能性问题的专门研究，可参见刘坤轮：《中国法律职业伦理教育考察》，中国政法大学出版社 2014 年版。

专业核心课程体系不断完善，以适应我国高等教育的发展战略和社会经济的发展要求。

五、完善法学类专业核心课程体系的建议

在党的十八届四中全会《决定》提出的创新法治人才培养机制的召唤下，顺应《国家中长期教育改革和发展规划纲要（2010—2020 年）》和教育部《关于全面提高高等教育质量的若干意见》全面提高高等教育质量的要求，笔者认为，法学类专业核心课程体系应当贯彻学生主体、教师本位、夯实理论、强化实践的指导思想，积极完善法治专门人才的培养体系。在核心课程体系的设置方面，结合法律职业正规化、职业化、专业化的发展需求，在全面推进依法治国背景下，积极调整核心课程体系，制度化推进法学专业建设的特色化，积极提升法律职业人才的培养质量。具体而言，可从如下三个方面进行。

（一）加大法律实践教学的比重

法律职业是实践性要求很强的职业，由此决定了法学教育必须以职业化为导向，反映在法学教育的核心课程体系上，即法律实践教学的比重应当作为重头部分予以强化。但是，从五大政法类院校的课程设置现状来看，相较于理论课程，法律实践课程的比例相对较低，即便是以不严谨的法律实践课程概念来统摄，五大政法类院校中实践课程学分比最高的也只是西南政法大学的 22 分学分要求，占总学分比例的 13.58%。前文已经提及，五大政法类院校的法学类专业师资队伍水平处于我国法学院校最顶端，传统的专业办学特色使之凝聚了巨大的法学教育资源，对于实践性极强的法学教育而言，法律实践教学所占学分比例的现状无疑是不够令人满意的。因此，在未来的课程体系改革中，首先要强化法律实践教学，将实训课程体系逐步拓展，逐步覆盖到所有法学二级学科领域之中。在学分比例上，最低要求也应当达到《关于实施卓越法律人才教育培养计划

的若干意见》[1]中 15% 的规定，切实落实法学教育的职业化建设。

此外，需要指出的是，从五大政法类院校法律类专业课程体系的设置情况来看，即便已经达到 15% 的学分比例的实践教学环节，事实上，距离现实的需求也存在着较大差距。严格的法律实践教学应当以法律诊所、法律援助、庭审直播、案例教学、集中实习等为核心组成部分，而类似于国防教育、军训、毕业论文和毕业设计等实践教学形式，并不属于严格意义上的法律实践教学，这一部分的学分要求，对于法律人才的培养，虽然同样具有重要的意义，但不应划归到法律实践教学的学分中以填补实践教学的学分比例要求。法律实践教学必须以法律职业的法律实践为核心要义，遵守实际操作的流程，采用仿真、全真、模拟等多种形式，进行真正场景化的法律实践教学，这也是未来法学教育改革中，在必修课设置层面需要首先考虑的。

（二）强化法律职业伦理教育

我国法学教育要培养德才兼备的法律人，但必须看到的是，尽管我国法学教育取得了重大的成就，但法学教育的根本性缺陷仍然存在，法律职业伦理教育的匮乏就是其中一个较大缺陷。[2] 根据笔者之前的研究，即便是在一些精英法律院校中，法律职业伦理教育也是不够令人满意的。在五大政法类院校中，更是没有一所院校将法律职业伦理作为必修课予以设置，这不能不说是令人遗憾的。相较于法学教育较为发达的国家，我国法学院校对法律职业伦理课程的重视程度不足，诸如美国、澳大利亚、加拿大以及韩国等国家的法学教育中，对职业伦理的教育要么相对成熟，具有完整的课程体系、规制标准、教学方法等，要么已经走上改革的道路，从职业准入和法学教育标准的角度对法律职业伦理加大重视。但无论是何种

---

〔1〕　教育部、中央政法委员会《关于实施卓越法律人才教育培养计划的若干意见》（教高〔2011〕10 号）。

〔2〕　早在 2003 年，徐显明教授就对法学教育的根本性缺陷进行过专门论述，但遗憾的是，十多年过去了，这些问题仍未得到较好的解决。参见徐显明：《法学教育的基础矛盾与根本性缺陷》，载《法学家》2003 年第 6 期。

处理方式，对于法学教育的职业教育属性而言，这些做法都已经将其职业性的伦理一面彰显出来。从这一点来说，我们无论是在教育目标方面，还是在具体的课程设置方面，都处于较为落后的阶段。尽管有些院校已经开始重视这一问题，[1] 但普遍轻视的氛围，使得法律职业伦理在整个法学教育体系中，始终处于弱势地位，这是我们迫切需要改变的局面。

就我国法学教育而言，虽然也有一些政策文本规定了法律职业伦理的要求，比如在《关于完善国家统一法律职业资格制度的意见》中，就明确要求要强化法律职业伦理。但是，作为法学教育行业主导的教育主管部门，却没有在其相关管理文件和指导性范文中明确本科阶段法律职业伦理素质的培养目标。2012 年，教育部组织教育部高等学校有关科类教学指导委员会研究制定了《普通高等学校本科专业介绍》，将"环境资源法"和"劳动与社会保障法"明确增加到法学专业核心课程中，使得法学专业核心课程增加到 16 门。而作为法律职业者重要素质要求的法律职业伦理课程却仍处于边缘地位，没有并且似乎也看不到被强化的迹象。从这一局面来看，在国家层面上，尽快强化对法律职业伦理教育紧迫性的认知，并将其切实落实到政策文本之中，尤其是明确法律职业伦理课程的必修课地位，是当前的重中之重。[2]

（三）分类建设法学类专业核心课程体系

如前文所言，所有的改革，具体到法学教育场域，最终都要落脚到法学类专业的课程设置上来。为了全面提升法律人才的培养质量，做到出精品、出特色，法学教育必须完善课程体系建设。除了

———————————

　　[1]　如中国政法大学法学院就有专门的法律职业伦理教研室，在许身健教授的领导下，开展了大量的工作，但这在国内属于极为稀少的个例，不具有代表性。并且，即便是在中国政法大学这个法律职业伦理研究和教学较为发达的法学院中，法律职业伦理课程也不过只是一门只有 2 学分的选修课，完全没有被纳入主流的课程体系之中，不能不说，这是非常令人遗憾的。

　　[2]　关于法律职业伦理教育的理论意义、现实紧迫性和比较意义，可参见刘坤轮：《中国法律职业伦理教育考察》，中国政法大学出版社 2014 年版。

强化法律实践教学和法律职业伦理教育之外，在现有的制度安排下，调整法学类专业的核心课程体系就成为可能导向"特色化"提升法学教育人才培养质量的道路。为此，我们应坚持将"同步实践教学"和"法律职业伦理训练"贯穿于人才培养的全过程，体现强化实训、培养德性的宗旨，积极推进法学类专业核心课程体系的调整。

笔者建议，现有的 16 门法学类专业核心课程，可以结合新兴的法律领域，调整为两大板块，在不损害之前法学教育"同质化"时期取得的成就的前提下，积极结合前沿法律领域，推动法学教育的特色化建设。为此，本书建议法学专业通过将核心基础课程（A 类课程）和核心特色课程（B 类课程）相结合的方案，进行法学类专业核心课程体系的调整。

具体而言，核心基础课程（A 类课程）为必修课程，包括：法理学、宪法学、刑法、刑事诉讼法、民法、民事诉讼法、行政法与行政诉讼法、国际法概论。核心特色课程（B 类课程）为限制性选修课程，根据法学、知识产权、监狱学专业方向以及院系培养特色确定。法学专业可以选择的特色课程一般包括：中国法制史、经济法概论、商法、知识产权法、国际公法、国际私法、国际经济法、财税法、人权法、证据法。知识产权专业的特色课程一般包括：知识产权总论、著作权法、专利法、商标法、竞争法、知识产权管理、知识产权文献检索与应用。监狱学专业的特色课程一般包括：犯罪学、社会学、监狱学、矫正教育学、矫治心理学、狱政管理学、国外矫正制度。

在核心基础课程和核心特色课程基础上，法学专业本着板块建设的课程建设方针，结合具体的必修课程，建设若干门选修类课程。一般而言，一门核心课程对应 1~3 门选修课程，在内容上，要和相应的核心课程形成拓展与延续。这样做，一方面，可以顾及新兴的法学领域，形成体系化的课程模块，照顾到对特殊领域感兴趣的学生；另一方面，也能够避免某一课程形成一家独大的局面，消减其他法学专业知识的体系化。

当然，尽管本书认识到当前法学类专业课程体系中所存在的问题，并且也提出了一定的调整方案，但这并不足以说明本方案较之既往的方案或他人的研究更具有合理性，这里仅作抛砖引玉之说，以待学界法学教育专家批评指正。

第二章

以德为先：法律职业伦理课程审视

第一节　我国法律职业伦理教育现实性再审视 *

一、问题的提出

2013 年，笔者曾对中国的法律职业伦理教育现状进行了考察，基于资料数据的可得性考察了 41 所卓越法律人才培养基地院校的法律职业伦理教育状况，得出的结论让人唏嘘。在 41 所代表中国法学教育发展方向的法学院校中，只有极少数的法学院系在培养目标的描述中，涉及了法律职业伦理的训练，并且在实际的课程开设中，只有 4 所法学院系开设了法律职业伦理必修课程。[1] 这一问题的提出，引起了当时学界的关注，而后经过五年的发展，中国法律职业伦理教育问题一度成为中国法学教育讨论最为热烈的问题之一。

经过五年的发展，当时所分析的状况成因中，不少情况已经大有改善，比如在国家层面和行业层面已经发生了翻转性变化。2017 年 5 月 3 日，习近平总书记在考察中国政法大学时明确，中国法学教育和法治人才培养要坚持立德树人、德法兼修，培养高素质法治

---

* 本节第一作者为高琳，西北政法大学 2018 级博士研究生，陕西省人民检察院检察员；第二作者为刘坤轮，中国政法大学法学教育研究与评估中心副教授。原载于《法学教育研究》2019 年第 2 期。

〔1〕 刘坤轮：《中国法律职业伦理教育考察》，中国政法大学出版社 2014 年版，第 109~159 页。

专门人才。[1] 随之，教育部高等学校法学类专业教学指导委员会召开全体会议，对我国法学类本科专业核心课程进行了改革，并于2017年6月18日正式明确了法律职业伦理的必修课程地位。2018年1月，《普通高等学校本科专业类教学质量国家标准（法学类）》（即《法学国标》）正式发布，[2] 法律职业伦理位列核心课程体系之中，成为全国各个法学院学生都必须修习的10门必修课之一。法学类专业核心课程的调整，是回应中国经济政治社会发展的重要举措，是坚定落实党的十八届四中全会《决定》的重要工作，是对习近平总书记在哲学社会科学工作座谈会上的重要讲话精神、习近平总书记考察中国政法大学重要讲话精神和中国共产党十九大精神的坚定落实。2018年9月17日，教育部、中央政法委发布了《关于坚持德法兼修实施卓越法治人才教育培养计划2.0的意见》，其中在"改革任务和重点举措"部分，第1条就是："厚德育，铸就法治人才之魂……加大学生法律职业伦理培养力度，面向全体法学专业学生开设'法律职业伦理'必修课，实现法律职业伦理教育贯穿法治人才培养全过程。坚持'一课双责'，各门课程既要传授专业知识，又要注重价值引领，传递向上向善的正能量。"[3] 在行业层面，2015年中共中央办公厅、国务院办公厅印发《关于完善国家统一法律职业资格制度的意见》，其中第6条明确：加大法律职业伦理的考察力度，使法律职业道德成为法律职业人员入职的重要条件。[4] 2017年9月1日，第十二届全国人民代表大会常务委员会第

---

〔1〕 黄进：《立志勤学修德"解锁"快意人生》，载《北京教育（德育）》2017年第9期。

〔2〕《我国首个高等教育教学质量国家标准发布 涉及56 000多个专业点》，载 http：//edu. people. com. cn/n1/2018/0130/c367001-29795328. html，最后访问日期：2024年9月1日。

〔3〕《教育部、中央政法委关于坚持德法兼修实施卓越法治人才教育培养计划2.0的意见》，载 http：//www. moe. gov. cn/srcsite/A08/moe＿739/s6550/201810/t20181017＿351892. html，最后访问日期：2024年9月1日。

〔4〕《〈关于完善国家统一法律职业资格制度的意见〉印发》，载 http：//politics. people. com. cn/n1/2015/1220/c1001-27952144. html，最后访问日期：2024年9月1日。

二十九次会议正式通过了《关于修改〈中华人民共和国法官法〉等八部法律的决定》，自 2018 年 1 月 1 日起施行，正式完成了法官、检察官、律师、公证、法律类仲裁、行政复议等法治队伍和统一法律职业资格考试制度的衔接。

应该说，经过多年的努力，在国家层面和行业层面，法律职业的正规化、专业化和职业化正在稳步推进，中国的法律职业伦理也走上了健康发展的道路。但是，在全面依法治国战略中，居于先导性地位的法学教育和法治人才培养又做得怎么样呢？在实际的运行中，法学院系对法律职业伦理教育的重视程度是否有实质性的提升呢？对于这一问题的关注，驱使作者重新对当时所调研的院校进行审视，希望持续关注中国法律职业伦理的发展，使中国法学教育朝着"德法兼修"的方向继续推进。

二、研究对象与研究方法

2017 年 7 月，在济南举行了全国政法大学"立格联盟"第八届高峰论坛，并正式发布了《立格联盟院校法学专业教学质量标准》（以下简称《立格标准》），其中明确将法律职业伦理作为联盟院校法学专业的必修课程。[1]"立格联盟"是全国政法类大学联盟，由英文"legal"音译而来。选用"立格"二字，有建立规矩、建立规格、建设制度、树立标准的意思。目前成员学校分别包括中国政法大学、西南政法大学、华东政法大学、中南财经政法大学、西北政法大学、甘肃政法学院、上海政法学院和山东政法学院等八所行业性高校。"立格联盟"就是要为中国的"立格"做出贡献，即一如既往地为依法治国、建设社会主义法治国家而担当重任，努力奋斗。同时，也要为中国法学教育"立格"，即为法学教育的规范化、为中

---

〔1〕 参见《〈立格联盟院校法学专业教学质量标准〉发布 中国政法大学校长黄进详解标准的制定背景过程和主要内容》，载《法制日报》2017 年 7 月 19 日，第 9 版。

国法律人才培养质量的提高贡献力量。[1] 从这个意义上说，在国家层面和行业层面，立格联盟院系对法学教育和法治人才培养要求的贯彻程度和贯彻能力是较强的，正是从这个意义上，本节选择立格联盟院系的法学专业本科院校作为分析样本，对于法律职业伦理教育的贯彻落实情况予以追溯，以求展示实践运行中法律职业伦理教育仍然存在的问题。

需要说明的是，由于国家层面和行业层面的制度构建基本完成于 2017 年度和 2018 年度，同时考虑到资料的可及性问题，这里尽量以各个法学院系 2018 年的最新法学本科培养方案为主要分析对象。同时，考虑到各校办学的实际情况，也同时对各院校未来的规划予以考量。对于研究方法来说，鉴于各个院校网上资源更新的时效性问题，调研主要采取访谈的方式，通过访问来了解各个政法类院校关于法律职业伦理课程的设置问题，[2] 同时辅之以能够获取的最新培养方案，用以考察法律职业伦理培养目标等问题的分析。

三、调研结果分析

经过收集整理，对于这八所行业特色类院系的法律职业伦理课程设置情况，我们使用表格予以展示。

表2.1   "立格联盟"院校法律职业伦理课程基本情况表

序号	院校	课程属性	学分	学时
1	中国政法大学	选修	2	32
2	华东政法大学	必修	1	18

〔1〕 参见《第一届"立格联盟"科研管理论坛在长沙举行》，载《比较法研究》2012 年第 1 期。

〔2〕 华东政法大学人事处尹天松副处长、西南政法大学教务处张建文处长、中南财经政法大学法学院巢容华教授、西北政法大学教务处陈京春处长、甘肃政法大学学科建设与发展规划处部占川处长、上海政法学院姚建龙副校长、山东政法学院教务处张玉成处长和科研处杨敏处长对于资料的收集提供了帮助，在此一并表示感谢。当然，本书观点由作者自负。

续表

序号	院校	课程属性	学分	学时
3	西南政法大学	必修	1	16
4	中南财经政法大学	必修	2	32
5	西北政法大学	必修	2	36
6	甘肃政法大学	必修	2	36
7	上海政法学院	纳入思政课，暂未开设专门的必修课。		
8	山东政法学院	选修	2	32

经过对八所立格联盟高校法律职业伦理课程开设情况的调查，结合可以获取的培养方案中关于培养目标的描述，笔者得出如下基本结果：

首先，在培养目标方面，八所院校基本明确了法律职业伦理素养的要求，尽管描述的方式仍然存在着差异，比如有的采用"法律职业道德"，有的直接采用"法律专业伦理"的描述。但是，对于法律职业伦理的重要性和必要性，立格联盟院校基本是持肯定性态度的，较之五年前的结果，这种进步是显著的。

其次，就课程设置属性而言，八所院校中，有五所将法律职业伦理课程设置为必修课程，占据了整个样本的63%。应该说，在实际的执行层面，立格联盟院校对于法律职业伦理课程都较为重视，反映在课程设置方面，都开设有法律职业伦理课程。但即便如此，基于现有师资力量和教学资源配置等问题，将法律职业伦理设为必修课者仍只有五所，不能不说，这仍然是令人遗憾的。

再次，就学分设置而言，八所院校对于法律职业伦理的学分设置普遍不高。其中，除上海政法学院外，在剩余七所院校中，有五所院校将法律职业伦理课程学分设置为2学分，约占有效样本的71%。有两所院校将法律职业伦理课程学分设置为1学分，约占有效样本的29%。考虑到专业必修课的总学分一般在30左右，对于《法学国标》和《立格标准》规定的10门必修课而言，这个学分设置还是不太高的。

最后，就学时而言，八所院校对于法律职业伦理的学时设置不甚理想。除了上海政法学院情况特殊外，在剩余七所院校中，有三所院校将法律职业伦理课程学时设置为 32 学时，约占有效样本的 43%。有两所院校将法律职业伦理课程学时设置为 36 学时，约占有效样本的 29%。有一所院校将法律职业伦理课程学时设置为 18 学时，约占有效样本的 14%。有一所院校将法律职业伦理课程学时设置为 16 学时，约占有效样本的 14%。各院校对法律职业伦理课程的学时设置显然也和理想学时相去较远。

四、现状成因

依据笔者的研究，无论是具有代表性的西方国家，还是远东法治较为发达的国家，法律职业伦理都是其法学第一学位教育的重要内容。比如在 20 世纪 90 年代，几乎每个美国律师联盟（ABA）认证法学院都将法律职业道德课程设置为必修课，学分也普遍在 2 学分之上。澳大利亚的墨尔本大学将法律职业伦理课程学分设为 12.5 学分，这一学分的设置相较于其他课程的学分而言是相当高的，并且全部课程学时达到了 144 学时。日本与韩国更是仿照美国律师职业道德考试（MPRE）的形式，单独设置了自己的法律职业伦理考试，将法律职业伦理作为进入法律职业的必要条件，其重视程度可见一斑。[1]

与之相比，在中国法学教育和法治人才培养中，即使是具有重要地位的立格联盟院校，对于法律职业伦理教育的重视程度显然也是不够理想的。那么，如前文所言，国家层面和行业层面的问题基本已经解决，这一状况形成的原因就只能从法学教育主体中寻找了。经过访谈，笔者认为，当前中国法律职业伦理教育不够理想的原因主要在于如下几个方面。

----

〔1〕 刘坤轮：《中国法律职业伦理教育考察》，中国政法大学出版社 2014 年版，第 84~106 页。

（一）法学教育根本属性的共识塑造仍未完成

关于法学教育的根本属性，历来存在不同的观点，在《法学国标》和《立格标准》的制定过程中，这一争议也一直存在。争议主要围绕着两个子问题展开：一是法学教育究竟是专业教育，还是通识教育或是博雅教育？有学者主张，法学类专业应当注重宽口径、厚基础，应该属于通识教育，要广泛教授自然科学、人文科学等基础知识，形成博雅的基础知识体系。也有学者认为，法学教育更重视法律思维和法律规范的学习，更偏重专业知识和专业技能的学习，因而更偏重专业教育。二是法学教育究竟是职业教育，还是素质教育？法学教育对应着特定的法律工作者职业群体，它更注重培养出专业知识扎实、专业技能过硬的法律工作者及其后备队伍，更具有职业教育的特色属性。最终，《法学国标》和《立格标准》将法学类专业教育定性为素质教育和专业教育基础上的职业教育，综合了素质教育和专业教育，最终落脚于职业教育，也就明确了强化法律职业伦理和法律实践教学教育的源头所在。[1]

尽管如此，但在实践中，观念的改变并非一朝一夕的事情。中国法学教育经历了形成初建、挫折停滞、恢复发展、快速扩张、内涵发展等若干阶段，[2] 尽管取得了重大的进步，但是粗放式发展所导致的一个重要惯性问题就是，对于法学职业教育的属性认识不足，这就直接造成了对于法律职业技能和法律职业伦理教育的忽视。尽管目前无论是从国家总体教育政策上，还是从法学教育的顶层设计上，对于法学教育和法治人才培养的内涵式路径都越来越明确，但落实仍然需要一定过程，反映在法学教育的根本属性方面，就是对于法学职业教育的共识仍然需要时间去塑造，只有这个共识深入人心，法律职业伦理教育才能从理念上实现真正的德法兼修。

---

〔1〕 李树忠：《坚持改革调整创新立中国法学教育 德法兼修明法笃行塑世界法治文明》，载《中国大学教学》2018 年第 4 期。

〔2〕 徐显明等：《改革开放四十年的中国法学教育》，载《中国法律评论》2018 年第 3 期。

（二）对于法律职业伦理教育的必要性认识仍然不足

关于为什么要进行法律职业伦理教育，无论是中国的研究，还是西方的研究，大体都会涉及几个基本的理由，这些基本理由的成立直接决定了在法学教育中，开展法律职业伦理教育是不可或缺的。有待探讨的只是法律职业伦理教育方式的问题，比如是否采用独立的必要课程方式进行，[1] 恰当的授课方法和课程设置问题等。[2] 尽管笔者曾经从法学教育的根本属性、法律职业的发展需求以及默许地位等角度，对培养对象、培养主体、法律职业共同体和法治社会等功利主义理由进行过系统的整合，[3] 但是，由于作品的影响力问题，关于法律职业伦理必要性的认知仍然没有达到理想的程度。因而，有必要从宏观层面继续介绍一下法律职业伦理教育的可行性和必要性。

第一，法律职业伦理的技术化走向。从美国的经验来看，经过美国律师协会若干次的修订，并不断得到法学院校的认证，美国法律职业伦理中关于纯粹诉讼公共性的价值话语已经越来越少，逐步为律师行业的执业惩戒规范所取代，职业伦理也日益为职业规范、行业规范等术语所取代。这就直接说明了，法律职业伦理除了在演进历史内容上可教外，在具体的实行领域，除去宏大叙事的价值诉求，技术性的知识日益占据大部分内容，由此决定了法律职业伦理

---

〔1〕 耶鲁大学法学院的黛博拉·罗德（Deborah L. Rhode）教授就不仅考虑法律职业伦理是否为必修课程的问题，而是有更进一步的主张，支持以贯穿性（pervasive）教学法教授法律职业伦理，参见 Rhode L. Deborah, "Into The Valley Of Ethics: Professional Responsibility And Educational Reform, Law and Contemporary Problems", Vol. 58, No. 3/4, *Teaching Legal Ethics* (Summer –Autumn, 1995), pp. 139-151.

〔2〕 参见 Lauren Solberg, "Reforming the Legal Ethics Curriculum: A Comment on Edward Rubin's What's Wrong with Langdell's Method and What to Do About It", 62 *Vand. L. Rev. En Banc* 12 (2009); Carrie Menkel-Meadow, "Telling Stories in School: Using Case Studies and Stories to Teach Legal Ethics", 69 *Fordham Law Review* 787 (2000); Stephen G. A. Pitel, "The Teaching of Legal Ethics: Recent Developments in Ontario", 55 *J. Legal Educ.* 592 (2005); M. J. Le Brun, "Enhancing Student Learning of Legal Ethics and Professional Responsibility in Australian Law Schools by Improving Our Teaching", 12 *Legal Educ. Rev.* 269 (2001).

〔3〕 刘坤轮:《中国法律职业伦理教育考察》，中国政法大学出版社 2014 年版，第48~62 页。

更具有可教性。[1]

第二，替代选择的缺乏。如果法律职业伦理不具有可教性，大学法学职业教育的根本属性就会成为一个悖论。如果一个职业教育所培养出的职业个体存在技能和伦理相分离的问题，那么，这种职业教育本身就是失败的。尽管在中国以及很多其他国家，这种分离确实存在，但并不意味着这是应然的状态。相反，这恰恰是我们意识到存在问题并将努力修正的状态。对于法学教育而言，修正的一个方向就是，想方设法成就完整的法律职业教育，包括但不限于法律职业伦理教育。因而，无论法学院如何埋怨伦理道德不可教，它们都必须承担起这项任务，否则，这一工作就无人去做，[2]法学教育的产品就会变成残次品。

（三）法律职业伦理知识体系仍然单薄

笔者认为，专业是大学教育的基本单元，课程是专业教育的基本载体，知识体系是课程成熟度的重要标准。因此，即便是厘清了法学教育的根本属性，并且也塑造了对法律职业伦理教育的必要性共识，仍需要丰富的知识内容去填充中国的法律职业伦理教育。目前来看，较之西方品类繁多的研究，国内层面关于这一知识体系的构建仍然较为单薄，关于这一点，笔者之前已经对 2013 年之前的状况进行过梳理，这里不再展开。[3]

但是，随着时间流逝，这种研究状况是否有所改善呢？为了保持研究的持续性，笔者仍然采取既往的方法，通过综合限定"篇名"和"摘要"来设置相关性限制，并进行检索。在篇名方面，作者依次设定三个位阶，第一分位阶为含"法律职业道德""或含""法律职业伦理"；第二位阶为含"法学教育""并含""职业道德"；第三

---

〔1〕 例见 Laurel S. Terry, *A Survey of Legal Ethics Education in Law Schools in Legal Ethics in Academia*, Chap. 5（Penn. Academy of Science 1999）.

〔2〕 杨欣欣主编：《法学教育与诊所式教学方法》，法律出版社 2002 年版，第183 页。

〔3〕 刘坤轮：《中国法律职业伦理教育考察》，中国政法大学出版社 2014 年版，第3~11 页。

位阶为含"法学教育""并含""职业伦理",以"并且"综合"摘要""职业道德""或含""职业伦理"进行检索。一共得到82篇文献,其中2013年13篇、2014年24篇、2015年18篇、2016年9篇、2017年11篇、2018年7篇。这一文献数量和传统部门法每年动辄数百篇的文献规模相去甚远,这表明了我国法律职业伦理的知识体系构建还有较长的路要走。

（四）缺乏充分的法律职业伦理师资力量

一门课程的运行,需要足够的师资力量。根据《法学国标》和《立格标准》,法学院系法学专业教师数量应至少达到必修课程的1.5倍,法学专业本科学生数量和教师数量之比最低应为17∶1。但是,在实际的运行中,很多学校的生师比没有达到基本要求。法学专业师资力量薄弱是法学教育普遍存在的问题之一,作为新兴的必修课程,法律职业伦理师资队伍薄弱的问题更为显著。仅以立格联盟院校为例,除了中国政法大学成立了专门的法律职业伦理教研室外,其他几所院校都没有专门的师资队伍,这可能是法律职业伦理教育运行过程中面临的最大问题。

当然,教育部高等学校法学类专业教学指导委员会已经开始关注这一问题,并于2018年1月6日至7日举办了首期高等学校法学类专业法律职业伦理骨干教师培训班,参加培训的各校法学教师人数达到了百余人。尽管如此,与全国600多所法学本科培养单位的实际需求相比,法律职业伦理师资力量的建设力度仍需要大力强化。没有足够认同法律职业伦理教学和科研的师资队伍,法律职业伦理教育就难以落地生根。

（五）法律职业伦理的教学方法仍未形成成熟模式

完善的教学方法体系是知识传递有效性的基本保障。在法律专业伦理的教学方法上,运行较好的国家基本形成了成熟的方法体系,包括:①贯穿性教学课程设置方法。贯穿性教学法是加拿大法律职业伦理教育中的一个重要教学方法,也就是在所有的实体法中系统地教授学生法律职业伦理问题。这种方法颇具难度,成功与否取决于法学院校师资的致力程度，尽管这一方法也面临着诸多批评，但这一教学方法的拥护者坚定地相信，只要合作恰当，就能在各个法律领域中最佳限度地教授学生如何把握和解决法律职业伦理问题。②参与式教学法。由教授引导学生参与到法律职业伦理教学的情境之中去，全面体会、思考实际执业中可能遭遇到的各种伦理问题。③苏格拉底教学法。通过教师的不断追问，使得学生全面思考在面对职业伦理困境时应如何选择，这种教学方法要求学生进行全面预习，对学生的要求较高。④问题中心教学法。4~6 名学生组成一个小组，再向每个小组分配律师实务中可能会接触到的伦理性矛盾状况，并引导他们共同研究和讨论在此种情形下律师的最佳处境。⑤法律诊所教学法。通过法律诊所让学生处理实际案件，并在此过程当中体验职业伦理问题。因法律诊所主要处理公益事件，因此可以让学生了解社会弱者面临的困境。对于人的痛苦和期望毫无关心的人无法成为一名优秀的法律人，因此活用这种机会对律师伦理教育有着重大影响。这些多元的教学方法支撑了法律职业伦理知识体系的传播，保障了法律职业伦理对于学生培养的有效性。

反观中国法律职业伦理的教学方法，目前基本上沿袭理论传授的方式，并没有形成多元化的教学方法体系，理想中理论教学、案例教学、法律诊所、法律实习的标准化、层层递进的法律职业伦理教学体系只能在极个别院校开展，尽管一些院校也聘请了很多实务专家参与到法律职业伦理的教育教学过程之中，但受制于规模和常规化机制的不足，长效性难以保障，这就大大限制了法律职业伦理教育的实效性和法律职业伦理的知识传播。

五、结论及对策建议

综上，通过对立格联盟院校法律职业伦理教育教学问题的关注，我们看到，在我国的法学教育中，法律职业伦理教育的现实紧迫性依旧未能缓解，在一定程度上，这种状况不利于德法兼修高素质法治人才的培养。针对这一问题并分析其症结，本书认为，未来中国法律职业伦理教育要在以下几个方面着力，切实解决法律职业伦理教育教学薄弱的问题。

首先，凝聚共识。对于法学职业教育的属性，要加大宣传力度，让更多的法学教育者和法学研究者形成对这一属性的认同。由此牵引出法律职业伦理必要性共识的塑造，让法律职业伦理的必要性和教育价值在法律职业共同体内部形成一致性认知，从而在法治人才培养理念上，将中国依法治国和以德治国相结合的历史传统和当下对高素质法治人才的培养需求相结合，既强调知识和技能，同时要求强化思想政治素养和法律职业伦理水平，坚持立德树人、德法兼修的法治人才培养原则。

其次，加强法律职业伦理研究，构建完善的法律职业伦理知识体系。通过必修课程的设置，引导更多的法学研究者关注法律职业伦理研究，尤其是关注忠诚义务、执业能力、保密性、与司法的关系、雇佣关系、利益冲突、当事人困境、法律服务规制、公益及正义责任等基本问题，唯其如此，法律职业伦理的知识体系才能强基固本，形成真正完备的知识体系。

再次，加强法律职业伦理师资队伍建设。法律职业伦理各方面工作的开展最终要落实到师资力量建设上来，人才是第一资源，只有稳定、富有潜力的高水平教师队伍，才能保障法律职业伦理教育的持续发展。因此，国家层面要继续加强法律职业伦理教师的培训工作，各个高校要针对性地建设法律职业伦理的师资团队，汇聚一批关心、研究、热爱法律职业伦理的高水平师资队伍。

最后，探索多元化的法律职业伦理教学方法体系。要真正凸显法学教育"以德为先"的理念，强化法律职业伦理教育，就不能局限于仅将其设置为一门课程，更要将法律职业伦理教育贯穿于法治人才培养的全过程法律，将"德法兼修"真正落到实处。通过贯穿性教学法、参与式教学法、苏格拉底教学法、问题中心教学法、法律诊所教学法等法律实践教学方法的探索，在法律职业伦理教学方法层面，渐次形成集理论教学、案例教学、诊所教学和实习实训的多元教学方法体系，打破知识教学和实践教学之间的体制壁垒，实现法学知识教育和实践教育的融贯。

第二节 "学训一体"法律职业伦理教学模式的开创实践与创新推广*

一、问题的提出

中国现实的法学教育中，法律职业伦理的教育是否处于一种实质缺乏的状况？如果缺乏，在制度层面应如何予以解决？有没有一种适合于中国的法律职业伦理教育模式，能够在中国法学教育体系中发挥实际作用，引领中国法学伦理教育的发展？

对这些问题的追问，我们需要分两个层次予以研究。首先探究的是中国法律职业伦理教育的匮乏问题，这要从国际和国内两个层面展开，通过比较法社会学的研究得出结论。从国际层面来看，对于他国的法律职业伦理教育情况，必须有一个客观清醒的把握和认识，只有当他国的法律职业伦理教育步伐领先于我国，我们所分析的宏观理由和现实状况才更加具有说服力。同时，就国内层面而言，则需要通过实证的研究，证成或证伪中国法律职业伦理是否充分的问题。在此基础上，我们才能接着梳理国内现有的法律职业伦理模式，总结提炼，形成相对理性或共识性的认知，为问题的解决提供思路。

二、法律职业伦理教育的国际样态

本节的分析采取比较法社会学的视角，以功能比较的方法切入，指向法律职业伦理缺失的问题，进一步比较各个国家对这一问题的不同解决方案，而在具体的解决方案落脚点上，主要关注大学中的

---

* 本节基础为中国政法大学教学研究成果"'学训一体'法律职业伦理教学模式的开创实践与创新推广"，该成果获得第八届高等教育国家级教学成果二等奖，成果主要完成人为：刘坤轮、田士永、许身健、刘晓兵和尹超。原载于《政法论坛》2019年第2期。

法律职业伦理教育，再联系法律职业伦理教育现状的成因进行分析，从功能到联系，分解其功能之所以发挥良好的诸多背景元素。[1] 具体而言，本节的比较对象重点为在法律职业伦理领域具有更先进经验的美国，然后是英美国家中的澳大利亚和加拿大，最后是离我们最近的韩国。其他国家的法律职业伦理教育情况，一般来说，都在某种程度上受到美国法律职业伦理转向的影响，但各有各的风格和特点，本节将根据资料的可及性设置具体框架。

（一）美国的法律职业伦理教育

在美国，要进入法律职业，其中一个条件就是要毕业于法学院校，同时，由于美国法律职业共同体的自治性，大多数州都要求本州执业律师毕业于全美律师协会认证的法学院，正是这一直接的关联，全美律师协会的伦理规制才直接反映到法学院的法学教育之中。而最直接的连接就是全美律师协会采纳的法学教育标准，其中，最早成型的法学教育标准为《1921 年法学教育标准》，该标准是一个仅有一页半的小册子，但却贯穿指导着 1920—1940 年间美国的法学教育，全美律师协会一直为该标准得到执行而努力，尽管中间进行过多次修正，但该标准一直生效至 1973 年。1973 年，全美律师协会代表会议批准了《法学院批准标准》（Standards for Approval at Law School）。两个标准中关于法律职业伦理教育的定位，也构成了美国早期法学教育中法律职业伦理教育的脉络特征。但是，遗憾的是，它们都没有强制规定法律职业伦理的教授工作。

尽管全美律师协会没有强制要求法律职业伦理课程的教授工作，但是，在这个阶段，美国法学院的法律职业伦理教育却已经在向规范之路迈进了。据统计，1931 年，很多法学院已经将法律职业伦理作为一门正式课程予以开设，其中美国法学院学会（the Association of Law Schools，AALS）认证的法学院中比例大约为 79%，非美国法学院学会认证的法学院中比例大约为 68%。[2] 从 1921 年到 1973

---

〔1〕　朱景文：《比较法总论》（第 2 版），中国人民大学出版社 2008 年版，第 27 页。

〔2〕　Susan K. Boyd, The ABA's First Section 21. 71（American Bar Association 1993）.

年，尽管很多法学院都开设了法律职业伦理课程，但遗憾的是，鲜有全职教学负责教授，也少有认真对待该课程的学生。然后，水门丑闻的出现，导致众多律师卷入其中，这使得社会和法律界呼吁法学院强化法律职业伦理教育。1974 年，全美律师协会在刚刚采纳的《法学院批准标准》中加上了标准 302（a）（ⅳ）。在美国法律职业伦理教育史上，标准 302 的出现具有里程碑意义。它强制要求法学院必须开设法律职业伦理课程，尽管标准 302 没有规定具体的课程开设方式，而是将自由裁量权交给了法学院，由它们自主决定是采用必修课程设置，或是采用贯穿性（pervasive）教学法。

1996 年，全美律师协会的标准再次被修正，关于法律职业伦理的教授问题，调整标准变更为标准 302（b）："法学院在其法律博士项目中应当要求所有学生接受法律职业及其成员之历史、目标、结构、义务、价值观以及义务的教育，包括《全美律师协会职业行为模范规则》的教育。在这一教授过程中，法学院应提供法院成员和律师协会成员。"由此，经过标准 302 的修正，法律职业伦理教授在美国法学院中成为强制性要求。余下的就是具体安排、教学方法和实际效果等操作层面的问题了。对于实际效果，全美律师协会不断考察法学院中法律职业责任的教授情况，无形之中，对法学院法律职业伦理的正规化也起到了重要的推动作用。[1] 随着越来越多学者关注法律职业伦理这一领域，研究文献也越来越多，研究的问题也越来越细化，这种细化直接导致了法律职业伦理学科化成为一种事实，而关于它的争论，已经不再是是否必要、是否必须开设课程，而变成教学方法和具体实施的问题了，关于这些，涌现出大量的争论文献。这种文献的出现本身就代表着法律职业伦理教育在美国已经渐次成熟。

（二）澳大利亚的法律职业伦理教育

在澳大利亚，法律职业伦理教育并没有达到美国的发达程度，

---

〔1〕 Laurel S. Terry, *A Survey of Legal Ethics Education in Law Schools in Legal Ethics in Academia*, Chap. 5（Penn. Academy of Science 1999）.

因而无论是在教学方法、认识论，还是在师资和院校投入、教学研究热情方面，都存在一定的问题。但同时，换个角度来看，这些问题本身也反映着澳大利亚法学教育在法律职业伦理方面渐次取得的进步。因此，关注其发展状况有助于我们全面认知和理解法律职业伦理教育在发展过程中可能会经历的问题，并引以为戒。

第一，问题方面。首先，在澳大利亚，关于法律职业伦理的定义一直未能达成共识，导致课程范围无法被严格界定，具体的教授内容无法完全统一，使得法律伦理的一元化追求处于萌芽状态。因而，尽管一些法学院也提供法律职业伦理课程，但也就是将其作为"另一门课程"来对待，没有将其提升到法律职业基础性的高度。其次，在澳大利亚，致力于法律职业伦理教育研究的个人和组织还相对较少，所以一些法学院校在承担该课程的老师离职、变动、退休或辞职时，就会面临挑战。最后，法学教育内部对法律职业伦理的投入和热情不足，这就导致法律职业伦理的变革和创新往往是迫于外部的压力，而不像美国那样，由一些领军人物从内部进行驱动，这就导致了法律职业伦理教育在澳大利亚的长远发展缺乏驱动力。

第二，成就方面。首先，尽管澳大利亚法学院在1999—2000学年才将法律职业伦理纳入课程设置，但法律职业伦理教育越来越重要已经成为一个事实，几乎所有法学院的研究生阶段都安排了法律职业伦理课程，大多数法学院也将该课程设置为本科阶段的修习课程之一，并且学分学时也越来越高。其次，出现了专门的研究性组织、刊物和委员会。根据 M. J. 勒布伦（M. J. Le Brun）教授的介绍，澳大利亚的杂志《法学教育评论》同意出专刊讨论法律职业伦理问题，来自法学、哲学和应用伦理学的教职人员联合在一起成立了一个组织，研究共同感兴趣的法律职业伦理问题。同时，还出现了由不同组织成员组成的一个分委员会，专门探讨法学院应当如何处理法律伦理相关的问题。[1]

---

[1]　M. J. Le Brun, "Enhancing Student Learning of Legal Ethics and Professional Responsibility in Australian Law Schools by Improving Our Teaching", 12 *Legal Educ. Rev.* 269 （2001）.

（三）加拿大的法律职业伦理教育

在加拿大，法律职业伦理教育也较为发达，研究文献十分丰富，尽管笔者能力所限，并没有收集到加拿大法学院校开设法律专业伦理课程的丰富实证资料，但从所得文献设定的诸多论述，基本上可以逻辑推演出，在加拿大，法律职业伦理教育已经形成了一套完整的系统。加拿大法学界对法律职业伦理教育的目标、不足之处以及教学方法等有着充分系统的认知，这一切都充分反映出加拿大法律职业伦理教育处于一种较高的地位，从教育目标、课程架构、教学方式的多样性来看，加拿大法学教育的繁荣景象可以清晰地反映出来。

第一，教育目标。根据加拿大法律职业伦理领军学者的总结，法律职业伦理的教育目标主要包括如下几个方面：①向学生介绍法律职业的组织、结果及其责任；②使学生能够评价法律职业的组织及其在履行其义务时的效果；③教授学生各种职业角色和情境中法律人的义务；④使学生能够在需要承担义务时确定义务；⑤使学生对法律职业及职业责任形成态度和价值观；⑥使学生能够参与伦理论证过程，以使得他们能够评价职业角色的妥当性以及对学生的意义，使得他们能够在职业义务出现时评断这些义务并选择恰当行为的框架；⑦使学生能够以一种有效、组织化、职业化的方式进行执业行为。[1]

第二，课程架构。加拿大法律职业伦理教育相对成熟的另一个标志在于课程架构的多样性，在加拿大大学的法学院中，法律职业伦理课程的设置已经基本超越了"另一门课"的阶段，而是变成了多样化的课程设置体系，各个法学院校对于如何进行法律职业伦理教授，形成了各具特色的课程设计选择方案。具体而言，这些方案主要包括如下几种：①贯穿性教学课程设置方法。贯穿性教学法是

---

〔1〕 W. B. Cotter, *Professional Responsibility Instruction in Canada: CoordinatedCurriculum for Legal Education* (Quebec: Joint NationalCommittee on Legal Education of Federation of Law Societies of Canada and Council of Canadian Law Deans, 1992), at (ii).

加拿大法律职业伦理教育中的一个重要教学方法，也就是在所有的实体法中系统教授学生法律职业伦理问题。②诊所式教学方法。诊所式教学法也是法律职业伦理教育中的一个重要方法，这一方法以客户为中心，具体效果则取决于学生对客户的负责程度。③仿真实践。在加拿大法学院，仿真实践支持者认为，应该通过 1 年到 2 年的实践，通过真人的客户扮演，培养学生的综合技巧，这也就是法律职业伦理教育中的 CSD（Comprehensive Skills Development）计划。④单独课程。在加拿大，大多数法学院的法律职业伦理教育采用的都是单独课程，名称或为"法律入门"，或为"法律职业"，或为"法律职业伦理"，抑或"职业责任"等，采用课堂教学或是讲座的方式进行。

（四）韩国的法律职业伦理教育

在韩国，对法律人的职业伦理教育被称为"法曹伦理"。韩国将从前通过司法考试和司法研修院培养法官、检察官和律师等法律人的制度改革为仅有律师考试的法律人培养制度，并且将予以律师考试资格的人选局限在毕业于法学专门大学院（三年硕士课程）者。在司法考试制度体制下，并没有对预备法律人的职业伦理教育予以太多的重视，它对法律职业伦理教育的重视是随着法学教育改革而逐步确立起来的，相对新近。在司法改革的推进过程中，早在 1995 年至 1996 年、1998 年至 1999 年间，韩国分两次进行了法曹培养制度改革的尝试；到 2004 年，韩国成立了司法制度改革推进委员会；2005 年，韩国制定了有关设置法科大学院的法律并加紧了司法改革的进程；2007 年 7 月，韩国国会通过了《法学专门大学院法》，该法规定要引进"法学专门大学院制度"。随着这种法律人选拔制度的改革，在 2009 年 3 月，韩国共开创了 25 个法学专门大学院（入学定员 2000 名），并全部将法曹伦理科目设定为必修科目，在 2012 年 1 月开展第一届律师考试之前，韩国在 2010 年开展了第一届法曹伦理考试，续而在 2011 年开展了第二届考试。[1]

三、中国法律职业伦理教育的现实场景

国际层面对于法律职业伦理教育的重视，只有在有充分材料证成中国法律职业伦理教育较匮乏的情境下才有比较意义。那么，中国的法律职业伦理教育究竟处于一个怎样的发展阶段呢？为了说明这一问题，本节对我国首批 60 所卓越法律人才培养基地院校的法学本科人才培养方案进行了调查，最终得到了 41 份本科培养方案，[2]由于这些院校的法学教育代表了中国法学教育的水平和未来的发展方向，因此它们对法律职业伦理教育的重视程度大体表征了宏观层面上我国法学教育在这一问题上的基本态度，调研结果也具有较为充分的信度和效度。经过分析，我们从培养目标和课程设置两个方面，得出如下结果：

（一）培养目标分析

第一，比例描述。在 41 所院校本科生培养方案中规定的培养目标中，有法律职业伦理教育要求的一共 20 所，占据整个统计样本的48.78%。其中，阐明法律职业伦理要求的院校有 16 所，占据整个统计样本的 39.02%，在有法律职业伦理教育要求的院校中，占据80%。基本阐明法律职业伦理要求的院校有 4 所，占据整个统计样

---

[1]　金星均：《韩国法律人职业伦理教育和律师考试》，收录于《"回应变革呼声：中国法律职业伦理"国际学术研讨会论文集》。

[2]　这 41 份法学本科培养方案来源院校分别为：中国政法大学、北京大学法学院、中国人民大学法学院、外对经贸大学法学院、北京航空航天大学法学院、南开大学法学院、河北大学政法学院、山西大学法学院、辽宁大学法学院、沈阳师范大学法学院、吉林大学法学院、吉林财经大学法学院、黑龙江大学法学院、复旦大学法学院、同济大学法学院、南京大学法学院、上海交通大学法学院、华东政法大学、浙江大学法学院、苏州大学法学院、南京师范大学法学院、安徽大学法学院、浙江工商大学法学院、江西财经大学法学院、烟台大学法学院、河南大学法学院、中南大学法学院、清华大学法学院、暨南大学法学院、中山大学法学院、华南理工大学法学院、广西大学法学院、四川大学法学院、重庆大学法学院、云南大学法学院、贵州大学法学院、兰州大学法学院、海南大学法学院、中南财经政法大学法学院、西北政法大学 和西南政法大学。数据来源于各个法学院校网站。

本的 9.76%，在有法律职业伦理教育要求的院校中，占据 20%。

第二，结果分析。从这个统计结果来看，在整个有效样本中，就培养目标而言，只有 20 所院校具有职业伦理要求，其中完全明确的只有 16 所，只占整个统计样本的 39.02%。对于占据法律职业人养成半壁江山的职业伦理而言，这一比例显然过低。并且这只是纸上层面的规定。这一状况很明确地反映出，我国的法学教育主体对法学职业教育属性的认识存在着一定的偏颇之处，法学教育的知识性和技能性在法学教育层面常常被法学教育主体所看重，近年来，实践性的属性也逐渐为高校重视，实践教学环节的比重也逐渐增加，但对法律职业伦理的目标认识却没有跟上，这种状况是值得反思的。

（二）课程设置分析

第一，比例描述。从具体执行层面来看，在 41 所院校本科生培养方案中，设置有法律职业伦理教育课程的一共 15 所，占据整个统计样本的 36.59%。如果严格限定，那么，阐明法律职业伦理要求的院校就只剩下 9 所，比例仅占据整个统计样本的 21.95%，在有法律职业伦理教育要求的院校中，占据 60%。那些设置有相关课程，但未明确是法律职业伦理课程的有 6 所，占据整个统计样本的 14.63%，在有法律职业伦理教育要求的院校中，占据 40%。同时，还需要指出的是，在 41 所院校中，明确规定法律职业伦理为法学本科生必修课的为吉林大学法学院、苏州大学法学院、华南理工大学法学院这 3 所院校，沈阳师范大学法学院根据培养方向不同将该课程设为选修中的必选课程，基本可以视同为必修课程。这样，在整个样本体系中，设置法律职业伦理必修课的比例就是 9.76%，在 15 所设置该课程的院校中占据 26.67%。其他的 11 所院校，虽然设置了该课程，但课程属性为选修课，在 41 所统计样本中占据 26.83%，在 15 所设置该课程的院校中占据 73.33%。

第二，结果分析。从这个统计结果来看，在整个有效样本中，就课程设置而言，法学院校在法律职业伦理教育方面明确存在着以下问题：其一，开设课程比例偏低。无论是严格限定的法律职业伦理课程，还是宽泛限定的法律职业伦理课程，在整个分析样本中所占的比例都明显偏低。与培养目标中明确规定了法律职业伦理要求的院校 48.78% 的比例相比，在操作层面，这一比例变成了 36.59%，减少了 12.19%。显然，很多院校的法律职业伦理要求，并没有从纸上的规定落实到行动的课程设置中。其二，对课程属性重视不足。即便是在开设了法律职业伦理教育课程的 15 院校中，算上沈阳师范大学法学院，也只有 4 所法学教育院校将法律职业伦理课程设置为必修课程，这一比例远远低于袁钢教授所调研的 47.62% 的比例[1]。这说明，在本科法学教育阶段，即便是处于领军地位的法学院校，也明显不够重视法律职业伦理课程的属性和地位。

四、应对策略：中国政法大学的实践

经过对美国、澳大利亚、加拿大和韩国等国家法律职业伦理教育的介绍，以及对我国 41 所卓越法律人才培养基地法学本科生培养方案的收取、数据统计、文本分析，我们可以看到，无论是在比较层面上，还是国内地位相对领先的法学院校，对于法律职业伦理的重视都是较为不足的。这既表现在其在设定法学本科生培养目标时没有明确提出职业伦理的规范要求，同时也体现在操作层面不够重视法学本科生法律职业伦理课程的设置。

反观中国的法学教育，经过几十年的发展，虽然已经取得了巨大成就，但同时，中国法学教育快速发展过程中，也出现了规模与质量之间的矛盾，存在着知识教育和实践教育脱节的问题，存在着重技能、轻德性的缺陷。[2] 其中法律职业伦理教育的问题就是一个集中的反映，对于这一问题，国内一流的法学院校已经予以重视，经过总结，形成了基本的解决方案。下面，本节就以中国政法大学

---

〔1〕　袁钢、刘璇：《高校法律职业伦理课程的调研与分析》，载《中国法学教育研究》2012 年第 1 期。

〔2〕　刘坤轮：《中国法律职业伦理教育考察》，中国政法大学出版社 2014 年版，第 64~83 页。

在法律职业伦理教育方面的开拓实践与创新推广为例进行展开。作为中国法学教育最高学府，中国政法大学在多年的办学实践中，形成了独特的人才培养特色，同时也极富远见地看到了中国法学教育德性缺失的问题，有针对性地成立了中国第一个专门的法律职业伦理教研室，开创了"学训一体"的法律职业伦理教学模式。经过不断总结发展，该模式形成了集教学体系、研究体系和奖励体系于一体的立体成果群，最终成功推动法学界就法律职业伦理课程的重要性达成共识，将其纳入《法学国标》和《立格标准》核心课程体系，国家标准和行业引领标准都要求将法律职业伦理教育贯穿于法治人才培养的全过程。

（一）改革背景及成果体系

"学训一体"法律职业伦理教学模式直指传统法学教育重知识教育、轻道德熏陶的弊端。耶鲁法学院院长哈罗德·H.柯（Harold H. Koh）曾言："别让你的技巧胜过美德。"〔1〕作为一种服务社会的特殊行业，法律职业具有服务公益的天然使命，因而有着特殊的伦理要求，这构成了法律职业的特色。但实际上，我国法律职业伦理教育教学一直没有得到足够的重视。在系统总结我国传统法学教育存在重知识传授，轻道德熏陶等问题的基础上，"学训一体"法律职业伦理教学模式开发出的针对性课程体系，旨在引领法学教育改革，推进中国法学教育的标准化建设。本教学成果针对的是我国传统法学教育的基本缺陷：

第一，法学教育"德性"缺失。这一问题导致法学院毕业生走上法律工作岗位时，无法解决各种角色和利益冲突问题，在面对角色伦理困境时，无力做出符合法律基本价值的选择，直接影响法律职业群体的公信力。

第二，法学知识教育与法律实践工作相脱节。传统法学教育重知识传授、轻道德熏陶，法律职业伦理没有贯穿人才培养全过程，

---

〔1〕 黄冬松：《你的名字写在判决书上》，载《江淮法治》2016年第18期。

法律职业伦理教育不能打破知识教育和实践教学之间的体制壁垒。

第三，法律职业伦理课程未能成为法学专业核心课程。由于没有纳入法学类专业核心课程体系，法律职业伦理课程的重要性就无法凸显，传统法学教育只是将法律职业伦理作为一门选修课程，重视程度较低，法律职业伦理状况堪忧在法学教育领域就埋下根源。

第四，法学教育技能教育和伦理教育无法融贯。以往即便较少的法学院开设有法律职业伦理课程，也只是作为一门理论课程。学校没有将"法律职业伦理"通过训练才能完成的理念贯彻其中，"学训一体"的法律职业伦理教学模式则从根本上解决了这一问题。

（二）体系完整、效果明显

目前，学校"学训一体"法律职业伦理教学模式改革尝试，已经取得了成熟的经验，其体系目前包括四个层次：

第一，构建"理论教学—实践教学"协同育人的法律职业伦理教学体系。该体系在强调法律职业伦理理论教学的同时，将以法律诊所等为代表的法律实践教学融入法律职业伦理教学体系之中。

第二，形成了层层递进的法律职业伦理教学体系。通过多元化课程设计，形成了理论教学—案例教学—法律诊所—法律实习的标准化、层层递进的法律职业伦理教学体系。

第三，将"以德为先"贯穿于德法兼修法治人才培养全过程。在法治人才培养过程中，除加强思想政治理论实效性，坚持立德树人、以德为先外，还系统结合法律职业的独特特点，突出法律职业所特有的伦理体系，真正将以德为先落到德法兼修法治人才培养的实处，通过加强职业训练来提升思想政治教育实效，强化理念信念，坚定对宪法和法律权威的内心维护。

第四，教研互哺，推动专业立体化成熟发展。通过集教学体系、研究体系和奖励体系的立体成果群，成功推动法学界达成共识，将法律职业伦理课程纳入《法学国标》和《立格标准》，其中行业引领标准更是明确要求将法律职业伦理教育贯穿于法治人才培养的全过程。

（三）立体全面创新法治人才培养规格

"学训一体"法律职业伦理教学模式目标直指"以德为先、德法兼修"法治人才的培养，除了法治人才培养的理念创新外，还在宏观顶层制度设计、中观教育教学模式和微观教育教学实践层面，实现了系统创新：

第一，理念创新：德法兼修。在法治人才培养理念上，将中国依法治国和以德治国相结合的历史传统和当下对高素质法治人才的培养需求相结合，既强调知识和技能，同时要求强化思想政治素养和法律职业伦理水平，坚持立德树人、德法兼修的法治人才培养规格。

第二，宏观顶层制度设计创新：进入标准。通过集教学体系、研究体系和奖励体系的立体成果群，向教育部高等学校法学类专业教学指导委员会和立格联盟院校提交报告，最终成功推动法学教育制度改革，推动法律职业伦理课程的重要性在法学界达成广泛共识，成功纳入法学专业核心课程体系。[1]

第三，中观教育教学模式创新：融贯全程。在中观教学模式理念上，基于"以德为先、德法兼修"的现代法治人才培养理念，紧密结合法律职业独特的职业属性，在加强思想政治教育实效性的同时，大力加强法律职业伦理教育，真正凸显法学教育的"以德为先"理念，不仅将法律职业伦理设置为一门课程，更要将法律职业伦理教育贯穿于法治人才培养的全过程法律，将"德法兼修"真正落到实处。

第四，微观教育教学实践创新：学训一体。法律职业伦理的教育效果不仅仅依靠理论学习，更依赖于实践训练。"学训一体"法律职业伦理教学模式渐次形成了集理论教学、案例教学、诊所教学和实习实训的多元课程体系，将法律职业伦理教育贯穿于法治人才培养全过程，实现了法律职业伦理教育的"学训一体"。通过法律职业

---

〔1〕 刘坤轮：《我国法学类专业本科课程体系改革的现状与未来——以五大政法院校类院校为例》，载《中国政法大学学报》2017 年第 4 期。

伦理理论教学—法律职业伦理案例教学—法律诊所—法律实习层层递进的培养模式，渐次形成了标准化的教学实践体系，打破了知识教学和实践教学之间的体制壁垒，实现了法学知识教育和实践教育的融贯。

（四）科学推进，系统提升德法兼修高素质法治人才培养能力

经过多年实践，学校形成了"学训一体"法律职业伦理教学模式，形成了针对性的问题解决方案，提升了高素质法治人才的培养能力：

第一，确立"以德为先"统领德法兼修法治人才培养的全新理念。针对德法兼修法治人才的培养，本教学模式首先确立了"以德为先"的统领理念，实现了"两个结合"：第一个结合是将我国历史传统和现实国情相结合，根据我国依法治国和以德治国相结合的历史传统，结合我国现实的法治建设国情，明确了立德树人、德法兼修的法治人才培养目标。第二个结合是专业技能和职业伦理的结合。既关注法学专业知识和技能的教育，也注重理想信念和职业伦理的养成，在加强思想政治教育实效性的前提下，紧密结合法律职业的特殊性，强化行业伦理教育，凸显法学教育"以德为先"的理念，将德法兼修真正落到实处。[1]

第二，以融贯式教学体系打破知识教学和实践教学之间体制壁垒。"学训一体"法律职业伦理教学模式实现了理论教学、案例教学、诊所教学和法律实践教学的融会贯通，将法律职业伦理教育贯穿于法治人才培养全过程，形成了四大教学体系，包括：①以法律职业行为规则、法律职业伦理、司法伦理等为基础的理论课程体系；②以律师实务技能、法庭论辩技能、检察实务技能等为基础的案例教学体系；③以行政法律诊所等六大法律诊所和法庭庭审案例点评等课程为基础的"诊所式"教学体系；④以律师事务所、检察院、法院实习实践等为基础的实训教学体系。

---

〔1〕 李树忠：《坚持改革调整创新立中国法学教育 德法兼修明法笃行塑世界法治文明》，载《中国大学教学》2018 年第 4 期。

第三，推动形成共识，进入行业引领标准和国家标准。法学教育要培养德才兼备的法律人，除了加强理想信念教育，加强思想政治教育实效性之外，从法律专业教育教学的角度来看就是强化法律职业伦理教育。本团队多年来致力于法律职业伦理成为法学界共识，并向各方提交咨询报告和意见，并最终成功推动法学界就法律职业伦理的重要性达成共识，最终推动法律职业伦理课程进入《法学国标》和《立格标准》的核心课程体系之中，成为全国各个法学院学生都必须修习的 10 门必修课之一。[1]

第四，教研互哺成果体系辐射奠定学科发展基础。成功形成了教研互哺的研究体系，包括以《中国法律职业伦理教育考察》等为代表的专著、以《法律职业伦理论丛》为代表的专门学术刊物、以《法律职业伦理》《律师职业伦理》等为代表的教材等，以及以"北京市高等教育教学成果一等奖"为代表的奖励等。这些成果体系的影响辐射到法律硕士培养，使法律职业伦理成为法律硕士必修课程，为未来法律职业伦理单独成为法学二级学科奠定了基础。

（五）务实推广，系统提升法律职业伦理教育教学影响力

"学训一体"法律职业伦理教学模式实施以来，取得了重大推广效果，具体表现在如下四个方面：

第一，以点带面，成功进入法学专业核心课程。法律职业伦理课程受到重视是一个渐进的过程，在项目团队的努力下，全国越来越多的法学院系将法律职业伦理设置为必修课程，使其成为法学专业学生必须修习的核心课程，为日后大规模推广法律职业伦理教育教学积累了经验。

第二，达成共识，成功进入国家标准和行业引领标准。法学教育要培养德才兼备的法律人才，除了加强理想信念教育和思想政治教育实效性之外，从法律专业教育教学的角度来看就是强化法律职业伦理教育。通过向各方提交咨询报告和意见，本项目最终成功推

---

〔1〕　李树忠：《坚持改革调整创新立中国法学教育 德法兼修明法笃行塑世界法治文明》，载《中国大学教学》2018 年第 4 期。

动法学界就法律职业伦理的重要性达成共识：首先实现法律职业伦理进入《立格标准》核心课程体系，全国八所政法类院校率先在各自的培养方案中确定法律职业伦理的必修课地位，并明确规定将法律职业伦理教育贯穿于法治人才培养的全过程。其次成功推动法律职业伦理进入《法学国标》，并位列核心课程体系之中，成为全国各个法学院学生都必须修习的 10 门必修课之一。

第三，"学训一体"，引领全国师资队伍建设。"学训一体"法律职业伦理教学模式形成了以法律职业行为规则、法律职业伦理等为基础的理论课程体系，以律师实务技能、法庭论辩技能等为基础的案例教学体系，以行政法律诊所等六大法律诊所和法庭庭审案例点评等课程为基础的"诊所式"教学体系，以及以律师事务所、检察院、法院实习实践等为基础的实训教学体系。通过集理论教学、案例教学、诊所教学和实习实训的多元课程体系，将"学训一体"和"做中学"（learning by doing）的理念贯穿于法律职业伦理教育全流程。这一教育教学理念获得学界认可，并在 2018 年 1 月 6 日至 7 日由教育部高等学校法学类专业教学指导委员会主办的高等学校法学类专业法律职业伦理骨干教师培训班中，成为主导性教学模式，引领全国法律职业伦理师资队伍建设。

第四，教研互哺、辐射奠定学科发展基础。经过建设，本项目已成功形成了教研互哺的研究体系，包括以《中国法律职业伦理教育考察》等为代表的专著、以《法律职业伦理论丛》为代表的专门学术刊物、以《法律职业伦理》《律师职业伦理》等为代表的教材，以及以"北京市高等教育教学成果一等奖"为代表的奖励等。这些成果体系的影响辐射到法律硕士培养，使法律职业伦理成为法律硕士必修课程，为未来法律职业伦理单独成为法学二级学科奠定了坚实的基础。

目前，尽管中国政法大学"学训一体"法律职业伦理教学模式取得了法学教育界的普遍认可，但在教学理念、课程体系、教育模式方面仍有大量需要继续提升完善的地方，全国性的推广仍在进行之中，需要进一步支持跟进。为了切实推广这一项目成果，真正将"以德为先、德法兼修"高素质法治人才培养的目标贯穿到中国法学教育的全过程，本项目团队将继续依托中国政法大学法学教育重镇的优势，进一步总结"学训一体"法律职业伦理教学模式的教育教学改革经验，丰富课程体系，增进协同创新，优化培养环节，提升培养质量，把法学专业"学训一体"法律职业伦理教学模式推向深入，切实服务全面依法治国的国家战略。

五、成就与未来

值得庆幸的是，法律人才的德性建设已经得到国家层面的重视。2017 年 5 月 3 日，习近平总书记考察中国政法大学时明确，中国法学教育和法治人才培养要坚持立德树人、德法兼修，培养高素质法治专门人才。随之，教育部高等学校法学类专业教学指导委员会召开全体会议，对我国法学类本科专业核心课程进行了改革，并于 2017 年 6 月 18 日正式明确了法律职业伦理的必修课程地位。法学类专业核心课程体系调整坚持原则、勇于创新，是回应中国经济政治社会发展的重要举措，是坚定落实党的十八届四中全会《决定》的重要工作，是对习近平总书记在哲学社会科学工作座谈会上的重要讲话精神、习近平总书记考察中国政法大学重要讲话精神和中国共产党十九大精神的坚定落实。

2018 年 9 月 17 日，教育部、中央政法委公布了《关于坚持德法兼修实施卓越法治人才教育培养计划 2.0 的意见》，其中在"改革任务和重点举措"部分，第 1 条就是："厚德育，铸就法治人才之魂……加大学生法律职业伦理培养力度，面向全体法学专业学生开设'法律职业伦理'必修课，实现法律职业伦理教育贯穿法治人才培养全过程。坚持'一课双责'，各门课程既要传授专业知识，又要注重价值引领，传递向上向善的正能量。"[1] 这就意味着，经过多年的努力，中国的法律职业伦理终于走上了健康发展的道路，可以预见，未来的法律职业伦理教育，将在中国有一个全新的局面，我们祝愿，中国的法学教育会成为有德的教育，中国的法律职业伦理教育也将成为塑造中国法律人灵魂的重要载体。

第三节　论法律职业伦理知识体系中的　几个共性问题*

一、问题的提出

法律职业伦理在理论层面应当如何展开？有没有共同的研究框架和研究工具，用以分析共同的问题？

对于当前我国的法律职业伦理研究来说，这一问题非常重要。2018 年 1 月，《普通高等学校本科专业类教学质量国家标准（法学类）》（即《法学国标》）正式发布，[2] 法律职业伦理位列核心课程体系之中，成为全国各个法学院学生都必须修习的 10 门必修课之一。2018 年 9 月，教育部、中央政法委公布了《关于坚持德法兼修实施卓越法治人才教育培养计划 2.0 的意见》，其中在"改革任务和重点举措"部分，第 1 条就提及要厚德育，铸就法治人才之魂；加大学生法律职业伦理培养力度，面向全体法学专业学生开设"法律职业伦理"必修课，实现法律职业伦理教育贯穿法治人才培养全过程。坚持"一课双责"，各门课程既要传授专业知识，又要注重价值

---

〔1〕《教育部中央政法委关于坚持德法兼修实施卓越法治人才教育培养计划 2.0 的意见》，载 http://www.moe.gov.cn/srcsite/A08/moe_739/s6550/201810/t20181017_351892.html，最后访问日期：2024 年 9 月 14 日。

* 基金项目：本节系 2019 年北京高等教育"本科教学改革创新项目"："学训一体 实践前置：创新德法兼修法治人才培养机制"。原载于《法律与伦理》第 7 辑，2021 年 3 月。

〔2〕《我国首个高等教育教学质量国家标准发布 涉及 56 000 多个专业点》，载 http://edu.people.com.cn/n1/2018/0130/c367001-29795328.html，最后访问日期：2018 年 11 月 7 日。

引领，传递向上向善的正能量。[1] 在行业层面，2015 年中共中央办公厅、国务院办公厅印发了《关于完善国家统一法律职业资格制度的意见》，其第 6 条中明确："加大法律职业伦理的考察力度，使法律职业道德成为法律职业人员入职的重要条件。"[2] 2017 年 9 月 1 日，第十二届全国人民代表大会常务委员会第二十九次会议正式通过了《关于修改〈中华人民共和国法官法〉等八部法律的决定》，自 2018 年 1 月 1 日起施行，正式实现了法官、检察官、律师、公证、法律类仲裁、行政复议等法治队伍和统一法律职业资格考试制度的衔接。[3]

　　一系列的改革都标志着法律职业伦理教育和研究的重要性被提到了一个前所未有的高度，但是，法律职业伦理是否只是一门法学专业的必修课？如果成为二级学科，它与宪法、民法、刑法、行政与行政诉讼法等其他法学二级学科之间的关系又当如何呢？法律职业伦理是否具有学科所要求的基本要素，也就是共同理论基础或研究领域的相对一致？进而在此基础上形成自己独立的知识体系呢？

　　这些问题是目前我国法律职业伦理理论研究的基础问题，但遗憾的是，我国的法律职业伦理研究基础相对薄弱，尽管早期的研究者对法律职业伦理进行了开拓性研究，初步奠定了我国法律职业伦理的基础框架，但因为法律职业伦理的地位问题，很少有人专一地从事这一领域的研究，并且后继力量已经严重不足。当我们开始重视起法律职业伦理的教育教学和理论研究时，诸如研究对象和研究方法等基础问题还没有得到系统的梳理。有鉴于此，本书将通过初步整理当前法律职业伦理的研究成果，尝试梳理出法律职业伦理的

----

〔1〕《教育部中央政法委关于坚持德法兼修实施卓越法治人才教育培养计划 2.0 的意见》，载 http://www.moe.gov.cn/srcsite/A08/moe_739/s6550/201810/t20181017_351892.html，最后访问日期：2018 年 11 月 7 日。

〔2〕《〈关于完善国家统一法律职业资格制度的意见〉印发》，载 http://politics.people.com.cn/n1/2015/1220/c1001-27952144.html，最后访问日期：2018 年 11 月 7 日。

〔3〕高琳、刘坤轮：《我国法律职业伦理教育现实性再审视》，载《法学教育研究》2019 年第 2 期。

若干共性问题，以为未来的研究奠定基础。

二、当代中国法律职业伦理研究的主要问题

我国的法律职业伦理起步较晚，但还是涌现出了一些具有代表性的研究者，例如李本森教授将法律服务、法律职业与法律行业规范统一起来，从经济、社会、价值层面进行了多元分析；王进喜教授专注于律师职业规范的研究，严格限定法律职业伦理为行业规范研究旨向，代表了中国法律职业伦理研究的技术性流派，[1] 说明了国际法律职业伦理研究的技术性走向；[2] 许身健教授带领法律职业伦理团队所进行的多维度研究，在"悦读"与"实证"、"教学"和"执业"之间，探索着法律职业伦理学科专业内涵和外延，并进行进一步的挖掘与扩展；[3] 李学尧教授在其后期的研究中，纳入了儒家思潮、国家与社会、政党政治等分析工具和框架，将法律职业伦理研究的内容推向另一个高度；[4] 刘思达教授的研究则从职业社会学角度大大提高了法律职业研究的严谨程度；[5] 袁钢副教授关注法律职业资格考试中法律职业伦理部分考核的科学性和应用性，论证《法律职业伦理》应当成为法律硕士必修课的必要性和可行性，[6] 并作为爱德华项目学者在哥伦比亚大学法学院专门从事法律职业伦理教学的课题研究工作。尽管研究成果有所推进，但与国际层面相

---

〔1〕 参见王进喜：《中国律师职业道德：历史回顾与展望》，载《中国司法》2005 年第 2 期。

〔2〕 参见王进喜：《美国律师协会〈司法行为示范守则（1990）〉评介》，载《中外法学》1999 年第 4 期。

〔3〕 参见许身健：《欧美律师职业伦理比较研究》，载《国家检察官学院学报》2014年第 1 期。

〔4〕 参见李学尧：《法律职业主义》，载《法学研究》2005 年第 6 期；李学尧：《非道德性：现代法律职业伦理的困境》，载《中国法学》2010 年第 1 期。

〔5〕 参见刘思达：《分化的律师业与职业主义的建构》，载《中外法学》2005 年第 4期；刘思达：《职业自主性与国家干预——西方职业社会学研究述评》，载《社会学研究》2006 年第 1 期。

〔6〕 参见袁钢、刘璇：《高校法律职业伦理课程的调研与分析》，载《中国法学教育研究》2012 年第 1 期。

关研究对比，国内的研究相对薄弱。虽然近些年来有一些关于法律职业伦理的主要译介，但比较研究、实证研究依然缺乏，理论体系有待进一步完善。从未来发展的角度来说，这些都是需要改进的方向。

这些研究当然是十分重要的，对于法律职业伦理在中国法学专业教育中的影响而言甚至具有里程碑意义。但是，在肯定这些研究成果的同时，我们不能停留于此，法律职业伦理要在法学专业教育中彰显其重要性，必须有独立的学科，而居其核心者就是知识体系。因此，我们必须从是否具有共同理论基础和研究领域，也就是学科的角度予以评判分析，当且仅当法律职业伦理建构起共同的理论基础和研究领域之后，它才能够在整个法学二级学科群中扎稳根基，真正成为法学专业教育的基础知识。因此，本书首先将对目前的研究进行初步评判。

第一，从知识体系的角度来看，只有少数的研究者实现了知识体系的构建。如前所述，早期的研究者，对于法律职业伦理的问题，是从不同的角度展开的，这本身也符合学科知识体系产生的逻辑。但是，一门学科知识体系的成长和成熟，需要专门的知识体系，而这个知识体系的相对完整的载体则是教材。专著更偏向于知识点的研究，一般指向的是学科知识体系中的某一个具体领域，或特定知识点，随着学科知识体系的发展，专著的研究会越来越细分。但通常情况下，专著并不具有覆盖某一学科知识体系所有基本环节的能力。与之相对，成熟的教材是被要求覆盖本学科的基本知识体系的，国家一般也会有相应的指导性方案，比如《全国高等学校法学专业核心课程教学基本要求》就是法学专业的 14 门核心课程所需要覆盖的知识点的指导性范本。[1] 由此也可以看到，在这一点上，法学其他二级学科，相对来说已经较为完善，其重要的表征之一就是教材体系种类繁多，知识体系相对完整，所覆盖知识点相对统一。

---

〔1〕 中华人民共和国教育部高等教育司：《全国高等学校法学专业核心课程教学基本要求》，高等教育出版社 1998 年版。

目前来说，市面上可见的法律职业伦理教材并不多，主编者主要包括王进喜[1]、李本森[2]、许身健[3]、巢容华[4]、李旭东[5]、郭哲[6]和石先钰等[7]研究者。比较之下，在法律职业伦理知识体系的构建方面，还有很长的路要走。

第二，从研究领域来审视，目前只对研究领域粗线条的对象达成了共识。从学科的研究领域来看，尽管目前的研究领域形式相对统一，比如都会涉及一般概念，都会涉及律师、法官、检察官等传统法律职业以及与这些职业相关的伦理规范，但差异还是大量存在的。比如有些教材中将公证员、司法鉴定人员、仲裁员、人民警察、公司法务、法学家、立法者等职业也予以吸纳，形成了不同的覆盖范围。从这一外在表现形式来看，至少对于法律职业共同体的概念，当前的研究还不能说已经达成了一致认识，尽管《关于完善国家统一法律职业资格制度的意见》已经对需要通过法律职业资格考试的范围进行了界定，明确规定——担任法官、检察官、律师、公证员、法律顾问、仲裁员（法律类）及政府部门中从事行政处罚决定审核、行政复议、行政裁决的人员，应当取得国家统一法律职业资格。国家鼓励从事法律法规起草的立法工作者、其他行政执法人员、法学教育研究工作者，参加国家统一法律职业资格考试，取得职业资格。[8] 这实际上基本划分了法律职业群体的两类范围，一为必须参加职业资格考试的，共有七类；二为鼓励参加职业资格考试的，共有三类。但在法律职业伦理的知识体系中，能够达成共识的一般只

---

〔1〕　参见王进喜：《法律职业行为法》（第 2 版），中国人民大学出版社 2014 年版。

〔2〕　参见李本森主编：《法律职业伦理》（第 3 版），北京大学出版社 2016 年版。

〔3〕　参见许身健：《法律职业伦理》，中国政法大学出版社 2019 年版。

〔4〕　参见巢容华主编：《法律职业伦理学》，北京大学出版社 2019 年版。

〔5〕　参见李旭东编著：《法律职业伦理学》，华南理工大学出版社 2019 年版。

〔6〕　参见郭哲主编：《法律职业伦理教程》，高等教育出版社 2018 年版。

〔7〕　参见石先钰、韩桂君、陈光斌主编：《法律职业伦理学》，高等教育出版社 2019 年版。

〔8〕　中共中央办公厅、国务院办公厅《关于完善国家统一法律职业资格制度的意见》第 3 条。

有法官、检察官和律师三类。仅从这一研究对象来看，目前也只是初步达成了共识，至于研究领域的其他方面，则需要进一步深挖。

第三，从共同的研究基础来看，目前仍处于碎片化状态。即便是在相对粗线条的研究对象达成一致的基础上，关于法律职业伦理的研究基础问题，也仍然处于碎片化的状态，其中一个重要的表现形式就是当前的教材体系基本上是按照职业进行知识阐述的，这和其他学科以主题展开的知识体系具有较大区别。学科知识体系的形成一般应有共同的研究基础，这是由所研究问题的共性决定的，也是学科之间区别的主要标志。在外在表现上，对于研究基础来说，共同的研究对象和研究方法，以及相应的理论框架则是最为重要的几个方面。目前来说，在研究对象方面，尽管没有彻底达成一致，但已达成粗线条的共识，只是缺乏统筹。在研究方法上，基本形成了价值研究和规范研究等方法，也可以进行系统的总结。但是，需要指出的是，无论是研究方法，还是研究对象，由于职业的分立，使得不同的法律职业所构建出的知识体系充满了差异，内在的体系逻辑难以形成，因而也就很难构建出统一的研究理论框架，而一旦缺乏这种理论工具，职业伦理的问题就会被职业分割并变得碎片化，难以形成体系性知识。我国目前的职业伦理研究基本上还处于这一阶段，问题的研究只是冠以法律职业伦理之名，而实际上，不同的职业所对应的伦理知识体系则占据了主导地位，共性被忽略、个性被彰显，碎片化现象较为严重。

三、法律角色与社会角色：法律职业伦理的共性与个性

要找到法律职业伦理知识体系的共同理论基础和研究领域，最主要的就是要寻求到能够串起整个法律职业伦理知识体系的核心问题，并由此建构起核心概念。也就是说，法律职业伦理作为一门法学二级学科，其知识体系之间必须有共性，而不是只有或只强调个性，比如刑法的核心概念是犯罪和刑罚，一切知识体系可以围绕这些概念展开，且这些概念可以作为工具切入到几乎全部刑法学问题

中。民法的核心概念是民事法律关系，这一概念也可以作为分析工具，切入到几乎所有民法学知识体系中。目前来说，法律职业伦理的核心概念并未形成共识，它究竟是规范，还是价值，还是二者的统一，目前仍有争论，这也就使得其知识体系不能被系统地建构起来。

因此，对于现行的法律职业伦理研究来说，明确最核心的问题，并由此牵引出分析工具和分析对象，是当务之急。本书认为，法律职业伦理之所以存在且重要，核心价值在于法律职业共同体能够促进社会正义，而推进的主要方式，也就是法律职业追求接近正义的方式及原因，应当是当前法律职业伦理学的核心问题。从以上关于法律职业伦理的研究中，我们可以大体看到，当前法律职业伦理的研究取向分为价值取向和技术取向两种流派，应该说，彼此并不排斥或不严格排斥对方所研究的对象属于法律职业伦理的研究范畴，那么，如果有一个问题将这两种研究取向连接起来，则法律职业伦理的核心问题也就自然浮出水面了。笔者认为，无论是价值研究，还是规范研究，法律职业伦理和其他学科最大的区别在于，它主要关注的是冲突问题，这种冲突要么表现在价值层面，外化为法律职业伦理的道德性（morality）、非道德性（amorality）以及不道德性（immorality）之间的纠缠关系；要么表现在规范层面，外化为忠诚义务、勤勉义务以及保密义务之间的复杂关系。而之所以产生这些冲突，乃是基于法律职业的特殊性，也就是其职业角色和社会角色之间的冲突，这种冲突决定了法律职业之间的共性和个性之间必然也存在着紧张关系，这一点尤其表现在刑事诉讼的庭审程序之中，法官、检察官、律师、当事人纷纷在场，角色冲突一目可见。同时，需要指出的是，对于这两种不同的冲突，所做的判断也不同于其他学科，也就是说，对于价值冲突和规范冲突，法律职业伦理所要做的主要是正当性判断，一般并不涉及道德层面的判断，并且这种价值层面的正当性应该渗透并覆盖到所有伦理规则层面，以此形成法律职业伦理规范层面的研究工具。这样一来，本书认为，法律职业伦理的核心问题也就有了一个初步的轮廓，也就是关于角色冲突及角色行为正当性的知识体系。其中，角色冲突关涉法律角色和社会角色之间的冲突关系，角色行为则主要关涉法律职业行为和社会一般行为之间的冲突关系。对这两种冲突之间进行区分选择，并给出正当性理由的知识体系，就是法律职业伦理的知识体系。

既然是冲突，那么，价值层面必然涉及正当性的位阶问题，规范层面必然涉及正当性的选择问题。做出选择的理由，实际上就是法律职业伦理得以成为一个学科知识体系的主要理由，这也恰好是一个冲突选择的问题，整个的法律职业伦理知识体系，都应当围绕这一对范畴展开。因此，对于当前法律职业伦理的知识体系，本书认为，学界首先需要分清法律职业的法律角色和社会角色，并在此基础上判断不同法律职业之间的共性和个性何者优先。本书认为，这两对范畴的关系具体如下：

法律角色优先于社会角色。法律职业工作者是经过特殊的法律技术和法律职业伦理训练的，因此他们不同于社会中的一般个人。作为法律角色的法律工作者，他们熟悉纷繁复杂甚至相互冲突的法律法规，承担着祛除法律法规的神秘性的角色功能。因此，法律职业工作者的法律角色常常一方面要求他们就如何逃避或减轻法律义务向当事人提供咨询，另一方面则要求他们就如何最大化或细致执行法律向当事人提供咨询。这些功能使法律工作者区别于外行人士，作为法律角色，他们往往不会采取其作为社会角色所应当采取的行为，并且在职业群体内部这常常被认为是对的，比如一个为涉嫌偷税罪辩护的律师，即便他的客户并不诚实，他也会选择尽最大之勤勉帮助客户逃脱或减轻法律的处罚，而这种做法在法律职业群体中，可能并无争议。但这实际上使得法律角色的伦理和社会角色的一般伦理区分开来，法律角色优先于社会角色。一般的社会伦理基本上是普遍适用的，一般的伦理哲学要求平等地对待其他所有人，到了法律职业工作者这里，客户的在场，就使得在所有其他人之外，多了另外一个"其他人"，这个"其他人"的利益，在法律角色的选择中，要优先于其他所有人，而这一选择又是法律职业内部普遍接受的。法律角色优先于社会角色这一特征标注了法律职业伦理的基本底色，在不同的社会中，这种优先程度可能有差异，如这里其他"所有人"的范围可能有差异，但这种优先性确实始终存在，这也是法律职业伦理知识体系的基本特征。

共性优先于个性。与法律角色优先于社会角色这一命题相关联的另外一个命题则是法律职业伦理的共性和个性之间的关系。这个问题有三个层次，首先，法律职业共同体要有共同的价值追求，法律职业共同体有一个能够把所有法律工作者拧在一起的纽带，这个纽带就是共同的价值追求。所有的法律工作者都追求公平正义，从不同的角度、不同的立场上去追求公平正义。价值追求的共同性和一元性是法律职业共同体的本质要件。其次，法律职业共同体要有共同的职业伦理规范。要保证价值追求的共同性，就必须有作为保障措施的相同职业伦理规范。不同的法律职业，如果具有不同的法律职业伦理规范，就会出现伦理下滑的问题。在同一个法庭上，如果允许职业伦理水准低的人进入，低水准者一定会把高水准者拉下来。最后，在不同的法律领域里面，允许出现不同的规则，这是职业伦理内部的原则问题，因为不同的法律职业其伦理责任的承担方式是不同的，这是允许的也是需要进行区别的，比如检察官和律师的职业伦理责任有所区别，因为检察官要站在国家立场上，要代表公众利益。以上三个层次有序排列，这种排序本身就代表了共性和个性之间的关系，也就是说，对于法律职业伦理来说，共性是主要的，具有优先于个性的地位，没有这种优先性，法律职业共同体也就无从建立起来，这是处理法律职业伦理核心范畴的一个基本取向。

四、法律职业伦理几个核心问题

在对中国当前的法律职业伦理知识体系存在的主要问题进行梳理，并在此基础上，总结提炼出法律职业伦理的核心问题范畴以及价值取舍后，接下来就需要对法律角色和伦理共性所牵涉的主要问

题进行界定。如前所述，这些问题的界定要本着串起法律职业伦理
知识体系的目的，因此要足以覆盖当前主要法律职业所共同承担的
法律角色和面临的共同伦理困境。依然按照之前价值冲突和行为冲
突的区分，本书初步认为，无论是对于法官、检察官、律师、公证
员、行政执法者，还是对于其他法律工作者来说，在价值层面和行
为层面，都存在着冲突问题，具体表现为如下两个层面：

（一）价值冲突问题

尽管价值冲突问题并非法律职业伦理独有的问题，而是几乎所
有法学学科都要面对的问题，但其普遍性却是其他法学学科不可比
拟的，冲突的强度也大不相同。比如民法学的平等、公平、诚信等
价值，尽管在一定情境下会存在冲突的问题，但在大多数民事关系
中，这些基本价值是可以共存的，甚至有学者对民法学的基本原则
专门做出过体系性论述。[1] 尽管法律职业伦理也有共同的价值取
向，比如公平价值、正义价值、平等价值等，但在具体的执业层面，
更多的却是伦理困境，而几乎所有的伦理困境都涉及价值冲突与选
择的问题，这也是由法律职业的基本特征，也就是所谓自治性、公
共性和技术性特征所决定的。由此，在价值层面，至少以下几个层
面的价值问题，应该是贯穿法律职业伦理全过程的。

道德性和非道德性。作为向社会输送正义的法律职业，对于整
个社会承担着一定的道德义务，这种道德义务要求法律职业必须以
追求社会整体的正义为其存在的基本价值，因此，法律职业行为应
当符合社会所要求的一般价值取向。但作为当事人的代理人，法律
职业群体却又对当事人这个特殊的"他人"承担着特殊的义务，当
事人的价值和社会主流价值发生冲突时，作为其代理人的法律职业
群体，则需要保持一定的非道德性，甚至某些时候会出现不道德性
的职业行为。尽管这种冲突可以从社会整体正义的层面予以解释，
但作为社会角色的法律人，在具体的个案中，所面临的价值冲突却

---

[1] 侯佳儒：《民法基本原则解释：意思自治原理及其展开》，载《环球法律评论》
2013 年第 4 期。

往往是剧烈的。这个时候，如果没有法律职业伦理的引导，道德性和非道德性之间的平衡就很难实现，这一道德性和非道德性价值之间的紧张关系可以说贯穿于法律职业伦理的全部内容。所谓律师职业伦理是"作为调整与律师业务相关的各种社会性期待的一种实在性规范而被妥当化的"[1]，正是在这个意义上而言的。

公共性和技术性。公共性和技术性是当代法律职业发展的两大趋势，也是法律职业伦理规范的两大导向。实际上，很多国家的法律职业伦理规范中，大体都包括这两块内容，并将其融合起来，比如美国的法律职业伦理规范，其序言和总则部分，基本上属于公共性价值取向的内容，而具体的行为规范部分，则属于技术性价值取向的内容。尽管形式上，各个国家都会对其作出统一性的规范，但实际上却仍然无法消解这两种价值之间的紧张关系。公共性价值是要求法律职业群体对公众利益和社会正义所负有的责任，比如律师就应当扮演"正义的卫道士""公共利益的代表"等角色的伦理要求，进而要求律师在执业中要将大众利益和道德放在首位。技术性价值要求以法律的中立性和技术性作为法律职业群体的基本取向，并由此要求法律人的"党派性忠诚"，对公众道德并无特殊的伦理责任，进而出现"与公众作对""损害公共利益""帮助恶人"的法律职业行为。[2]《迷失的律师》[3]与《法律人，你为什么不争气》[4]中所探讨的核心问题，也基本是这对价值冲突，以及由此所导致的商业主义和公共利益之间的冲突。

自治性和他治性。法律职业共同体的建构理想需要法律职业保持自治性，也就是要对其他非法律职业的侵蚀保持抗拒的能力，这

---

[1] [日]棚濑孝雄：《现代日本的法和秩序》，易平译，中国政法大学出版社2002年版，第217页。

[2] 李学尧：《非道德性：现代法律职业伦理的困境》，载《中国法学》2010年第1期。

[3] [美]安索尼·T.克罗曼：《迷失的律师：法律职业理想的衰落》，周战超、石新中译，法律出版社2002年版。

[4] 陈长文、罗智强：《法律人，你为什么不争气——法律伦理与理想的重建》，法律出版社2007年版。

种能力主要通过内部的建构实现，实现的最重要方式就是法律职业伦理的规范体系。通过这一体系，法律职业共同体的子系统将更加完备，也就是将意义共同体、语言共同体、利益共同体、教育共同体、经历共同体和解释共同体，按照法律职业价值共同体分别建构。自治性是所有高端职业的基本特征，法律职业尤其如此。但是，自治性价值常常和法律职业所深嵌的国家文化和价值产生冲突，法律执业的管辖区域设定，常常决定了特定的法律职业必须回应或至少部分回应执业区域的主流价值和管理需要，这就产生了法律职业的自治性和他治性之间的冲突。任何一个国家对任何一个职业都有进行角色定位和管理的责任，完全的放任发展几乎是不可能的，这就势必和高度自治性的法律职业共同体价值取向有所冲突。这一冲突也是贯穿于所有法律职业伦理规范体系之中的，比如中国的律师管理规范，必然和欧美国家的律师管理规范有所差异，这些差异背后的原因，最主要的就是自治性和他治性之间的冲突。

（二）行为冲突问题

当前法律职业伦理规范体系的走向上，技术性规范占据越来越大的比重，这和法律职业行为的科学性追求直接相关。因此，技术性冲突就构成了法律职业伦理规范冲突的主体，具体到个案中，也就是法律执业中的行为冲突。尽管法官、检察官和律师在个案中的行为冲突有所差异，但造成这些冲突的问题却是共同的，事实上，上文的价值冲突也可以构成行为的冲突，只是关联并不那么直接而已，因此将其单独列出分类。这些共同的行为冲突问题建构起了法律职业伦理的共同理论基础和研究领域，因此，笔者认为，未来的法律职业伦理学科知识体系的建设，应当也必须围绕这些问题展开，以这些问题切入所有的法律职业，形成基础性的分析框架和分析工具，串起所有的法律职业的具体伦理规范，而不是仅分职业分别阐述各自的伦理规范。有鉴于此，笔者粗略地提出如下几个问题，以供学界批评。

第一，能力问题。能力问题涉及的是，法律职业伦理究竟应如何规范，才能确保提供适格的职业行为。对于不同的职业，能力的要求有所差异，但却是所有法律职业都要面对的问题。法官的审判类型、检察官的业务分工、律师的执业领域，实际所关涉的大多是这一问题。在一定意义上，法律职业要向社会输送正义，最重要的就是确保所有的个案都选择出适格能力的法律人，对于最典型的刑事诉讼伦理冲突场景，能力问题也表现得最为突出，我们很难想象，能力差别巨大的法官、检察官和律师，能够确保一个刑事审判的公正结果。在一定程度上，统一法律职业资格考试所指向的就是能力的适格问题。

第二，保密问题。不同的法律职业通过具体的个案，以不同的方式和法律服务的对象连接起来，在这个联系过程中，各个法律职业群体都会获取若干特定的信息，信息的类别不同，决定了对待这些信息的方式不同，这就会涉及不同的法律职业对不同信息的不同保密义务。那么，究竟何种信息应当被法律职业工作者视为秘密？应从哪里或哪些渠道获取这些信息？不同的法律职业之间的秘密信息有何同质性和差异性？在何种条件下，法律职业工作者可以以及应当向公众披露这些信息？尽管面对和处理的方式有一定的差别，但这些问题本身是所有法律职业群体都必须面对的，因而也是应该贯穿于整个法律职业伦理规范体系之中的。

第三，禁止性帮助问题。不同的法律职业工作者通过不同的方式向服务对象提供法律服务，法官以居中裁判，检察官以审判监督以及提起公诉，律师则以咨询和辩护等方式。但同为法律服务，哪些是应该以及可以向当事人提供的？哪些是禁止向服务对象提供的？不同的服务对象，禁止的范围和程度有哪些差异？这些都属于禁止性帮助问题，也是所有法律职业群体在职业生涯中都会面临的伦理冲突问题，因此也需要在整个法律职业伦理的知识体系中进行通盘探讨。

第四，利益冲突问题。法律职业伦理的利益冲突问题往往被局限在律师职业范围内进行探讨，也就是通常所说的同时性利益冲突和连续性利益冲突问题。通常情况下，指涉为委托人和律师之间或不同的委托人之间存在某种利益冲突时，律师被禁止进行的行为。但实际上，利益冲突问题应是一个范围更为广泛的问题，比如法官和检察官的回避问题，很大程度上，原因都在于利益冲突。其他法律职业工作者，也不同程度上涉及这个问题。因此，利益冲突问题也应当作为法律职业伦理知识体系中的一个基础性问题，将其贯穿于整个法律职业共同体之中进行伦理规范的探讨。

第五，竞争问题。竞争问题实际上关涉的是法律职业共同体的自治问题，细化到不同的法律职业，竞争问题的具体偏向重点有所差异。就律师而言，如何避免来自非律师群体的法律服务竞争，如何进行同行竞争，如何面对各种不同的诱惑，这些都是律师在提供法律服务时所需要面对的竞争问题。同样的，法官、检察官也存在着竞争问题，最典型的是立案管辖和审判管辖的问题，在何种情况下应该予以管辖，在何种情况下被禁止管辖，这些可能并不仅仅是诉讼法学的问题，也是法律职业伦理需要考虑并予以规范的问题。

第六，诚信问题。诚信问题主要关涉法律职业工作者的真实义务和诚实义务。对于不同法律文本、法律证据和法律事实，不同的法律职业工作者都负有诚信的义务。但是，在何种程度上承担诚信义务，又有所不同，比如一个律师在获知一些不利于自己当事人的法律规定和法律事实时，他对当事人和法官应承担何种诚信义务？法官和检察官在面对可能对案件结果造成影响的不同证据时，应该如何取舍，如果这种取舍会影响到职业发展或之前案件的结果呢？这些问题实际上都是诚信问题，也是应该贯穿于整个法律职业伦理规范知识体系之中的。

当然，此类的问题应该还有很多，比如忠诚问题和勤勉问题，可能也不仅仅是律师的职业伦理，其他所有法律职业也都会涉及。本书要说的是，这些共同的问题，应当是法律职业伦理知识体系建构过程中应优先考虑的，因为正是这些问题构成了法律职业伦理共同的理论基础和研究领域，而这对于一门法学二级学科则是至关重要的。当然，本书观点仅为一家之言，唯一之目的乃是希望法律职业伦理学科的知识体系能够通过这些问题切入所有的法律职业，形成基础性的分析框架和分析工具，串起所有的法律职业的具体伦理规范。但论述过程之中，必然有各种缺漏，在此提出，仅为抛砖引玉，供学界批评指正。

第四节 论法律职业伦理课程体系建设的几个基本问题

一、问题的提出

法律职业伦理怎么教？教什么？这是法律职业伦理教育教学问题的关键所在，实质也就是法律职业伦理的课程体系如何具体设置的问题。从课程体系的角度来看，怎么教，是由法律职业伦理课程属性和课程体系所决定的；教什么，则除了自身知识体系这一基本内容外，更多涉及与其他临近课程之间的关系问题，这恰恰也是法学课程体系建设需要考虑的重要内容。而这正是本节尝试解决的核心问题。

法律职业伦理的教育教学问题早已有之，尤其是在域外，相关研究不胜枚举，争论颇多。但为我国法学界，尤其是法律职业伦理研究者所关注，却是新近之事，随着法律职业伦理成为法学本科专业核心课程而出现，标志是 2018 年 1 月教育部发布《法学国标》，法律职业伦理被确定为法学本科专业必须修习的 10 门核心课程之一。[1] 从一定意义上说，这是我国法律职业伦理学科发展史上的里程碑事件，为法律职业伦理学科发展进入快车道奠定了基础，一些院校的示范性发展迅速出现，比如依托所开创的"学训一体"法律职业伦理育人模式，中国政法大学率先设置了法律职业伦理二级学科，开始了硕士研究生和博士研究生的专门化培养，法律职业伦理的师资培训也陆续展开。凡此种种，都彰显了中国法律职业伦理教

---

〔1〕 教育部高等学校教学指导委员会编：《普通高等学校本科专业类教学质量国家标准》，高等教育出版社 2018 年版。

育教学破土而生、蒸蒸日上的形式繁荣。

　　然而，需要正视的是，法律职业伦理之所以成为中国法学专业10 门必修课程之一，更多是自上而下推进的结果，是中国法学教育界反思中国法学教育根本性问题，[1] 通过各种时机推进，最终在2017 年习近平总书记考察中国政法大学做出重要讲话，明确法学教育和法治人才培养要坚持立德树人德法兼修之后，[2] 由教育部发起，高等学校法学类专业教学指导委员会执行，自上而下推动并贯彻落实的结果。光鲜形式繁荣的背后，不能掩盖的问题是，作为法学专业的核心课程之一，法律职业伦理学科基础薄弱、知识体系不健全、缺乏共同的研究领域和理论基础。[3] 其直接的外在表征就是，和其他法学二级学科相比，法律职业伦理教材建设滞后，市面可见的教材寥寥无几。[4] 法律职业伦理学界每年发表的论文，和民法、刑法等传统法学强势学科相比，数量只有其零头。[5] 法律职业伦理的领军人物，除了中国政法大学屈指可数的几位教授常年从事法律职业伦理研究外，其他均为其他学科转身过来的，绝大多数法律职业伦理的研究基础尚不具备理论开拓的能力。当然，这些学者中也不乏一些学术造诣和理论功底深厚的法学大家，然而，硬币的另一面却是，正是由于个人学术能力突出，这些学者往往已经在以前归属的学科取得相当成就和声望，依学者按照学科专业归属实现自身发展的通常路径，这些学者很难会全心转型，在这一领域深耕教学科研。法律职业伦理教育教学的一些基础性问题，也较难依靠他们解决。

---

〔1〕　徐显明：《法学教育的基础矛盾与根本性缺陷》，载《法学家》2003 年第 6 期。

〔2〕　高林：《"德法兼修"视域下中国法律职业伦理之重塑》，载《华北水利水电大学学报（社会科学版）》2020 年第 4 期。

〔3〕　刘坤轮：《论法律职业伦理知识体系中的几个共性问题》，载《法律与伦理》2021 年第 1 期。

〔4〕　主编者主要包括王进喜、李本森、许身健、巢容华、李旭东、郭哲和石先钰等研究者，同前注。

〔5〕　在中国知网上，每年法律职业伦理的论文不足百篇，其他二级学科动辄上千篇。

　　但是，这些基础性问题却关涉中国法律职业伦理学科的未来发展，作为德法兼修高素质法治人才培养的支柱之一，法律职业伦理教育教学承载着塑造法律人理想信念和训练法律人行为模式的重要任务。这一任务的承担都需要具体落实在法学院系的课程设置上来，但恰恰是这些问题，目前尚未有专门的研究，更遑论形成课程体系建设的共识，如本科阶段法律职业伦理课程究竟如何定位，教什么、怎么教？研究生阶段的法律职业伦理教育教学和本科阶段有什么区别？作为二级学科的法律职业伦理，针对硕士研究生的培养和博士研究生的培养，法律职业伦理的专业课程体系如何构建，应分别设置什么课程，才能构成和传统法学二级学科相匹配的专业课程体系？诸此等等，已经是中国法学教育界迫切需要解决的问题，法律职业伦理教学指导要求迟迟不能出台，[1] 也充分反映出这一问题的严重性。

　　有鉴于此，本节尝试厘清法律职业伦理课程的定位、体系、可能的建设路径以及要协调处理好的若干问题，这也就构成了本节行文的基本框架：第一，法律职业伦理课程的定位。定位问题的探讨是在专业教育的语境之中进行的，主要涉及法律职业伦理课程是专业课还是通识课，是理论课还是实践课，以及是必修课还是选修课等基础问题。第二，法律职业伦理课程的体系建设。这一问题沿着法学专业课程体系展开，在体系观的统筹下，明确作为法学二级学科的法律专业伦理课程体系的各个环节，尤其是阐明核心环节和拓展环节，形成法律职业伦理二级学科的课程体系基础。第三，法律职业伦理课程体系构建的基本路径。这一问题沿着专业理论和专业实践两个维度展开，分别探讨本科、硕士研究生、博士研究生法律职业伦理课程的名称、内容和讲授重点问题。第四，与其他课程和制度设计的关系。这一部分主要涉及法律职业伦理课程和包括

---

　　[1]　教育部高等教育司 2019 年的工作重点中，有出台法律职业伦理教学指导要素的计划，但截至本节写作时尚未发布，可以推断的是，法律职业伦理学界这一工作的完成，并不能让人满意。

习近平法治思想概论等课程的关系问题，也包括和统一法律职业资格考试的关系问题。这些关系，都是法律职业伦理课程体系建设过程中需要统筹协调的，关涉到法律职业伦理学科专业的地位。

二、法律职业伦理的课程属性

一般而言，高等教育课程类型采取两级划分法，首先分作理论课程和实践课程，继而再将这两类课程类型进行二次划分。依据《法学国标》的划分，法学类理论课程可以分为思想政治理论课程、通识课程与专业课程；实践课程可分为实验、实训和专业实习、社会实践与毕业论文（设计）。对于法律职业伦理的课程属性，首先要解决的也是这几个问题，依重要性程度，可分为三个问题：法律职业伦理是必修课程还是选修课程，是专业课程还是通识课程，是理论课程还是实践课程？

（一）专业课程还是通识课程？

专业课程和通识课程的区分，渊源在于专业教育和通识教育之分，但在大学中又不完全相同，因为高等教育基本上都是以专业为基本框架，都属于专业教育的范畴，但在大学课程体系中，应该也必须有提升学生综合素质的课程，这些课程有别于专业课程，故而也就有了专业课程和通识课程之分。简单而言，专业课程是纵深方向提升学生素质，通识课程则更类似平面拓展，注重学生知识面的扩大。专业课程更多涉及知识的实践应用，适应未来职业的具体需求，通识课程则更多偏向理论和综合性基础知识。专业课程通常归属于所在专业的知识范畴之内，通识课程则超越所在专业知识的范畴。

本人曾在论述法律职业伦理的可教性中提及，当前法律职业伦理的内容构成具有技术性走向的发展趋势，纯粹价值话语或法哲学基础的内容所占比例越来越少，细密的职业伦理规范内容越来越庞杂，[1] 内容上和民法学、刑法学等传统法学课程具有相似的框架，先是具有法哲学内容特征的总论，继而是适用于各种伦理困境的行为规则，前者对应着法律职业伦理的基本原则，后者对应着法律职业伦理的具体规则，共同形成法律职业伦理的规范体系。这种显性的内容构成特征也是法律专业课程所特有的，极大程度上决定了法律职业伦理课程性质应为专业课程，而非适用于高校各专业的通识课程。

需要特别指出的是，这里需要将通识课程中的德育课程与专业课程中的法律职业伦理课程区分开来。尽管二者均有思政教育的功能，[2] 但德育课程偏向于宏观，更注重世界观、人生观和价值观层面的育人功能；法律职业伦理课程则更微观具体，指向法律工作者在法律执业实践中的具体伦理规范要求。这也正是《法学国标》将法律职业伦理列为法学专业 10 门必须修习的核心课程的原因，[3] 这一文件的出台从规范层面正式确定了法律职业伦理的专业核心课程地位。至此，从逻辑内容和规范层面，法律职业伦理课程的专业课地位都得到了确定和论证。

（二）理论课程还是实践课程？

专业课程的属性明确后，接下来的问题就是法律职业伦理究竟是法学理论课程，还是实践课程？法学是实践性很强的学科，[4] 由此决定了法学专业课程中，绝大多数都同时具有理论课程和实践课程的属性，如民法、刑法等部门法学课程，也就分别对应着各自部门法的具体法律实务。但是，由于我国法律职业伦理发展起步较晚，法律职业伦理的知识体系和实践运行体系都存在诸多需要完善的地

---

〔1〕 刘坤轮：《法律职业伦理教育必要性之理论考察》，载《中国法学教育研究》2013 年第 4 期。

〔2〕 关于法律职业伦理的思政育人功能，参见刘坤轮：《〈新文科建设宣言〉语境中的新法科建设》，载《新文科教育研究》2021 年第 2 期。

〔3〕 马勇：《法律职业伦理教育在课堂教学中的展开》，载《法学教育研究》2020 年第 2 期。

〔4〕 《习近平在中国政法大学考察时强调 立德树人 德法兼修 抓好法治人才培养 励志勤学 刻苦磨炼 促进青年成长进步》，载《人民日报》2017 年 5 月 4 日，第 1 版。

方，这使得其课程属性的理论性和实践性在学界没有形成共识。这一点在专业课程和通识课程属性之争时亦有体现。

如前所述，从知识构成而言，法律职业伦理具有如民法学、刑法学等同样的总则、分则体例，这就决定了法律职业伦理课程应如典型的法学专业核心课程一样，兼具理论和实践课程的属性。理论教学主要承载知识传授的功能，融合法律职业伦理总论和分论等理论知识，这些知识可以从法律职业种类、执业规范与规则、比较法律职业伦理、法律职业伦理史、法律法规等多个层面进行组织、分类和传授。实践教学则更注重能力养成和素质提升，实现理论到实践的进化与提升，突出将理论知识内化于心、外化于行，使法学学生在法律职业伦理的实践课程中学习并领悟在未来的法律执业实践中的职业规范和操守，使已从事法律职业的主体能够遵守法律职业行为规范，在每一次具体的法律职业实践中实现自己的职业价值。

由此可见，法律职业伦理兼具理论课程与实践课程特征，适于"学训一体"的教学模式，以实现理论教学与实践教学的紧密结合。这种教学模式首先从理论入手，在传授法律职业伦理专业知识之余，还将"德"贯穿于教学全过程。但不能陷入纯粹的道德教化中，这种"德"更加偏向法律职业道德与操守，而非变相道德教化，由此达成德法兼修的实效。中国政法大学进行了"学训一体"法律职业伦理教学模式的改革尝试，旨在构建"理论教学—实践教学"协同育人的法律职业伦理教学体系，将以法律诊所等为代表的法律实践教学内容融入法律职业伦理教学体系之中。[1] 故在法律职业伦理课程理论与实践的双重特性下，在具体的法律执业实践之前，也即踏入职业实践前的教学阶段，就要制定好完备的教学标准。法学教师不应仅仅局限于在传统课堂中对法律职业伦理知识进行灌输式讲授，

---

[1] 刘坤轮：《"学训一体"法律职业伦理教学模式的实践与创新》，载《政法论坛》2019 年第 2 期。

而应充分利用多种实践教学途径增加学生的学习兴趣，增强教学效果[1]，为法学教学与未来的职业实践构筑良性的桥梁。

（三）必修课程还是选修课程？

对于法律职业伦理是必修课还是选修课的问题，随着《法学国标》的颁布，似乎不需要继续讨论。但其实不然，《法学国标》只是针对法学本科专业，但法学专业教育贯穿于高等教育所有阶段，因此这一问题还涉及法学专业硕士研究生以及博士研究生两个阶段。同时，法学专业硕士研究生又细分为学术型硕士和专业型硕士，博士研究生分为应用型博士和学术型博士，所以，这一问题除了是法学本科专业的问题，还延伸出另外几种不同情况的问题。

第一，本科阶段。目前，法律职业伦理作为法学本科专业的核心课程在法学教育界基本已成常识，但这一历程却历经曲折、极具艰难。1999年以前，在中国法学专业课程设置中，基本上找不到法律职业伦理课程，包括本科、硕士和博士阶段的法治人才培养均未将法律职业伦理列为课程之一，这一状况一直持续到1999年《法律硕士专业学位培养方案》出台，"法律职业伦理"才首次成为一门推荐选修课程。[2] 就课程本身的重要性而言，选修设置的力度显然不够，一方面不利于法律职业伦理教育的推行和发展，另一方面，无法保证法学学生均接受法律职业伦理教育，使其易在未来的职业实践中卷入不当的法律执业行为中。因此，法学教育一直在酝酿着课程体系的调整，并于2017年6月18日正式明确了法律职业伦理的必修课地位[3]。2018年1月30日，在教育部公开的《普通高等学校本科专业类教学质量国家标准》[4]中，法律职业伦理被列为法

---

[1] 刘晓兵：《法律职业伦理及其基本教学问题》，载《中国法学教育研究》2016年第1期。

[2] 袁钢、刘璇：《高校法律职业伦理课程的调研与分析》，载《中国法学教育研究》2012年第1期。

[3] 刘坤轮：《"学训一体"法律职业伦理教学模式的实践与创新》，载《政法论坛》2019年第2期。

[4] 教育部高等学校教学指导委员会编：《普通高等学校本科专业类教学质量国家标准》，高等教育出版社2018年版。

学专业学生必须完成的 10 门专业必修课之一，法律职业伦理课程建设由此有了一个良好基础。

第二，硕士研究生阶段。硕士研究生阶段，课程数量相较于本科阶段来讲更少，有设置更多学时和学分的空间。[1] 且此时学生的学识、实践经验更加丰富，可考虑设置更大体量的法律职业伦理课程。另外，从课程开设的细节上来说，在不同阶段又有不同的分化。本科阶段的法律职业伦理课程开设存在一种误区，即认为其作为基础性法学教育，应尽早开设。但该课程其实对学生有较高要求，它涵盖各法律职业的执业规范，贯穿基础的实体法与程序法，紧密联系理论与实践，对低年级学生开设的效果不佳，建议设置在第四或第五学期以实现更大效用。在硕士研究生阶段，首先，针对全日制法律硕士（非法学），其在本科未接受系统的法学知识的学习，本身法律基础知识和法律职业伦理知识较为薄弱，故针对其硕士阶段的法律职业伦理教育，应设置更多的学时。其次，针对法学硕士和全日制法律硕士（法学），在法律职业伦理的课程设置上可一视同仁，一方面其在本科阶段接受的法学教育水平差别不大，另一方面，其未完全进入现实的法律实践中，尚应接受一定的法律职业伦理教育。最后，针对非全日制法律硕士，由于其已迈入现实的法律执业实践中，对法律职业伦理的实践有初步的了解，故较前两种情况而言可设置较少的法律职业伦理课程。

第三，博士研究生阶段。截至目前，法学博士的培养仍然更强调学术研究型，因而，对于法学博士，在法律职业伦理的课程设置上，可结合培养方向设置课程，也就是在法律职业伦理二级学科的博士研究生培养方案中，将其细化设置，实际转化为法律职业伦理方向的专业培养课程。这一设置的理由在于，法学博士的招收对象为法学硕士或法律硕士，其已在本科阶段和硕士阶段接受了系统的法律职业伦理教育，更宜作为法律职业伦理专业方向的必修课进行

---

〔1〕 段宏磊：《普通高等学校法学专业开设法律职业伦理课程的实践路径》，载《湖北第二师范学院学报》2018 年第 10 期。

深入研究，这种区分式课程设置很大程度上避免了"法律职业伦理教育的同质化、形式化"。[1]

三、法律职业伦理的课程体系

（一）课程体系构成

简言之，体系是由一个个环节构成的。课程体系就是由不同类型课程有机组成的集合体。课程体系中，不同的课程作为构成要素，为实现专业培养目标，按照具体教学内容和总体教学进程，形成有机的、规范化的排列组合。因此，从形式上看，课程体系表现为一个个课程板块所构成的环节，这些环节共同承担着专业人才培养的任务。当法律职业伦理专业人才的培养成为目标时，法律职业伦理课程体系的构建问题也就如约而至，这就需要统一考虑如下几对必然涉及的关系问题，比如理论课程和实践课程、必修课程与选修课程、总论课程与分论课程之间的关系。本书认为，构建法律职业伦理课程体系，在处理这些关系时，应遵循如下原则：

第一，理论课程与实践课程并重。法律职业伦理兼具理论和实践的课程属性决定了，在课程体系的构建中，理论课程与实践课程应当并重。对此，国内也有学者从教义学的角度进行了论证，认为"在法律职业伦理课程体系的建设中，对理论和实践成分和转化的处理显得尤为重要。过于专注理论则容易陷入纯粹的道德教化，仅有实务训练则易偏向于职业训练的漩涡，失去基本的理论精神。对于法律职业伦理教育，应当设置基础模块、理论模块和实务模块"[2]，达到理论与实践的互通互利，使法律职业伦理的课程体系结为规范化的一体。

第二，必修课程与选修课程合围。必修课是基于规定而必须修习的部分，选修课原则上应该和必修课形成合围的板块，是必修课

---

〔1〕 欧阳松：《论法律硕士的职业伦理教育》，湖南师范大学 2019 年硕士学位论文。

〔2〕 刘晓霞：《法律人职业伦理培养的现状分析与进路探寻》，载《西部法学评论》2014 年第 5 期。

内容的纵深开发，可以由受众根据自身兴趣、学分设置要求选择修习，给予学生一定自由选择空间。如律师事务所管理、司法制度、法律职业研究等选修课课程，特色鲜明，能为学生提供众多选择。在法律职业伦理课程被规定为必修课的大背景下，设置一些契合的选修课，有利于法律职业伦理教育知识体系的拓展，加快课程体系建设步伐。同时，选修课程板块也有利于激发学生对法律职业伦理学科的兴趣，加大其接触法律职业伦理知识的可能，为未来规范化的法律执业实践起引导作用。

第三，总论与分论的统分结合。在具体的课程设置方面，应坚持统分结合。在本科阶段，法律职业伦理为必修课程，内容涵括总论和分论，但与之形成合围的选修课可以多样化，比如专设总论选修课，再比如区分不同法律职业，按照律师职业伦理、法官职业伦理、检察官职业伦理等进行课程设置。到研究生阶段，则可以总论与分论分而治之，专门的总论类课程主要关注与法律职业伦理有关的基本概念、基本原则、法律职业共同体等一般性内容；而分论部分则可以更为发散，细化为不同法律职业群体的职业伦理，或不同历史阶段的法律职业伦理等。如此即可将法律职业伦理的基础理论和应用实践规则有机结合，形成更加完备的课程体系，更好地发挥法律职业伦理的育人效用。

（二）核心环节

在课程体系的不同环节中，有形式区分，也就有内容区分。与内容区分相对应的，就是核心环节和拓展环节的课程设置问题，在不同的学习阶段，法律职业伦理课程体系的核心环节和拓展环节也有所区别。本书认为，就核心环节来说，本科阶段的概论性课程和研究生阶段的细化分类课程，应成为不同阶段法律职业伦理课程体系的核心环节。

第一，本科阶段的概论性课程。在本科阶段，法律职业伦理必修课程为核心环节，围绕必修课设置的选修课为拓展环节，这也就决定了本科阶段的法律职业伦理课程在内容上不宜过度细化和深邃，而更应该形成适应本科法学专业学习特点的内容体系，也就是法律职业伦理的概论性内容，整体上应融合法律职业伦理总则、一般性规范以及典型法律职业的代表性行为准则。这一课程的设置目的在于，当本科学生具备了一定的法学基础知识和素养后，通过概论课程中法律职业伦理基本概念、基本原则、基本规则、代表性职业规范等内容对法律职业伦理知识体系形成一个初步认识，可以引导学生在法学学习、实践和未来的职业选择中坚守法律伦理底线。

第二，研究生阶段的细化分类课程。到硕士研究生阶段，根据培养方案的需要，法律职业伦理课程体系应进一步细化和深化，采取分类细化设置的方式，比如分类细化为法官职业伦理、检察官职业伦理、律师职业伦理、公证员职业伦理、仲裁员职业伦理等，每一种职业伦理又可划分为职业伦理观念、职业伦理关系和职业伦理规范三个层次。[1] 这种纵深式的细化体现出硕士阶段对于法律职业伦理的精细化、标准化要求，也更加符合硕士的专业化方向。

（三）拓展环节

与核心环节相对应的就是拓展环节，按照字面来理解，拓展类课程应该能够和核心环节形成体系上的环绕关系，功能是增强、细化、深化法律职业伦理本科概论性课程的类型和内容。由此而言，拓展的路径包括如下形式：

第一，课程类型的拓展：从课堂教学到实践教学。要实现法律职业伦理课程在课程类型方面的质的提升，有必要将理论与实践融会贯通，使课堂教学与实践教学互相渗透和联动。一方面，法律职业伦理的课堂学习要与社会现实关联，指导法律实践；另一方面，在课堂教学中摆脱伦理或道德说教，引导学生自我发现、探索和实践法律职业伦理。[2] 另外，纯理论性的课堂教学并不容易激发学生

---

〔1〕 刘晓兵：《法律职业伦理及其基本教学问题》，载《中国法学教育研究》2016 年第 1 期。

〔2〕 马勇：《法律职业伦理教育在课堂教学中的展开》，载《法学教育研究》2020 年第 2 期。

的学习兴趣，且易陷入纯粹的理论陷阱，故在课堂教学中引入案例研讨、法律诊所等实践化教学模式，从课堂教学到实践教学，能使法律职业伦理课程葆有互动性、鲜活性和可操作性。

第二，课程内容的拓展：从总论到分论。法律职业伦理总论到分论的拓展，是从总体到个体、从一般到个别、从整体到局部的拓展方法。这种从一般法律职业伦理规范到各法律职业具体规范的循序渐进式的发散拓展，使法律职业伦理课程体系建设历经由点到线、由线到面的系统化、全面化、标准化发展模式。

第三，法律职业细分的拓展：从法官、检察官、律师职业伦理到其他职业伦理。在高校法律职业伦理教育背景下，从法律职业角度来看，律师、法官和检察官职业伦理讲述得更多，其中尤以律师职业伦理为盛。而法律职业并非仅此三种，公证员、仲裁员和其他法律职业人员的职业伦理也需要予以关注。这种职业化的分区扩展有助于形成网格，区分不同法律职业伦理的不同规范，使法律职业伦理课程体系建设更加完备。

四、法律职业伦理课程体系建设的基本路径

法律职业伦理的课程体系建设主要分为两个基本路径：其一，专业理论课程；其二，专业实践课程。前者涵盖专业核心课或必修课、专业方向课或选修课。

（一）专业理论课程

法律职业伦理的专业理论课程包括两大板块：一是专业核心课或必修课；二是专业方向课或选修课。两种课程应根据高等教育的不同阶段，采取不同的课程设置方式。

1. 专业核心课或必修课

第一，本科阶段的专业核心课或必修课应为总论，或主体为总论。作为本科阶段的专业必修课，法律职业伦理应主要讲授法律职业的基本特征、基本原则、基本研究领域、研究方法和基本问题。也就是说，本科阶段的法律职业伦理课程应为总论，或主体为总论。

这一点很关键。法律职业伦理学科要实现繁荣发展，一定要有基本的原则、子理论，形成与民法、刑法、行政法等学科的总论对等规格的规模体系，这是学科生存之本，一定不能是规范、行业规则的集合，不能成为法院、检察院、律协的传声筒，理论一定要来于实践、高于实践、检验实践、指导实践。法律职业伦理总论是基础、宏观层面的入门知识，以增进法学本科学生对于法律职业伦理基础内容的了解，并以培养正确的法律职业价值观为主要目标。要加强对法律职业伦理总论部分的提炼和归纳，深谙其中的基本原则、职业精神、准则规范，厘清目的论、价值论、构造论、主体论、客体论等。总论部分发展得越成熟通透，该学科体系建设越深厚。此外，在学有余力的情形下，可根据兴趣简单述及法律职业伦理分论的内容。

　　第二，硕士阶段的核心课程可以抓大放小。硕士阶段，作为核心课程的法律职业伦理主要是法学专业硕士研究生的基础课，或是法律职业伦理专业研究生的必修课。既要沿着本科阶段总论进一步深化，又不能过于细化，总的原则是"抓大放小"，挑选出若干重点课程出来即可。总的设置路径大体有三种：①中西设置方式。按照中西设置的方式，可分为中国法律职业伦理、比较法律职业伦理、英美法律职业伦理、大陆法律职业伦理等内容。以比较法律职业伦理为例，从国别入手进行对比分析。通过叙述的比较法，对不同国家的法律职业伦理进行初步研究；通过评价的比较法，研究不同国家法律职业伦理制度的异同及其发展趋势；通过严格的比较法，研究不同国家法律职业伦理制度历史和现实的关系。这三个层次的比较研究有助于实现法律职业伦理的比较意义，寻求特性与共性，达到更高程度上的互通。此外，根据教学、研究和实践的重要性程度，选取法律职业伦理分论中的若干门进入核心课程教学。但在这种中西设置的模式中，如果一味推崇和借鉴西方理论，无疑是一条死路，应回归到中国自身法律职业实践本质，并从中提炼出理论，法律职业伦理规范、准则实际上都是来源于法律实体研究的事实。通过对于中国法律职业伦理经验事实、法律制度发展、重大案例、相关争论和热点的探索和提炼，以把握中国特色的、符合中国国情和实践的法律职业伦理课程体系建设和未来的发展方向。②职业设置方式。按照职业设置的方法，主要分为律师职业伦理、法官职业伦理和检察官职业伦理三个主流研究方向。通常来说，这三门具有承上启下的作用，既涵盖总论的内容，又带有方向性的特征，同时也契合了一些高校对于硕士阶段法律职业伦理专业的方向细分，典型的如中国政法大学。总括性与方向性的结合，使这三种方向的设置在硕士阶段的目标已得到满足。不过这种方式不排除其他职业设置，如公证员职业伦理、仲裁员职业伦理，或单以律师执业行为规范、法律职业伦理主体为标准组织教学内容，这些可作为附加部分酌情考虑。③史学设置方式。增加一定的史学色彩与底蕴，可以在法律职业伦理的核心课程中纳入法律职业伦理史、中国法律职业伦理发展史、西方法律职业伦理发展史等内容，通过历史的跨度与意涵、中西法律职业伦理的发展历程与特色，明鉴古今，以史为鉴，面向未来。

2. 专业方向课或选修课

应根据不同的学习阶段，对这些课程进行适合的定位。在本科阶段和硕士阶段将其定位为专业核心课的补充，目的在于形成更加完整的课程板块。一般而言，一门核心课程对应三门选修课程，专业核心课程作为必修，专业方向课程作为选修，供学生根据学分要求和个人兴趣进行自主选择。在博士阶段，则定位为人才培养方向课，形成对本科和硕士阶段课程的深化，进行进一步的纵深式研究。因此，无论是哪个阶段，专业方向课或选修课，无外乎如下几种建设方式：

第一，职业设置方式。主要涉及律师职业伦理、法官职业伦理和检察官职业伦理，这三门传统法律职业课程在本科阶段，可以设置为选修课程。在研究生阶段可作为方向课程。此外，在博士阶段的方向课设置中可将这三种职业类课程进一步深化。它们作为法律职业伦理的核心，本身可以作为硕士阶段的必修课，也可作为博士阶段的方向课。后者需要在前者基础上实现理论提升和进一步的凝聚细化，延伸出特色的方向。如在律师业务的分类课程上，延伸出公职律师、法律援助律师等课程；在法官事务上，细化为员额法官、法官助理、高级法官、基层法官等；在检察官的分类课程上，实现检察官、检察辅助人员和司法行政人员的分类可能，建立符合职业特点和司法规律的检察官单独职务序列[1]的分类课程。

第二，史学设置方式。以历史学为工具切入到各种前沿课程，这种史学化的切入多以横向的时间为线索，可划分为中国古代法律职业伦理、某朝代法律职业伦理、中国当代法律职业伦理等众多方向，以作为未来博士培养的题点。以中国当代法律职业伦理为例，可以摘出其中几个重要的阶段。如新中国成立至 1984 年，这一阶段的法律职业伦理教育集中于学习苏联，少有自身特色。但有一个突出的进步是，法律职业伦理作为法学领域中法理学的一部分，与政治学分离开来，极大程度上避免了法律职业伦理教育沦为纯粹的道德教化。1984 年至 20 世纪末，以俞荣根的《孔子伦理法律观的再认识》[2]为标志，法律职业伦理开始受到学术界的关注。[3] 再由 21世纪初至今，"立德树人""德法兼修"观念的提出，使法律职业伦理课程的定位由选修课到专业必修课，由不开设到开设，如今更是迎来发展的良机。

第三，比较设置方式。这主要涉及比较法律职业伦理，侧重于研究不同国别、不同法系关于法律职业伦理的教育、考试、官方政策、背景、发展历程等内容。比较法律职业伦理相较于英美法律职业伦理和大陆法律职业伦理来说，范围更广阔，但这三门课程共同构成了比较法视野下的法律职业伦理的经典划分。对于这三门课程，可在硕士阶段设置为必修课，而在博士阶段设置为方向课。此外，

---

〔1〕《检察机关推行检察人员分类管理　建立检察官单独职务序列》，载 https：//www. spp. gov. cn/zdgz/201711/t20171101_203870. shtml，最后访问日期：2022 年 9 月 1 日。

〔2〕参见俞荣根：《孔子伦理法律观的再认识》，载《法学》1984 年第 1 期。

〔3〕参见曲玉梁：《论我国法律职业伦理教育学科体系的构建》，载《法学》2019 年第 6 期。

在博士阶段的方向课设置上，可对这三种类别的国别进行深化分析，这是法律职业伦理比较研究在博士阶段方向课上的核心发展路径。需要注意的是，要实现比较职业伦理课程在必修课上的理论提升以及方向课上的延伸细化，需考虑两者的不同侧重点和条目。前者是标准化、比较思维下的必修课程设置，而后者是延展性、专业化、逻辑思辨下的方向课程设置。以美国法律职业伦理为例，其在法学院学生入学时、在校学习时和毕业时三个时间节点进行层层筛选。入学时考查学生的品行，这是获得录取资格的门槛；在校学习时，通过设置标准化的法律职业伦理课程，推动学生法律职业伦理素养的形成和实践；毕业时，学生应参加美国律师职业道德考试（MPRE），通过才可被授予法律职业资格。[1] 相较之下，中国仅在最后一点上有所差异。再以澳大利亚为例，其法律职业伦理教育主要针对律师行业，而我国的法律职业伦理教育涵盖范围广，包括律师、法官、检察官、公证员等多个法律职业，[2] 对于律师职业伦理的研究更为丰富。但综合来看，我国对于法律职业伦理的比较研究仍存在不足，如研究的国别数量不足、比较的范围不够宽、总体成果不够多、纵深化探讨较为缺失等，需要进一步加强。比较的方法除国别、主体制度、数据分析外，史学研究方法也可具体切入到比较法律职业伦理的课程设置中。

（二）专业实践课程

当理论课程确定后，实践课程就可以相应建立了。为避免法律职业伦理的课程教育沦为纯粹的道德教化，实践课程的构建是不可缺失且值得深思的。当前我们的法律职业伦理课程体系建设本身比较薄弱，在理论不断完善的同时，实践亟待推进。高校可通过法律诊所、法律咨询、案例、模拟法庭、沉浸式客户体验、与法律执业

---

〔1〕 焦占营、孔昊：《论法律职业伦理的培养》，载《华北水利水电学院学报（社会科学版）》2009 年第 3 期。

〔2〕 齐凯悦：《论澳大利亚法律职业伦理教育的发展及启示》，载《法学教育研究》2020 年第 1 期。

主体的交流互通等方式推动法律职业伦理课程实践经验的探索与积累。需要说明的是，对于法律职业伦理的专业实践课程建设来说，以下两点需要注意：

第一，需要形成层层递进的实践课程体系。法律职业伦理实践课程对应着法律职业伦理理论课程的应用，和理论课程呼应形成一整套实践课程体系。因此，在理想图景中，它就应当涵括混合、仿真、全真、实习实训等各种样态。这里的混合类课程，主要是指可以在课堂内完成的课程，包括实务技能类课程和双师类课程等，通过内容和授课主体的结合，完成实践能力的训练。比如实务技能类课程，可以由学校教师主讲法律实务技巧，同时邀请一线法官、检察官授课，围绕自身小理过的具体案例，以案例分析和研讨为主要教学形式，训练学生案例分析能力和收集、整理、分析信息和表达等方面的能力。对于双师类课程，则实行由司法实务界人士主讲、专职教师理论补充的"双教师制"，注重专业知识与实践技能的有机融合，注重培养学生的司法实务操作能力和实践能力。仿真类课程则主要包括模拟法庭课程和角色体验课程，前者通过模拟法庭的形式训练法科生的职业伦理意识和办案技巧，后者则通过让学生扮演争议双方的代理人，在课堂内完成以角色体验为形式的法庭技能训练，使学生在角色的转换中互动学习，教师给予有针对性的指导和反馈，促使学生反思，并找出解决问题的办法。全真类课程则是法律诊所和法律援助类课程，让学生接触一线真实的案例，在指导老师的引导下，从实践和经验中学习法律实战技能。实习实训类课程，则包括实验形式、集中实习等方式，强化学生的法学素养和法律思维。

第二，应将法律职业伦理的理论知识统筹融入所有法律类实践课程之中。这里主要是要将贯穿性教学法从理论课程落实到实践课程之中，"贯穿性"既可以是一种教学方法，也可以是一种课程设置方式，在法律职业伦理领域，领军者斯坦福大学法学院的黛博拉·罗德（Deborah L. Rhode）教授就是贯穿性课程设计和教学方法的主要支持者，多年来，她一直努力在全美法学院推行贯穿性课程设计和教学方法，以实现有效的法律职业伦理教学。贯穿性教学法是在所有的实体法中系统地教授学生法律职业伦理知识，也就是要把法律职业伦理的知识和思维贯穿到所有法学学科的实践类课程教学之中，这种方法颇具难度，成功与否取决于法学院校师资对这一方法的致力程度，尽管这一方法也存在着诸多批评，但这一教学方法的拥护者坚定地相信，只要恰当合作，就能够在各个法律领域中最大限度地教授学生如何把握和解决法律职业伦理问题。无论在美国、加拿大，还是澳大利亚，这一教学方法都得到了应用，尽管有一些失败的判断，但从未退出历史舞台。原因在于，作为一种职业属性，法律职业伦理和具体的实体法结合甚密，而贯穿性教学法的一个重要优势就在于，它充分实现了不同的部门法和职业伦理的融合，充分体现了法律职业伦理的技术性和公共性属性。

五、需要统筹的几个问题

（一）与"习近平法治思想概论"课程的关系

以习近平法治思想为指导，将其内涵要旨、实践要求和时代特色贯穿于法学类各专业课程，推动专业体系、学科体系和课程体系的标准化、应用性和创新性建设。"新修订的《法学类专业教学质量国家标准（2021年版）》，明确了习近平法治思想的指导地位，将'习近平法治思想概论'纳入法学专业核心必修课。"[1] 这一新修订的标准在原有"10+X"的基础上新增了"1"，即指"习近平法治思想概论"课程。本质上来说，"习近平法治思想概论"课程的设置有利于形成对法律职业伦理课程的指导，为其提供发展的土壤，正向作用发挥明显。另外，二者在内容上其实存在一定的交叉，如在司法体制改革方面，以及在法治人才培养中建立多层次、多类型的法学教育体系等方面均有体现。总体来说，"习近平法治思想概

---

〔1〕《教育部办公厅关于推进习近平法治思想纳入高校法治理论教学体系的通知》（教高厅函〔2021〕17号）。

论"课程对中国的法治教育特别是法律职业伦理课程的体系建设有一定的方向把握作用，但这种思政的价值引领绝不是空洞之物，而是能够推动法律职业伦理从分散的主体内容落地到切实的标准和规范。

（二）与纯法律实践类课程的关系

首先，从课程重点来看，纯法律实践类课程总体上包括案例研讨、模拟法庭、法律咨询、法律诊所、模拟辩论等，均具有深厚的实践性要素，但其更注重于某个具体的部门法、具体的法律问题或社会热点；而法律职业伦理的实践课程以职业主义为导向，如以律师、法官和检察官为核心的三种职业，关注职业伦理规范和精神是否得到了良好遵守，甚至形成法律职业伦理之间的联动和互通。其次，其实践可能在场所上与纯法律实践区别开来。除学校外，前者集中于与法律职业有关的场所，如律师事务所、法院、检察院、公证处、国家监察委员会、司法局等，而后者的场所更为普遍，并不具有类似于前者的职业特色，只要从事的活动与法律有关均可。最后，从形式上看，法律职业伦理实践课程与纯法律实践课程其实具有一定的共通之处，即均涵盖课堂内外的实践教学，具有法律诊所、法律援助、案例等相同形式，故从这一角度来看两者具有值得相互借鉴的成分。但从内容上仍以法律职业和部门法法律问题这两个亮点予以区分，且前者基于"学训一体"的提出，需要考虑"学"和"训"所应占的合适比例，合理划分理论与实践的内容。

（三）与法学专业课程的关系

法律职业伦理课程与其他法学专业课程和而不同，"和"在于均有作为法学专业必修课的部分，均涵盖理论和实践要素，而不同之处在于一般的法学专业课程中的内容很多时候是在解决如民法、商法、经济法等具体法律问题中出现的，因而追求的是一种困境解决。而法律职业伦理课程并不像其他法学专业课程那样去探讨具体法律条文的应用，更多涉及应用的方法论、规范要素和伦理选择。此外，"法律职业伦理的课程目标不同于一般的法学专业课程，并非以掌握一套制度性的话语体系为核心目的，而是希望其在未来法律执业活动中面对利益诱惑与法律伦理的冲突时，具备良好的价值观念和行为能力"。[1]

（四）与统一法律职业资格考试的关系

法律职业伦理内容在与统一法律职业资格考试的衔接上，主要体现为考察方式和考察占比。"加大法律职业伦理的考察力度，使法律职业道德成为法律职业人员入职的重要条件"，[2] 这使得法律职业伦理有更多机会通过法律职业敲门砖即法律职业资格考试的形式予以展现。[3] 不过，就目前的实践来说，法律职业伦理的考察比例在整个法律职业资格考试中并不算多，且法律职业本身的实践性较强，目前的考察尚停留在理论层面，较难触及实践层面的复杂内容，单一的理论素养并不意味着较高的现实法律职业伦理素养。正如张文显所说，"司法考试[4]再怎么考，能考出知识和部分能力，但考不出人的信仰、人格和修养。"[5] 所以，如何改善这种僵化的局面，可以有多个角度的发散思维。如在现有法律职业资格考试中将对法律职业伦理的考察方式设置得更加灵活，增加案例化考察，适当增加法律职业伦理的考察比例，避免纯粹道德教化式、纯粹理论式考察，推动考生不再将法律职业伦理作为考试中死记硬背的知识，而是发自内心地去感受、去学习、去遵守法律职业伦理实践领域的规范、行为准则和职业精神。采取卷面答题、实践考察、日常生活道德考评等综合模式对法律职业伦理进行考核不失为一种创新，虽程

---

〔1〕 胡之芳：《论法学教育中的伦理之维》，载《高等教育研究学报》2017 年第 1 期。

〔2〕《中共中央办公厅、国务院办公厅印发〈关于完善国家统一法律职业资格制度的意见〉》，载 https://www.gov.cn/xinwen/2015-12/20/content_5025966.htm，最后访问日期：2022 年 9 月 1 日。

〔3〕 段宏磊：《普通高等学校法学专业开设法律职业伦理课程的实践路径》，载《湖北第二师范学院学报》2018 年第 10 期。

〔4〕 注：张文显等主编的《司法改革报告：法律职业共同体研究》一书于 2003 年出版，当时仍为"司法考试"，直至 2018 年才更名为"法律职业资格考试"，特此说明。

〔5〕 张文显等主编：《司法改革报告：法律职业共同体研究》，法律出版社 2003 年版，第 13 页。

序可能较为复杂且工作量较大，[1] 但这是为选拔符合社会公平正义、具有完备的法律职业人格的法律从业者做出的有益尝试，值得鼓励。

另外，基于中国当前法律职业资格考试的总体形势和法律职业伦理的发展方向，目前在法律职业资格考试前并不存在太大的设置独立法律职业伦理考试的可能，更多的是增加法律职业伦理的考察比重和优化考察方式。将视野转向国外，西方国家尤其是美国，设置了专门的法律职业伦理考卷。在美国，大部分州将全国统一的法律职业伦理考试（即 MPRE）作为学生参加律师执业资格考试的门槛。[2] 各国的法律实践、底蕴不同，适合其发展的法律道路也有异。中国未来如何完善法律职业理论知识体系，如何进一步促成法律职业伦理考试的独立化，如何把握好法律职业伦理考试这一法律职业伦理底线的看门人地位，都需要从自身的法律实践出发，寻找符合自身法律背景、模式、实践经验的发展方向，在辩证借鉴国外法律职业伦理发展的同时，更重要的是关注本土的法律职业伦理发展经验，探索出中国特色的法律职业伦理课程体系建设和发展方向。

---

〔1〕　姚明：《高校法律院系法律职业伦理教育的问题及对策研究——基于部分法律院系的实证分析》，载《辽宁教育行政学院学报》2019 年第 5 期。

〔2〕　许身健、张涛：《认真对待法律职业伦理教育——我国法律职业伦理教育的双重挑战及克服》，载《探索与争鸣》2023 年第 12 期。

第三章

前沿与基础：代表性核心课程研究

第一节　证据法学发展里程碑：法学专业核心课程地位的确立 *

一、引言

中国证据法学的发展，近年来尤为引人瞩目。中国政法大学张保生教授领军的证据法学研究团队，用十多年的时间，推动了证据法学飞跃发展，取得了一系列令人侧目的成就。先是于 2005 年 12 月底证据科学教育部重点实验室（中国政法大学）被批准成立，在此基础上，中国政法大学于 2006 年成立了证据科学研究院。2007 年中国政法大学在国务院学位办备案设立证据法学二级学科博士学位点和硕士学位点，下设证据法学和法庭科学两个方向。2009 年北京市教委正式批准证据科学北京市交叉重点学科立项建设。2009 年教育部批准"证据科学研究与应用创新团队"入选教育部长江学者和创新团队发展计划。2010 年中央政法委批准法大法庭科学技术鉴定研究所入选全国十家国家级司法鉴定机构。2013 年 4 月，依托证据科学研究院为牵头单位的司法文明协同创新中心获批国家"2011 计划"。[1] 同年，证据科学创新引智基地入选"高等学校学科创新引

---

　* 基金项目：本节系证据科学教育部重点实验室（中国政法大学）开放基金资助课题"证据法学学科地位研究"（2017KFKT05）。原载于《证据科学》2020 年第 1 期。
　〔1〕《教育部公布"2011 协同创新中心"首批认定名单》，载《时事资料手册》2013 年第 3 期。

智计划"（简称"111 计划"）。[1]

但从大学教育的角度来说，对证据法学的发展具有重要推动作用的事件，乃是 2018 年《法学国标》将证据法正式列入法学类专业核心课程，成为中国各法学院校根据办学特色开设的专业必修课程选项之一。学科是知识体系的集合，专业是大学教育的基本单位，课程则是专业教育的基本载体，而核心课程则在特定专业人才培养中最具有决定性意义。从这个意义上讲，证据法入选《法学国标》对于中国证据法学的发展具有重要的里程碑意义。

但是，仅有知识体系并不足以确保一门课程进入特定专业的核心课程体系。当且仅当围绕特定课程的诸多元素健全之后，并完全符合核心课程的遴选标准之后，一门课程才能确定进入特定专业核心课程体系。对于法学专业而言，笔者认为，要进入核心课程体系，应具备以下几个条件：足以支撑人才培养目标特定维度的知识体系；层次分明的位阶型培养目标体系；以本课程为核心的自成体系课程板块；能够支持本课程理论实践与研究的高水平师资队伍；常态化高水准的前沿性国际交流体系。此外，还应符合一些核心课程体系的遴选标准，作为 X 门选择修习的核心课程，这主要是指基础性和继发性、前沿性和交叉性以及社会急需性。[2] 以下本节将系统梳理新中国证据法学流变的这些维度，尝试厘清证据法学进入法学专业核心课的具体原因，以对学界关于证据法地位的关注予以回应。

二、作为基础的证据法知识体系：从未间断

证据法之所以能够进入我国法学本科专业核心课程体系，丰富的知识和历史是其重要基础。证据法学知识体系的发展，对于证据法入选法学专业核心课程体系当然具有重要的推动意义。但是，法

---

〔1〕《证据科学教育部重点实验室（中国政法大学）》，载 http://zjkxyjy.cupl.edu.cn/jggk/zjkxjybzdsys/jj.htm，最后访问日期：2024 年 9 月 1 日。

〔2〕参见刘坤轮：《我国法学专业核心课程的流变及最新调整》，载《中国法学教育研究》2019 年第 2 期。

学学科知识体系是一个细分的庞杂体系，各种交叉学科、新兴学科都有着入选法学专业核心课程体系的强烈动机，为什么证据法能够脱颖而出？这一问题不仅是证据法学研究者群体所紧密关注的，也是其他如立法学、人权法学、法律经济学、军事法学等研究群体所关注的。正是基于这一原因，本节将简要梳理证据法在中国的发展历程、取得的成就，综合判定证据法进入法学专业核心课程的原因，既是对学界关注的一个回答，也是对证据法学在法学专业课程体系中地位的一次梳理。尽管证据法学研究者不断梳理证据法学发展的历史，但目前尚没有围绕课程建设的整理，这就使得本研究具备了知识推进的研究价值。当然，鉴于笔者本身不是证据法学研究者，因此，本节并不过多涉及证据法学知识体系的争议和进步，而主要是围绕核心课程建设的要素展开，以此来厘清证据法学进入法学人才培养体系的成就和历程。在笔者看来，中国证据法的知识体系历史悠久，并且从未间断，这建构了中国证据法进入法学本科专业核心课程的重要基础。

　　法学专业核心课程的流变有其独特的规律，对应的时间节点分别是1997年教育部设定、1998年正式开始执行14门核心课程[1]和2007年新增设环境与资源保护法和劳动与社会保障法为核心课程。就14门法学专业核心课程体系而言，通常是由大学本科阶段先开设，之后才进一步向高层次法治人才的培养过渡，进入相关二级学科方向的硕士研究生和博士研究生培养。就这一点而言，证据法学与之并不相同。它的人才培养是从一些顶级法学院系的硕士研究生培养开始的，与相关的教学科研机构的设立密切关联，比如中国人民大学2006年在物证技术教研室基础上设立了中国人民大学法学院证据学研究所。[2] 接下来就是中国政法大学证据科学研究院的设立

　　〔1〕　参见《法学专业14门核心课程教学指导纲要审定暨核心课教材主编遴选会在京召开》，载《法学家》1998年第5期。
　　〔2〕　参见《中国人民大学法学院证据学研究所》，载《证据学论坛》2010年第0期。

和人才培养的规模化。[1] 而后证据法学才成为法学本科专业必修课。

　　然而，这种由高而低切入法学本科专业人才培养的进程究竟仅仅是一种巧合，还是厚积薄发使得其水到渠成？对此，本书认为，要回答这一问题，就需要探究证据法发展的历史，从历史中深入挖掘其知识体系的演进脉络，唯有如此，才能回答好证据法学何以能够成为法学本科专业核心课的问题。尽管学者已经对中国证据法学进行过断代分析，但是，这种断代一般并不单独考虑到知识体量的增加，而是综合考量了立法、法学研究、人才培养、司法实践等多个因素，作为一种知识谱系的证据法演进路线反而被淹没其中。[2] 要成为一门专业的核心课程体系，知识谱系的日益膨胀和知识体量的日益增加乃是题中之义，而只有有足够历史底蕴的学科才能经受起这两个层面的考量。因此，要梳理证据法学成为法学专业课程的原因，梳理的视角首先应集中于知识谱系的变迁，而这种变迁从教育学上来推进的话，则应和特定期间关联起来，梳理其学科知识体量的变迁。这里首先对于证据法重建之前的发展略作梳理。

（一）现代证据法的引入（1949 年新中国成立之前）

　　事实上，现代证据法的知识体系早在 1949 年之前，就已经通过

----

　　〔1〕　相关人才培养信息可参见中国政法大学证据科学研究院招生简章，载 http：//zjkxyjy. cupl. edu. cn/rcpy/xljy/zsjz. htm，最后访问日期：2024 年 9 月 1 日。
　　〔2〕　在对中国证据法学做三十年发展梳理时，张保生、王进喜和吴洪淇将中国证据法的发展断代为三个时代，分别为证据法学学科的重建时期（20 世纪 70 年代末至 80 年代末）、证据法学学科的发展时期（20 世纪 80 年代末至 90 年代末）以及证据法学学科的繁盛时期（20 世纪 90 年代末至今），参见张保生、王进喜、吴洪淇：《中国证据法学三十年（1978—2008）》，载教育部人文社会科学重点研究基地——法学基地（9+1）合作编写：《中国法学三十年（1978—2008）》，中国人民大学出版社 2008 年版，第 362~420 页。在对中国证据法学四十年的发展进行梳理时，张保生、冯俊伟和朱盛文进行了更为细致的划分，将中国证据法学的发展断代为：①加强法制，证据法恢复重建（1978—1995）；②依法治国，证据制度初步形成（1996—2000）；③司法文明，呼唤证据法快速发展（2001—2018）。参见张保生、冯俊伟、朱盛文：《中国证据法 40 年》，载《证据科学》2018 年第 2 期。可见，随着时代的发展，对于证据法学的断代认知也在变迁，即便都是张保生教授领衔的两篇文章，断代也仍然存在着差异。

早期赴英美的留学生漂洋过海传播到中国。盛振为在《十九年来之东吴法律教育》中介绍其自己是证据法学家和法律教育家，曾在东吴大学法学院开设证据法学课程。盛振为也被认为是中国第一位开设此证据法课程的教授，并且当时已经有了由他编著并由东吴出版部出版的《证据法学》教材。[1] 东吴大学法学院的《证据法学》教材不仅囊括了世界几大法系的证据法，条陈其中利弊，而且集案例研究、比较研究以及理论研究为一体，堪称彼时证据法教学之最高水平。[2] 在国内课程开设方面，杨兆龙先生则被认为是最早开设证据法课程的，他在 1929 年即在上海政法学院开设了"证据法概论"课程，并于翌年出版了我国第一部《证据法》教材。当时，在上海政法学院开设证据法学相关课程的还有钱承均先生，他还印行了《证据法讲义》。[3] 在中国国家图书馆中，还能找到周荣先生编著的《证据法要论》[4]、董康先生的《集成刑事证据法》[5]，以及王亢侯先生编著的《证据法学》。[6]

---

〔1〕 作者信息中是这样介绍的：盛振为（1900—1997），上海人，证据法学家和法律教育家。1921 年毕业于东吴大学文学院，获文学学士学位，1924 年毕业于东吴大学法科，获法学学士学位（双学士学位）。1925 年赴美进入西北大学法科研究所深造，1926 年毕业获法学博士学位后回国，受聘于母校开设证据法学课程，成为中国第一位开设此课的教授。1927 年被任命为东吴法学院首任华人教务长，同时兼任设在上海的江苏交涉公署华洋诉讼案件上诉处帮审官。1933 年被任命为国民政府立法院立法委员，参与起草民法、刑法、商法等法规，1936 年参与起草《中华民国宪法草案》。1941 年被任命为东吴大学法学院院长。其主要著作有《证据法学论》《英美法的审判制》以及《中国继承法原理》（英文版）等。1993 年获中华人民共和国司法部授予的司法教育银质奖章一枚、奖状一张。参见盛振为：《十九年来之东吴法律教育》，载《苏州大学学报（法学版）》2015 年第 3 期。
〔2〕 《盛振为——培养法律精英的教育家》，载 http：//www.fxcxw.org.cn/dyna/content.php? id=8656，最后访问日期：2024 年 9 月 1 日。
〔3〕 参见郝铁川：《杨兆龙与他的恩师吴经熊》，载《人民法院报》2017 年 7 月 21 日，第 6 版。
〔4〕 全书共 260 页，分 11 章讲述证据的定义及证据法的性质、范围、学说、分类，分举证责任、证据调查、人证、鉴定、书证、勘验、证据保全、证据的评说等专题。以本国证据法为根据，略述英美证据法，每章末附中外判例。参见周荣编著：《证据法要论》，商务印书馆 1936 年版。
〔5〕 参见董康：《集成刑事证据法》，刘氏嘉业堂 1942 年印行。
〔6〕 参见王亢侯编著：《证据法学》，东吴大学法学院 1948 年发行。

应该说，在 1949 年之前，中国的证据法已经由最初的一些法学家完成了知识体系构建的初步任务，引入了西方一些前沿的证据理论，比如关于威格摩尔和摩根教授的证据法理论，形成了较为成熟的学科体系。即便是现在，依然对中国的证据法学研究有着重大的影响，引入也在持续不断进行之中。[1] 从一门课程所需要的学科知识角度来看，这一时期已经为日后的中国证据法研究初步确立了基本框架和基础的知识体系，因此，这一时期是不能忽略的。

（二）现代证据法的起步（1949—1978）

因为打破了旧法统的缘故，新中国成立后，法学教育出现了停滞挫折阶段，这一时期关于"证据法"的研究鲜有踪迹，中国证据法的发展似乎处于断裂状态。但事实上，中文世界的证据法学研究并未断裂，尽管这一阶段的研究成果并不多，但这些研究仍然为中国证据法改革开放后的恢复重建[2]做好了一般性的知识积累。因为，从语义解读的角度看，新中国的证据法既然是重建，那么之前就应有根基，这个根基除却新中国成立前的知识积累，还应该包括新中国成立后到 1978 年之间的研究成果，而鉴于该时期成果缺失，那么，根基的找寻就只能扩展到整个中文世界。在考察 1949 年到 1978 年期间中文世界的证据法知识体系时，笔者发现，在恢复重建时期之前，中文世界的证据法知识体系已经有了一定的根基，这个根基主要是中国台湾地区所建立的。从 1949 年到 1978 年间，经过收集整理，关于证据法研究的著作共有两部，除了引入的摩根的

---

〔1〕　关于威格摩尔的证据法思想，参见［英］威廉·特文宁：《证据理论：边沁与威格摩尔》，吴洪淇、杜国栋译，中国人民大学出版社 2015 年版；关于摩根的证据法思想，参见［美］摩根：《证据法之基本问题》，李学灯译，世界书局 1982 年版。

〔2〕　研究者在梳理中国证据法发展的时候，一般从改革开放的 1978 年算起，并将其称为中国证据法的重建时期。参见张保生、王进喜、吴洪淇：《中国证据法学三十年（1978—2008）》，载教育部人文社会科学重点研究基地——法学基地（9+1）合作编写：《中国法学三十年（1978—2008）》，中国人民大学出版社 2008 年版，第 362～420 页；张保生、冯俊伟、朱盛文：《中国证据法 40 年》，载《证据科学》2018 年第 2 期。

《证据法之基本问题》外，还有陈朴生先生撰写的《刑事证据法》[1]。

此外，还有大约21篇直接以"证据法"为名的论文，时间跨度从1955年一直持续到1977年，也主要来自中国台湾地区，既包括本地经验的研究，也包括国外证据法前沿研究的引入成果。在本地证据法研究方面，出现了苏俊雄先生对刑事证据法本质与体系问题的研究[2]，以及陈朴生先生对中国大陆地区证据法特征的研究[3]。在外国证据法的引入方面，出现了曾世雄先生对法国证据法的介绍[4]、石志泉对英美证据法的介绍[5]，以及中国台湾地区《军法专刊》编辑部对美国证据法的系列介绍。[6] 此外还出现了林升格先生对证据法所做的直接比较研究。[7]

（三）体系重建，恢复发展（1978—1996）

"文革"对证据法体系的建设造成了巨大冲击，刚刚建立的证据法体系遭到了破坏。1978年后，新中国证据法学开始进入了崭新的发展阶段，证据法教学研究也正式起步。这一阶段，不仅大量的证据法教材相继出版，例如1983年法学教材编辑部编的《证据学》、1984年西南政法学院整理编印的《证据学讲座》、1989年裴苍龄的《证据法学新论》和1990年赵炳寿主编的《证据法学》等，[8] 而且，无罪推定、非法证据排除等证据法的基本观念开始日益深入人心。

---

〔1〕 该书共594页，分8章介绍刑事证据制度。参见陈朴生：《刑事证据法》，三民书局1979年版。

〔2〕 参见苏俊雄：《论刑事证据法的本质与体系问题》，载《刑事法杂志》1971年第1期。

〔3〕 参见陈朴生：《大陆证据法之特征》，载《军法专刊》1955年第1期。

〔4〕 参见曾世雄：《法国证据法上合法之原则》，载《法学丛刊》1968年第3期。

〔5〕 参见石志泉：《英美证据法之特征》，载《法律评论》1955年第21卷第6期。

〔6〕 参见《军法专刊》编辑部：《美国军事证据法》"（一）～（九）系列"，分别载于《军法专刊》1964年第10卷第8期至1965年第11卷第8期。

〔7〕 参见林升格：《比较证据法研究》，载《中兴法学》1971年第6期。

〔8〕 参见张保生、冯俊伟、朱盛文：《中国证据法40年》，载《证据科学》2018年第2期。

　　总体而言，这一时期证据法知识体系与教学研究随着法治建设的恢复而逐渐发展，为证据法学科建设打下了重要的基础。当然，恢复时期的证据法知识体系建设仍然处于较为混乱的状态，不仅关于证据法学科的基础理论问题仍然纠缠不清、争议不断，而且不少实践中的现实问题无法从理论研究中找到答案。如张卫平教授所言："尚有很多问题没有厘清，例如，证明责任的性质、证明责任分担的一般原则、证明责任的减轻、间接反证、表见证明、证据交换、证人的性质、证据判断的原则、证据排除规则等理论和制度问题，还有待于研究和探讨。"[1]

　　（四）百家争鸣，日益成熟（1996年至今）

　　伴随着1996年《刑事诉讼法》的修正，证据法的学科建设与知识体系发展也逐渐走向成熟。这一方面表现为研究领域与内容呈现出百家争鸣的趋向。除了大量的证据法教材之外，证据法的研究领域日益广泛，在证据属性、证据规则、证明标准、证据开示等各个领域均有或多或少的研究者出现。[2] 另一方面，证据法的知识体系建构逐渐完善，一些证据法核心理论问题正在逐渐步入更加科学的进路。例如，事实认定问题上"证据之镜"原理的出现，[3] 证据概念由"事实说""材料说"走向"信息说"，[4] 证据根本属性由"客观性"走向"相关性"，[5] "证据科学"概念的日益成熟[6]等，均表明了证据法知识体系的日益成熟。证据法基础理论与概念的厘清，对于证据法学科发展具有重要意义。

　　总体而言，这一阶段势头更加良好，证据法学知识体系日益丰

---

〔1〕　张卫平：《民事证据法必要性之考量》，载《法商研究（中南政法学院学报）》2001年第3期。

〔2〕　参见张保生、冯俊伟、朱盛文：《中国证据法40年》，载《证据科学》2018年第2期。

〔3〕　参见张保生：《事实、证据与事实认定》，载《中国社会科学》2017年第8期。

〔4〕　参见张保生主编：《证据法学》（第2版），中国政法大学出版社2014年版，第39~46页。

〔5〕　参见张保生、阳平：《证据客观性批判》，载《清华法学》2019年第6期。

〔6〕　参见张保生：《广义证据科学导论》，载《证据科学》2019年第2期。

富，基础理论也日益深厚。对于作为核心课程所需要的重要条件之一，也就是足以支撑人才培养目标特定维度的知识体系来说，证据法学知识体系历史厚重、理论丰富，并且从未真正断裂，这就为证据法学进入法学专业核心课程体系奠定了坚实的基础，而这一基础无疑也是最为重要的。

三、证据法治人才培养目标层次位阶日渐分明

对于专业课程来说，当且仅当能够支撑专业人才培养目标之时，其在专业人才培养体系中才能获取重要的地位，这种地位的获取，要依托于具体课程层次分明且位阶清晰的人才培养目标。证据法的地位确定，首先必须能够对专业法治人才的培养目标有所贡献，其次应当具有完备的不同层次人才的培养目标体系。在这方面，中国证据法经过几十年的发展，已经基本完成了这一任务。

《法学国标》中本科法学专业人才培养目标是："坚持立德树人、德法兼修，适应建设中国特色社会主义法治体系，建设社会主义法治国家的实际需要。培养德才兼备，具有扎实的专业理论基础和熟练的职业技能、合理的知识结构，具备依法执政、科学立法、依法行政、公正司法、高效高质量法律服务能力与创新创业能力，坚持中国特色社会主义法治体系和熟悉国际规则的复合型、应用型、创新型法治人才及后备力量"。对于这一培养目标而言，除了第一层面的整体目标取向外，第二个层面则是理论、知识、技能以及能力的具体要求。证据法学的作用在于分担这些目标的实现功能，通过证据法学理论、知识、技能和能力的培养，为复合型、应用型、创新型人才的培养目标奠定基础。当然，对于本科阶段法学专业人才培养目标的实现，证据法所发挥的功能主要是通过具体的课程设定

来实现的。[1] 而对于所有的专业课程来说，本科阶段的主要功能都在于此，这也是证据法学在法治人才培养目标中发挥功用的第一个层次。

当然，第一个层次功能的发挥，实际上是以厚重的知识体系所能支持的多位阶人才培养目标为基础的。证据法学位阶化的人才培养目标则反映在硕士研究生和博士研究生的人才培养目标中关涉证据法学知识能力的两个高端层面。作为证据法治人才层次最齐全的培养单位，中国政法大学高层次证据法的人才培养目标已经位阶分明，并且对于全国证据法治人才的培养具有示范效应。以中国政法大学证据科学研究院为例，在硕士研究生培养阶段，证据法学的人才培养目标中关涉证据法的内容是这样描述的："具有扎实的法学基础理论知识和系统的证据法学专业知识，熟悉中外证据立法和司法的现状和趋势；能够运用专业知识分析司法实践中的具体问题，掌握从事法律工作的基本职业技能和逻辑思维能力；拥有一定的科研能力。"[2] 所设定的培养方向为："以证据规则与事实认定的过程和规律为研究对象，以揭示事实真相和维护司法公正为目的，全面研

---

〔1〕 据了解，2001 年以后，各法学院校都把证据法学作为独立课程开设。在本科教学中，中国人民大学、国家法官学院将其列为必修课，北京大学法学院、中国政法人学则将其列为单独选修课。中国政法大学开设有证据法学、刑事证据法学、民事证据法学等选修课，36 学时的证据法学为全校通选课。2007 年 4 月教育部"长江学者"特聘教授、美国西北大学教授罗纳德·艾伦（Ronald Allen）在中国政法大学为本科生讲授 36 学时"美国证据法"课程，采用全英文讲授，并采案例研讨的教学模式。2015 年以来，多位国外证据法学著名教授来到中国政法大学，授课阵容继续扩大，如英国诺丁汉大学保罗·罗伯茨（Paul Roberts）教授，美国印第安纳大学约瑟夫·霍夫曼（Joseph Hoffman）教授、阿维娃·奥伦斯坦（Aviva Orenstein）教授，美国加州大学戴维斯分校爱德华·伊姆温克里德（Edward Imwinkelried）教授，澳大利亚阿德莱德大学安德鲁·利格特伍德（Andrew Ligertwood）教授，意大利帕维亚大学米凯莱·塔鲁福（Michele Taruffo）教授，瑞士洛桑大学佛朗哥·塔罗尼（Franco Taroni）教授、克里斯托夫·尚波（Christophe Champod）教授和联合国前南国际刑事法庭刘大群教授，证据法学国际精品课程方阵逐渐形成，推动了证据科学人才培养国际化。参见张保生、冯俊伟、朱盛文：《中国证据法 40 年》，载《证据科学》2018 年第 2 期。

〔2〕《证据法学专业（证据法学方向）攻读硕士学位研究生培养方案》，载 http://zjkxyjy.cupl.edu.cn/info/1042/1529.htm，最后访问日期：2024 年 9 月 1 日。

究证据运用的原理、方法、程序、规范等问题。"〔1〕 在证据法博士
学位研究生培养阶段，其培养目标中关涉证据法的内容则为："具有
扎实的法学基础理论知识和系统的证据法学专业知识，熟悉中外证
据立法和司法的现状和趋势；能够运用专业知识和多学科方法分析
学科理论和司法实践中的具体问题，掌握从事法律实务和法学教育
工作的职业技能和逻辑思维能力……有敏锐的洞察力和思辨能力，
能够追踪国际国内前沿的法学研究的进展。"〔2〕 所设定的培养方向
是："以证据规则与事实认定的过程和规律为研究对象，以揭示事实
真相和维护司法公正为目的，全面研究证据运用的原理、方法、程
序、规范和技术等学术前沿问题。"〔3〕 此外，中国政法大学证据科
学研究院还招收证据法学方向的博士后，将证据法理论和实践技能
直接提升到研究的实操层面，比如在 2024 年和 2020 年的博士后招
生简章中，就分别对应"区块链证据规则研究"和"司法评估的理
论与方法"进行了研究人员的招募。〔4〕

　　从以上培养目标的描述中，可以看到的是，在法学专业人才培
养方面，证据法学的人才培养目标呈现出不同的层次性，并且具备
了渐次分明的位阶性。第一位阶为在本科阶段，证据法学主要是以
其理论、知识、技能和能力的培养，为复合型、应用型、创新型本
科法学专业人才的培养目标做出支撑性贡献。第二位阶为硕士研究
生阶段，专业化的证据法高端人才的培养目标清晰出现，指向的能
力主要是以证据法知识分析和解决司法实践中的具体问题，对科研
能力的要求较为初步，要求能够运用证据法原理、方法、程序和规

　　〔1〕《证据法学专业（证据法学方向）攻读硕士学位研究生培养方案》，载 http：//
zjkxyjy. cupl. edu. cn/info/1042/1529. htm，最后访问日期：2024 年 9 月 1 日。
　　〔2〕《2022 年证据法学专业博士研究生培养方案》，载 http：//zjkxyjy. cupl. edu. cn/
info/1042/7128. htm，最后访问日期：2019 年 3 月 3 日。
　　〔3〕《2022 年证据法学专业博士研究生培养方案》，载 http：//zjkxyjy. cupl. edu. cn/
info/1042/7128. htm，最后访问日期：2019 年 3 月 3 日。
　　〔4〕《中国政法大学 2020 年秋季博士后研究人员招收公告》，载 https：//yjsy. cu-
pl. edu. cn/info/1110/2748. htm；《中国政法大学 2024 年博士后研究人员招收公告》，载 ht-
tps：//yjsy. cupl. edu. cn/info/1110/11514. htm，最后访问日期：2024 年 9 月 1 日。

范，但并不对前沿知识做出要求。第三阶段为博士研究生阶段，增加了分析证据法学科理论和法学教育工作所需要的逻辑思维能力，并要求培养出敏锐的洞察力和思辨能力，能够追踪国际国内前沿的法学研究的进展和证据法的前沿问题。这三个位阶的培养目标既有量上的差异，比如硕士研究生阶段的培养目标只有三点要求[1]，而博士研究生阶段的培养目标则达到了五点[2]；同时，又有质上的差异，这种差异主要体现在对于理论能力、科研能力和前沿问题探索能力的步步提升上。由此所建构的层次分明的培养目标，也就为证据法人才培养确定了基本的框架，足以反哺证据法在本科阶段成为必修课所需的支撑基础。

四、围绕证据法的课程板块渐次完备

关于法治专门人才的培养问题，无论是何种创新模式，最终的落点都必然指向法学专业的课程体系，具体化为一门一门的法学类专业课程。在现代高等教学体系中，课程是所有知识传递的载体，是所有宏观改革的抓手所在，没有课程体系的改革，一切的改革最终都将会流于形式，无法实现最初设定的目标。所谓创新法治人才培养模式，核心要义就是要创新法学专业的课程体系，一切都要从这里具体落实。[3]《法学国标》的颁布，实质是对创新法治人才培养模式的一个具体回应，因此，完备的课程体系必然是其核心要义。那么，作为其子内容的证据法学，之所以能够进入本科专业核心课程体系，一个必要条件就是它已经形成了相对完备的课程群。

这个课程群针对不同的阶段，有不同的形态，但核心都是证据法。围绕这个核心课程，证据法学知识体系应该能够以《法学国标》

〔1〕 参见《2022 年证据法学专业博士研究生培养方案》，载 http://zjkxyjy.cupl.edu.cn/info/1042/7128.htm，最后访问日期：2019 年 3 月 3 日。

〔2〕 参见《2022 年证据法学专业博士研究生培养方案》，载 http://zjkxyjy.cupl.edu.cn/info/1042/7128.htm，最后访问日期：2019 年 3 月 3 日。

〔3〕 参见刘坤轮：《我国法学类专业本科课程体系改革的现状与未来——以五大政法院校类院校为例》，载《中国政法大学学报》2017 年第 4 期。

的课程体系为标准建构起对应的课程模块，并且具有丰富内容。《法学国标》中规定："法学类专业课程总体上包括理论教学课程和实践教学课程。"理论教学课程中包括专业课程，而"实践教学课程体系包括实验和实训课、专业实习、社会实践与毕业论文设计"，"专业选修课程应当与专业必修课程形成逻辑上的拓展与延续关系，并形成课程模块（课程组）供学生选择性修读。"[1] 因此，大体上，在法学本科专业阶段，证据法学在一些院校开设的课程形式应当能够涵盖《法学国标》中所设定的所有课程形态。既有作为核心的证据法，又有围绕证据法的选修课程板块，一般而言，围绕核心课程的选修课程应在三门以上。此外，证据法学核心课程的设计应遵循三个原则：一是理论与实践相结合；二是应然与实然相结合；三是中国与世界相结合。[2] 唯其如此，证据法才具备进入法学专业核心课程的基本条件。

我们来大体考察一下现实中的证据法课程是否符合这些标准。首先，从形式上看，根据有关研究，在中国各个法学院校的证据法课程开设方面，有直接以证据法为课程名称的必修课形式，也有选修课形式。[3] 在围绕证据法核心课程的选修课模块方面，以中国政法大学证据科学研究院为例，开设了各种不同形式的证据法学选修课，包括：普通法刑事程序与法庭科学证据、证据调查学、电子证据、逻辑与证明、电子数据检验学、刑事证据法学以及民事证据法学。[4] 这样的设计在形式上满足了《法学国标》的要求。其次，从

〔1〕 参见教育部高等学校教学指导委员会编：《普通高等学校法学类本科专业类教学质量国家标准》，高等教育出版社 2018 年版。

〔2〕 张保生、王旭：《2015—2016 年中国证据法治前进步伐》，载《证据科学》2017年第 6 期。

〔3〕 参见张保生、冯俊伟、朱盛文：《中国证据法 40 年》，载《证据科学》2018 年第 2 期。

〔4〕 参见《中国政法大学本科培养方案（2022）》，载 http://jwc.cupl.edu.cn/info/1055/9127.htm，最后访问日期：2024 年 9 月 1 日；中国政法大学证据科学研究院《2019—2020 学年第一学期课程信息一览表》，载 http://zjkxyjy.cupl.edu.cn/info/1052/3417.htm，最后访问日期：2024 年 9 月 1 日。

内容上看：①在理论与实践相结合层面，法大法庭科学技术鉴定研究所（Fada Institute of Forensic Medicine & Science，FDFS）被中央政法委遴选为十家国家级司法鉴定机构之一，其功能集鉴定、科研、教学三位一体，充分满足了证据法学实践教学课程的需要。②在应然与实然层面，中国政法大学的证据法课程不仅注重讨论证据规则的应然状态，通过证据法学等课程讲授证据法应然理论，而且通过案例研讨等课程，阐释证据规则的实际运行方式。③在中国与世界层面，中国政法大学还开设有比较形式的证据法课程，比如采用全英文讲授并采案例研讨教学模式的美国证据法课程，以及由世界各国证据法学教授开设的第三学期国际证据法课程模块。

由上可知，从形式上看，中国的证据法学课程模块基本上形成了比较成熟的架构体系，围绕证据法这一核心课程的课程模块涵盖了数量充分的选修课程模块和足以支撑教学研究的实践课程模块，这就使得其实习实训条件的满足变得顺理成章。辅之近年来对应的种类繁多的理论教材和案例教材体系，[1] 证据法学的课程模块已经渐次完备，完全符合《法学国标》所设定的法学专业本科必修课程条件。

五、证据法学研究成果体系量质齐升、日益繁荣

作为现代司法的基石之一，关于证据和证据法学的研究自有现代司法以来就从未间断，在前文所述的知识谱系中，我们看到了改革开放之前从未间断的证据法学知识谱系，这些都构成了早期证据法学科研究的重要内容。但是，更需要指出的是，中国证据法学的科研水平实际上是伴随着改革开放以来中国法制重建的过程而逐步繁荣起来的，从一开始嵌入三部诉讼法之中，到日益脱离出来，形

---

〔1〕 根据相关介绍，在教材建设方面，证据法取得了可观成就，出现了何家弘主编《新编证据法学》、樊崇义主编《证据法学》、卞建林主编《证据法学》、张保生主编《证据法学》（第一、二、三版）等教材，不仅体系完整，也对证据法学前沿问题有独到见解。参见张保生、冯俊伟、朱盛文：《中国证据法40年》，载《证据科学》2018年第2期。

成相对独立的科研领域，出现了量质齐升、文理交叉的研究盛景，为科研反哺教学奠定了坚实的基础，也成为证据法学最终进入法学专业核心课程的重要支撑。

从数量上来看，关于证据科学的研究呈现规模日益庞大、内容文理交叉的特征。在中国知网以"证据"或"证据法"作为篇名进行检索，1978 年仅有 6 篇文献，之后研究数量不断攀升，到 2003 年时，每年的文献均超过 1000 篇，2015 年为目前的峰值，相关文献数量达到了 3509 篇，这对于任何一门法学学科而言，数量都是惊人的，也充分反映出证据科学研究体系的繁荣。另外，需要指出的是，关于证据法学的研究文献不仅出现在人文社会科学领域，还出现在自然科学领域，从内容上折射出证据法学文理交叉的独特特征，一定程度上暗合了习近平总书记在 2017 年考察中国政法大学时要求发展法学新兴、交叉学科的指导思想，从这一点上来说，证据法学成为法学专业必修课乃是时代所需，尤其是在当前数字科技、人工智能给司法证据带来巨大挑战的背景下，证据法学独立成为法学专业必修课程更是大势所趋。

从质量上看，证据法研究形成了经典与前沿共荣的研究格局。证据法学并不是一门崭新的学问，它在中国的发展是伴随着外国证据法学经典研究作品的引入和前沿研究的关注而不断发展的。经过本土化的转型，在中国法学研究领域，形成了一大批高质量的代表性研究成果。在著作方面，如宋世杰教授的《举证责任论》、何家弘教授的《证据法学》、毕玉谦教授的《民事证据法及其程序功能》以及叶自强教授的《民事证据研究》。在高质量论文方面，证据法学更是取得了令人瞩目的研究成果，自改革开放以来，中国法学研究领域顶级三大刊物中，仅《法学研究》发表证据法学相关论文数量就达到了 62 篇，峰值出现的 2008 年和 2019 年，均有 5 篇证据法学论文，其中代表性的论文如张保生教授的《证据规则的价值基础和理论体系》、李浩教授的《差别证明要求与优势证据证明要求》、何家弘教授的《让证据走下人造的神坛——试析证据概念的误区》，等等。《中国法学》则发表了51篇证据法学研究的论文，代表性的包括张保生教授的《刑事错案及其纠错制度的证据分析》、王利明教授的《审判方式改革中的民事证据立法问题探讨》、宋英辉教授的《论非法证据运用中的价值冲突与选择》以及孙长永教授的《提起公诉的证据标准及其司法审查比较研究》。此外，《中国社会科学》也关注到证据法学研究问题的重要性，自1998年以来共计发表相关论文21篇，包括苏力教授的《窦娥的悲剧——传统司法中的证据问题》、张继成教授的《事实、命题与证据》、易延友教授的《非法证据排除规则的中国范式——基于1459个刑事案例的分析》以及张保生教授的《事实、证据与事实认定》。

相较于改革开放初期，目前中国证据法研究取得了长足的进步，证据法的核心问题变得愈发清晰，这主要表现为：首先，证据法的理念日益科学，"实证求是"的思维方式开始取代"实事求是"的思维方式。[1] 其次，有关证据法的概念与体系的讨论日益成熟，例如"一条逻辑主线"（相关性）、"两个证明端口"（证明责任和证明标准）、"三个法定阶段"（举证、质证和认证）、"四个价值支柱"（准确、公正、和谐与效率）的证据法理论体系的形成。[2] 最后，证据法的制度与运行研究分析日益丰富，如科学证据[3]、证据排除制度[4]等具体制度研究愈发深入。

总之，在改革开放的40多年里，以张保生教授为代表，横跨三大诉讼法学领域的中国法学顶级研究者，出于对证据和证据法学的系统关注，形成了一大批具有重大影响和前沿代表性的研究成果，目前这些研究大多都已经成为证据法学研究的必读文献，转化成了法学专业的教学内容，形成了科研反哺教学的良性循环局面，有力

---

〔1〕　参见张保生、阳平：《证据客观性批判》，载《清华法学》2019年第6期。

〔2〕　参见张保生主编：《证据法学》（第3版），中国政法大学出版社2018年版，第91页。

〔3〕　参见张南宁：《科学证据论》，载《证据科学》2019年第3期。

〔4〕　参见吴洪淇：《证据排除抑或证据把关：审查起诉阶段非法证据排除的实证研究》，载《法制与社会发展》2016年第5期。

提升了证据法学的学科地位，为证据法学进入法学专业核心课程建立了强大的支撑。

六、知行合一的证据法师资团队规模初具

作为大学教育的基本单元，专业的发展需要有足够的师资力量予以支撑。按照《法学国标》的要求："原则上，法学类专业一门专业必修课程应当配备 1 至 2 名专任教师任主讲教师。专任教师中具有硕士学位、博士学位的比例应当高于 90%。专任教师中具有高级职称的比例不低于 1/3。专任教师队伍应当具有合理的年龄结构。教师队伍中应当包括一定比例的实务部门的专家。"《法学国标》中关于法学专业师资的要求是和专业课程紧密联系在一起的，同时，这一要求乃是底线要求。这不仅是对全国层面证据法师资力量的要求，对于具体法学院系的证据法师资队伍，也形成了一个层次性的具体要求，分别为：数量结构要求、学历结构要求、职称结构要求、年龄结构要求以及知识结构要求。简单来说，法学专业核心课程对于法学专业师资队伍的要求，分别是从这五个方面展开的。当且仅当各个法学院系的某一专业课程师资满足了这一底线要求后，其课程才能够被允许开设起来。而作为新设的核心课程，只有其师资队伍明显超越这一底线要求后，才能形成对法学专业核心课程所要求的知识体系、人才培养目标、课程模块以及国际交流维度的合围，获得进入法学专业核心课的充分条件。

在证据法学的师资队伍建设方面，通过师资培训，我国初步建立了全国层面上的证据法学师资团队。早在证据法重建时期的 20 世纪 70—80 年代，全国层面就举行了多期全国法律专业"证据学"师资班的培训，全国一些大专院校的"证据学"课程就已经开设起来了。[1] 21 世纪以来，证据科学研究院不断尝试进行全国层面的证据法师资

---

〔1〕　参见张保生、王进喜、吴洪淇：《中国证据法学三十年（1978—2008）》，载教育部人文社会科学重点研究基地——法学基地（9+1）合作编写：《中国法学三十年（1978—2008）》，中国人民大学出版社 2008 年版，第 362~420 页。

队伍培训。[1] 2018 年之后，在教育部高等学校法学类专业教学指导委员会支持下，中国政法大学证据科学研究院牵头举办了首届"证据法学高级师资研讨培训班"，[2] 之后，全国证据法的师资培训工作进入常态化，每年举办一到两期，目前已经为全国高校法学院系培训证据法师资达 300 余人次。2006 年开始的尝试培训和 2018 年之后的常态化培训，在全国层面为证据法学的师资队伍建设奠定了扎实的基础，为证据法课程要素的共识做好了充分的铺垫，和证据法学进入法学类专业核心课程这一里程碑事件形成了有效的呼应。

在证据法师资队伍建设的引领性方面，目前，中国政法大学证据科学研究院已经形成引领。其中，在证据法理论层面，共有 13 名专业教师，在证据法实践操作层面，共有 29 名专任教师，此外还有 39 名涵括理论教学和实践教学的兼职教师团队。依据《法学国标》所设定的具体法学院系课程师资队伍的五个要求判断，在数量结构上，中国政法大学的课程师资数量远远超越《法学国标》的要求；在学历结构上，目前的证据科学研究院专业师资队伍，基本上均为博士学位获得者；在职称结构上，80% 以上的教师均具有高级职称；在年龄结构上，30~45 岁的中青年教师占据绝大多数；在知识结构上，形成了 1∶2 左右的理论教师队伍和实践教师队伍。因而，无论从哪个角度来判断，中国政法大学证据科学研究院的师资团队，都已经大大超越了《法学国标》对于具体法学院系专业课程所设定的要求。难能可贵的是，中国政法大学证据科学研究院的师资队伍，规格相当之高，目前有教育部"长江学者"1 人、教育部新世纪优秀人才支持计划 3 人、国务院学位委员会批准的名誉博士 1 人。以

---

〔1〕　比如中国政法大学证据科学研究院、中国政法大学美国政治与法律研究中心于 2006 年 7 月 23 日至 7 月 31 日即开始联合举办"首届全国证据科学暑期高级研修班"，参见《我校成功举办首届全国证据科学暑期高级研修班》，载 http：//news. cupl. edu. cn/info/1012/7995. htm，最后访问日期：2019 年 3 月 7 日。

〔2〕　参见《首届高等学校法学类专业证据法学高级师资研讨培训班在海口圆满落幕》，载 http：//zjkxyjy. cupl. cn/info/1027/1337. htm，最后访问日期：2019 年 3 月 7 日。

这些力量为骨干，形成了横跨国际与国内的 86 人创新型研究团队。这种知行合一的师资团队，对于引领中国乃至世界证据法的发展均具有重要意义。最为典型的例证便是"证据科学"（Evidence Science）概念的提出。为适应当下证据法的跨学科发展趋势，张保生、常林和王进喜等教授提出了"证据科学"这一概念，弃用了"证据学"的说法，走在世界发展的前沿。可以预见的是，随着证据科学研究和发展的日益深入，融合了概率论和统计学、法学、医学、地理学、教育学、哲学、古代史学、经济学、心理学和计算机科学等学科领域的证据科学将走向更加科学的进路。[1] 可以说，这种研究进路不仅在国内是少见的，在国际上也处于领先水平，有力引领了国内证据法学的师资队伍建设，为证据法进入法学专业核心课程体系提供了充分的人力资源保障。[2]

七、前沿性国际交流体系走向常态

《法学国标》出台的背景是中国进入新时代，对高等教育提出了新要求。在高等教育中，新时代就要把握好国内与国际发展新形势、教育发展新机遇，用新判断、新表述、新要求、新措施、新加强，回应高等教育新发展。[3] 对于人文社会科学来说，就是要贯彻落实习近平总书记在哲学社会科学工作座谈会上的重要讲话精神，"按照立足中国、借鉴国外，挖掘历史、把握当代，关怀人类、面向未来的思路，着力构建中国特色哲学社会科学，在指导思想、学科体系、学术体系、话语体系等方面充分体现中国特色、中国风格、中国气派。"[4]《法学国标》出台的理念就是"质量为王、标准先行"，要

---

〔1〕 参见张保生、冯俊伟、朱盛文：《中国证据法 40 年》，载《证据科学》2018 年第 2 期。

〔2〕 参见《中国政法大学证据科学研究院自评报告》，内部稿。

〔3〕 参见吴岩：《加强新文科建设 培养新时代新闻传播人才》，载《中国编辑》2019 年第 2 期。

〔4〕 《习近平在哲学社会科学工作座谈会上的讲话》，载《人民日报》2016 年 5 月 19 日，第 2 版。

推动中国法学专业教育质量提升，形成中国特色、中国风格和中国气派。而要做到这一点，法学专业教育必须实现与国际层面法学教育的同频共振，即要更加紧密地和国际高等教育接轨，以特定专业的国际化支撑高等教育的国际化。国际化之于法学教育有多个向度，但最终的落脚点必须在人才培养，也就是说，高等教育国际化的核心仍是课程的国际化，将国际或跨文化内容引入教学、研究、社会服务，能够培养出适应全球化变化不断加剧、联系日益紧密的世界所要求的人才。[1]

因而，新时代证据法学的质量提升，必须有前沿性、常态化的国际交流作为支撑，通过国际交流平台的构建，不断推动证据法学知识体系的更新、培养目标的调整、课程结构和课堂内容的创新，以及师资团队的素质提升。应该说，目前来看，在课程的国际化方面，中国的证据法学成就斐然，在各个部门法中具有很高的显示度。比如，以最具代表性的证据法学为例，目前中国政法大学的国际化建设已经形成了平台、项目、科研、引智以及中国声音推广的系统体系。在平台搭建方面，目前，中国政法大学证据科学研究院与国外大学和研究机构共建了四个海外联合研究中心：①与瑞士洛桑大学共建"中瑞证据科学联合研究中心"；②与美国加州大学戴维斯分校共建"中美证据法比较研究中心"；③与美国马里兰法医局共建"中美法庭证据科学研究中心"；④与美国纽黑文大学共建"中美物证技术研究中心"。[2]在人才培养的国际化方面，中国证据科学研究院与美国巴尔的摩的马里兰大学（UM）联合主办了"中国政法大学中美双硕士学位（MS-JM）研究生项目"，中国政法大学优先选择法庭科学专业的学生，在中国完成第一学年的基础学位课程后，第二学年赴马里兰大学继续课程学习，并在马里兰大学修满 20 学

---

〔1〕　参见李延成：《高等教育课程的国际化：理念与实践》，载《外国教育研究》2002 年第 7 期。

〔2〕　关于各个国际海外联合研究中心的介绍，参见《国际交流概况》，载 http：// zjkxyjy. cupl. edu. cn/kfyjl/gjjl/gjjlgk. htm，最后访问日期：2024 年 9 月 1 日。

分，第三学年回到中国政法大学完成学位论文的相关学习与研究。[1] 在科研的国际化方面，2013 年中国政法大学证据科学研究院发起成立了国际证据科学协会（IAES），宗旨涵括了促进证据科学研究的国际化发展以及促进跨学科交流和国际交流等。[2] 同时，国际研讨会的举办同样是国际交流的重要方式。目前，由国际证据科学协会和中国政法大学证据科学研究院主办的三大系列国际学术会议，已成为重要的学术品牌。这主要包括：①证据理论与科学国际研讨会；②中瑞证据科学国际研讨会；③"事实与证据"国际研讨会。这些会议围绕"证据法的基础理论""证据法的理论体系""证据的审查判断""证据科学与司法公正""证据科学与司法文明""事实与证据的关系"等证据科学的关键领域进行了深入的研讨；[3] 此外，在国际引智方面，依托 2014 年度"111 计划"的中国政法大学证据科学创新引智基地，引入了来自美国、瑞士、英国、意大利和匈牙利等国家的海外学术大师和学术骨干，建成了证据科学国际知名专家课程方阵，其中包含法庭科学专家和证据法学专家。[4] 在中国证据法声音的国际传播方面，2016 年，中国政法大学证据科学研究院法庭科学博物馆正式开馆。这是我国第一家法庭科学（含法医学与物证技术）博物馆，是一家集文献文物收藏、宣传教育和科学研究等为一体的综合性学术研究机构，也是法庭科学文化研究中心的科研平台。[5] 与此同时，随着《证据科学论纲》等先进成果的外译，中国学者将在国际证据科学研究领域发出更强的声音。这些

---

〔1〕《中国政法大学中美双硕士学位（MS-JM）研究生项目培养方案》，载 http：// zjkxyjy. cupl. edu. cn/info/1042/1531. htm，最后访问日期：2024 年 9 月 1 日。

〔2〕 参见张保生、冯俊伟、朱盛文：《中国证据法 40 年》，载《证据科学》2018 年第 2 期。

〔3〕 关于国际交流概况的介绍，参见《国际交流概况》，载 http：//zjkxyjy. cupl. edu. cn/kfyjl/gjjl/gjjlgk. htm，最后访问日期：2024 年 9 月 1 日。

〔4〕 参见《"111 计划"——证据科学创新引智基地》，载 http：//zjkxyjy. cupl. edu. cn/kfyjl/zjkx_yzjh. htm，最后访问日期：2024 年 9 月 1 日。

〔5〕 参见《十周年院庆系列学术活动：我国首家法庭科学博物馆正式开馆》，载 ht-tp：//zjkxyjy. cupl. edu. cn/info/1026/1261. htm，最后访问日期：2024 年 9 月 1 日。

都成为传播中国证据法研究声音的重要形式，有力推动了中国证据法学国际交流体系的常态化。

八、结语

当然，一门课程要进入法学专业核心课程，除了这些条件外，还有其他诸多因素影响，比如要符合《法学国标》X 门选择修习的核心课程的相关要求，这主要是指应具备基础性和继发性、前沿性和交叉性以及社会急需性。在这方面，随着"打官司就是打证据"理念日益深入人心，其社会急需的特征越来越明显，脱胎于诉讼法之中的证据法在法学专业课程体系中，越来越具有基础性的地位。其知识体系随着学科的发展、科研的繁荣和国际交流而日益深入，前沿性和交叉性的特征也日益为国内与国际社会所认同。[1] 因此，从入选《法学国标》X 门选择修习的核心课程角度来看，证据法学研究团队通过自身的努力，在 40 年的时间里，将从未间断的证据法知识体系进一步推向发展的高峰，逐渐使各方意识到证据法学是一门具有独立研究对象和理论体系的学科，并最终成功入选《法学国标》专业核心课程体系，这对于证据法学研究者来说，是一个具有里程碑意义的重大事件，必将进一步推动证据法学研究的繁荣。

需要指出的是，一门专业课程要进入专业核心课程体系，除了以上所列的原因之外，还有许多其他的因素。有些因素甚至具有偶然性的特征。但需要注意的是，学术带头人的投入、付出和推动，对于这一目标的实现，具有不可低估的重要作用。在证据法学入选《法学国标》法学专业核心课程方面，必须提到张保生教授所做出的巨大贡献，他多年组织推动和论证，并不断向教育部高等学校法学类专业教学指导委员会提交书面申请，每一次厚重有力、亲力亲为

---

[1] 参见张保生、冯俊伟、朱盛文：《中国证据法 40 年》，载《证据科学》2018 年第 2 期。

的现场报告都十分打动人心，[1] 终于使得证据法学人看到了证据法课程进入《法学国标》法学专业核心课程体系这一历史时刻。尽管个人的力量在历史的长河中往往被忽略，但对于证据法课程进入《法学国标》法学专业核心课程这一里程碑事件，中国政法大学的证据法领军者张保生教授，应当被历史所铭记。

第二节　论财税法学在法学专业课程体系中的地位 *

一、问题的提出

在 2018 年 1 月教育部发布的《法学国标》中，财税法被增设为法学本科专业必修课（X 门选择修习的法学专业核心课程），引起了法学教育界的关注。财税法为什么能够进入法学专业核心课程？其必然性何在？这是首先需要明确的问题。

对于这一问题，当前有研究者进行过回应和解读，并将这一做法推崇到了政治正确的高度，如认为财税法学入选核心课程体系有力回应了习近平总书记在 2016 年 5 月 17 日哲学社会科学工作座谈会上的重要讲话精神[2]，以及 2017 年 5 月 3 日考察中国政法大学时关于中国法学教育和法治人才培养的重要讲话精神[3]，因为财税

---

〔1〕　参见《校长黄进主持教育部高等学校法学类专业教学指导委员会 2017 年年会》，载 http：//news. cupl. edu. cn/info/1011/25771. htm，最后访问日期：2024 年 9 月 1 日。

＊　基金项目：本节系国家社会科学基金重大委托项目"创新发展中国特色社会主义法治理论体系研究"（项目批准号：17@ZH014）的阶段性研究成果。原载于《中国法学教育研究》2020 年第 2 期。

〔2〕　习近平总书记在 2016 年 5 月 17 日哲学社会科学工作座谈会上指出：我国哲学社会科学学科体系已基本确立，但还存在一些亟待解决的问题，主要是一些学科设置同社会发展联系不够紧密，学科体系不够健全，新兴学科、交叉学科建设比较薄弱。要加快发展具有重要现实意义的新兴学科和交叉学科，使这些学科研究成为我国哲学社会科学的重要突破点。《习近平在哲学社会科学工作座谈会上的讲话》，载《人民日报》2016 年 5 月 19 日，第 3 版。

〔3〕　《习近平在中国政法大学考察时强调 立德树人 德法兼修 抓好法治人才培养 励志勤学 刻苦磨炼 促进青年成长进步》，载《人民日报》2017 年 5 月 4 日，第 1 版。

法学以领域法学思维更好地实现了学科的交叉和整合，入选法学专业核心课程乃是学科建设交叉整合的一个重要部分。但是，如果将此作为财税法入选《法学国标》法学专业核心课程的充分必要条件，至少从表面上看来，满足这一条件的并不仅仅只有财税法学。那么，内容并不那么丰盈的财税法学何以异军突起？

本着对这一问题的思考，本节将系统梳理财税法学在我国发展的历程，按照知识体系演进、培养目标层次、课程板块体系、师资队伍素养以及国际交流水平等维度，并结合财税法得以入选《法学国标》法学专业核心课程所必须具备的基础性和继发性、前沿性和交叉性以及社会急需性等标准予以阐释。通过梳理，形成财税法学与其他部门法的比较特征，以尝试厘清这一事件的本来面目，解答学界的一些疑惑。

二、财税法建构了系统完备的知识谱系

财税法之所以能够进入《法学国标》的核心课程，知识体系是基础。新中国财税法学的知识体系历经几代财税法学人的共同努力，从最初对于经济法学的依附地位，渐次总结梳理出自身独特的学科理念，明确了财税法知识谱系的法学立场，并在此基础上，形成了以公共财产法理念为引导，以财政法与税法一体化为骨架，以公私互动为主线，以领域法学为研究范式，以实践立场为目标，体系渐次成型并不断更新完善的新兴知识体系。[1] 通过对新中国财税法学知识谱系的宏观考察，笔者认为，新中国财税法学的知识谱系至少在如下几个方面完成了理论体系的升华。

第一，明确了财税法学的法学研究立场。对于财税法学来说，如何实现对数学和经济学的去魅，乃是学科独立的一个重要前提。无论是日常话语还是职业话语，财税通常都天然地与税率、税收扣除等一系列复杂的计算紧密勾连，在一定意义上导致了财税法的数

---

[1]　参见刘剑文：《供给侧改革下法学本科核心课程的结构调整》，载《政法论丛》2017 年第 3 期。

学化和经济化形象，[1] 法学研究立场隐没其中进而导致财税法学在相当一段时间内依附于经济法学，成为经济法学的一个分支，影响了学科独立地位的确立。[2] 这一状况的改变始于财税法学人自觉摆脱财税法研究数字化和经济化的努力，由第一次《个人所得税法修正案（草案）》听证会开始，财税法学界在研究取向上，就开始了纵向的拔高。[3] 从财税法的价值、理念、体系、原则、结构、规范逻辑等法学研究的层面展开对财税法学的研究，将财税法的研究和公权限制、私权保护、社会正义、人类命运等法治精神要素系统勾连在一起，渐次开拓出涵括税法法制、财税行政、税务司法、纳税人权利、预算法治、政府采购、个人所得税、企业所得税、货物和劳务税制、绿色税法、税收程序以及国际税法在内的一整套完整的知识体系，财税法学的法学研究立场也在这些体系中得到日益明朗的支撑。

第二，形成了公共财产法的理念共识。改革开放以来，由于国家工作重心向经济建设转型，财税法的经济化和经济法化成为财税法学研究的主流样态，当法学二级学科分类发展时，财税法在相当一段时间内维持了对于经济法的依附地位。但是，随着我国治理体系的现代化，财税法涵括宪法、行政法、经济法、商法、民法、国际法等的横亘式特征越来越凸显，它上联国家财政体系，下引公民社会私权保护的特征也日益使其区别于传统的经济学和经济法学。在这种实践性特征的外推之下，经过财税法学人的共同努力，终于在2015年创造性地明确了财税法研究的基本定位，达成了能够统摄整个财税法学知识体系的理念共识，也就是"公共财产法"的基本

---

〔1〕 参见刘剑文：《学科突起与方法转型：中国财税法学变迁四十年》，载《清华法学》2018年第4期。

〔2〕 参见刘剑文、耿颖：《财税法学科的综合化与多元创新之路——从北京大学财税法学专业的演进展开》，载《中国大学教学》2014年第2期。

〔3〕 参见程瑞华、赵志耕：《从法学角度谈〈个税法〉修改》，载《金融时报》2005年9月8日，第A02版。

定位。[1]这一统摄性理念共识的达成，在财税法学基础理论研究历史上具有重要意义。[2]笔者认为，其最为重大的意义在于它塑造了"由公而私，由私制公"的"回形针状"财税法研究格局。"由公而私"意味着财税法不仅仅是一种宏观调控法，[3]它的调控必然指向私权领域的保护，既包括自然人纳税人权利的保护，也包括法人与非法人组织的权利保护，从而充分建构起财税征收的正当性基础。"由私制公"意味着财税法所要实现的目标在于对于公共财政权力的制约，通过公共财产权控制的程序规范，[4]规范公共财产收入、支出与监管的全过程，由此规范政府行为。[5]

　　第三，独创了财政法与税法的一体化知识体系。在公共财产法的理念统摄下，新中国财税法的发展坚持以中国特色社会主义理论为指导，坚持从国情出发，彰显财税法"地方性知识"的典型特征，[6]将西方通常以宪法和行政法为视角展开研究的财政法和单独研究的税法进行整合，完成了"财税法一体化"的理论整合，进一步细致凸显出中国特色社会主义财税法治的"回形针"特征，也就是学者所谓的"聚众人之财，办众人之事"[7]。财政法与税法的一体化不仅是支出端和收入端的衡量问题，更意味着财政法和税法因此得以在财政理念统摄之下，完成了对共同调整对象的构建，从而

---

　　〔1〕　参见北京大学财经法研究中心：《关于"坚持公共财产法定位，推进财税法基础理论大繁荣"的学科共识》，载刘剑文主编：《财税法论丛》（第16卷），法律出版社2015年版，第1~5页。

　　〔2〕　参见张富强等：《第二届中国高校财税法教学改革研讨会综述》，载《华南理工大学学报（社会科学版）》2005年3期。

　　〔3〕　参见熊伟：《走出宏观调控法误区的财税法学》，载刘剑文主编：《财税法论丛》（第13卷），法律出版社2013年版，第74~80页。

　　〔4〕　参见刘剑文：《论财税体制改革的正当性——公共财产法语境下的治理逻辑》，载《清华法学》2014年第5期。

　　〔5〕　参见陈立诚、刘剑文：《财税制度反腐：一种源头治理的新进路》，载《政治学研究》2015年第1期。

　　〔6〕　参见[美]克利福德·吉尔兹：《地方性知识——阐释人类学论文集》，王海龙、张家瑄译，中央编译出版社2000年版，第273页。

　　〔7〕　参见熊伟：《财政法基本问题》，北京大学出版社2012年版，第208页。

最终完成了对于"领域法学"[1]所欲完成的超越部门法的自设任务。当征税权介入私人财产之时，作为一种界限，财产权就完成了公共财产权和私有财产权的分离以及公有和私有的分离，建构起了财税法律一体化的前提，并使得财政法和税法的共同调整对象也就是公共财产关系浮出水面，也由此使财税法一体化的知识体系建构成为可能。[2]从学科发展的角度来看，财税法一体化的意义极其重大，它不仅拓宽了财税法学研究的广度，更实现了一种全新研究模式的创新。在这种全新的研究进路下，财税法的知识体系得以体系化，从而形成了与其他学科并驾齐驱的知识谱系，使得财税法的重要性在法学领域中日益凸显出来。

第四，形成了公私互动的财税法研究主线。学科的发展需要研究共同体在面对和解决相似问题时形成特定的立场和方法，这就是特定学科的研究范式。[3]不同的研究路径和研究方法意味着不同的研究范式，会导致不同的思维方式和理论框架，形成不同的思维模式和行为模式。[4]在新财税法学发展过程中，与其法学研究立场一脉相承的是，研究本位和研究方法也形成了独有的特征，这一特征可以概括为公私互动的财税法研究主线。从研究本位上说，这一研究主线体现在早期财税法研究由国家本位向纳税人本位的立场转变。同时，这种转变和我国社会主义国家的特定国情紧密结合，建构起了一种"从群众中来，到群众中去"的公私互动的研究主线。也就是说，在国家本位和纳税人本位的立场转型中，由于国家利益和人民利益的一致性，这种本位的转变并不是非黑即白的对立立场，而是纳税人权利监督制约着国家公共权力行使，而国家公共权力的行

---

[1]　参见刘剑文：《论领域法学：一种立足新兴交叉领域的法学研究范式》，载《政法论丛》2016年第5期。

[2]　参见吕铖钢：《公共财产与私有财产分离下的财税法一体化》，载《财政研究》2018年第12期。

[3]　参见李悦：《分享经济下财税法学研究范式转变论纲》，载《中国市场》2016年第46期。

[4]　参见［美］托马斯·库恩：《科学革命的结构》，金吾伦、胡新和译，北京大学出版社2003年版，第101页。

使着眼于纳税人权利保障的协商立场。这种研究主线的开拓决定了财税法学的研究方法必然是多元一体的，既有价值分析，也有规范分析，并且越来越多地运用实证分析，从而对于财税法学研究立场的科学性形成有效检验。整体而言，公私互动的研究立场，既有助于更好地保护纳税人权益，又有益于形成国家公共事务推进的有力支撑，能够更好地协调国家与纳税人的关系，实现二者的和谐，[1]从而更有利于推动社会的公平公正。[2]

第五，开创了领域法学的研究先河。财税法学之所以能够进入《法学国标》的核心课程，其前沿性和交叉性特征是重要原因，而这一特征恰恰是近些年来中国哲学社会科学所亟需补齐的短板。习近平总书记在哲学社会科学工作座谈会上指出："现在，我国哲学社会科学学科体系已基本确立，但还存在一些亟待解决的问题，主要是一些学科设置同社会发展联系不够紧密，学科体系不够健全，新兴学科、交叉学科建设比较薄弱。"[3] 2017 年 5 月 3 日，习近平总书记考察中国政法大学时，对法学学科再次表达了相同的意见。[4] 对于这一判断，法学研究界也有着切身感受，以财税法学研究团队为代表的研究者相继撰文指出，近二十年来，环境、金融、科技、航天航空、互联网、军事等经济社会和科技领域发生了急剧变化，与之相适应，在法学领域中，环境法学、知识产权法学、财税法学、金融法学等一批新兴学科、交叉学科应运而生。这些新兴领域的法律现象与既往的法律现象不同，具有复杂、整合、交叉、开放等崭新特征，调整的社会关系也具有复合性，难以按当前传统

---

〔1〕 参见刘剑文：《财税法功能的定位及其当代变迁》，载《中国法学》2015 年第 4 期。

〔2〕 参见翟继光：《关于税收债法的几个基本问题——读王家林先生的文章有感》，载《法学杂志》2005 年第 5 期。

〔3〕《习近平在哲学社会科学工作座谈会上的讲话》，载《人民日报》2016 年 5 月 19 日，第 3 版。

〔4〕《习近平在中国政法大学考察时强调 立德树人 德法兼修 抓好法治人才培养 励志勤学 刻苦磨炼 促进青年成长进步》，载《人民日报》2017 年 5 月 4 日，第 1 版。

部门法学"调整对象"或"调整方法"的标准划归任何既有法律部门。[1] 因此，作为一种全新的法学学科划分标准的"领域法学"概念呼之欲出。领域法学以问题为导向，以特定经济社会领域与法律有关的全部现象为研究对象，融经济学、政治学和社会学等多种研究范式于一体，是具有交叉性、开放性、应用性和整合性的新型法学学科体系、学术体系和话语体系。它融合了部门法学研究方法、工具和手段在内的全要素，但又在方法论上突出体现以问题意识为中心的鲜明特征，是新兴交叉领域"诸法合一"研究的有机结合，与部门法学同构而又互补。[2] 值得欣喜的是，"领域法学"的研究范式一经提出，就引发了学界的热烈讨论，并迅速从财税法学的研究蔓延到周边法学学科，获得了学界的广泛认同。这也恰是财税法学对于中国法学学科做出的巨大贡献，在一定程度上为财税法学进入《法学国标》核心课程体系做出了重要背书。[3]

三、财税法形成了回应法治实践需求的人才培养体系

在高等教育中，专业是人才培养的基本单元，而课程是人才培

---

[1] 参见王桦宇：《论领域法学作为法学研究的新思维——兼论财税法学研究范式转型》，载《政法论丛》2016 年第 6 期。

[2] 参见熊伟：《问题导向、规范集成与领域法学之精神》，载《政法论丛》2016 年第 6 期。

[3] 自刘剑文教授提出"领域法学"的研究范式之后，"领域法学"迅速成为学科分类的一个热词，出现了系列性的研究成果。相关研究成果主要有：王桦宇：《论领域法学作为法学研究的新思维——兼论财税法学研究范式转型》，载《政法论丛》2016 年第 6 期；熊伟：《问题导向、规范集成与领域法学之精神》，载《政法论丛》2016 年第 6 期；梁文永：《一场静悄悄的革命：从部门法学到领域法学》，载《政法论丛》2017 年第 1 期；吴凯：《论领域法学研究的动态演化与功能拓展——以美国"领域法"现象为镜鉴》，载《政法论丛》2017 年第 1 期；侯卓：《"领域法学"范式：理论拓补与路径探明》，载《政法论丛》2017 年第 1 期；杨东、臧俊恒：《领域法学视野下经济法学培养模式之重构》，载《中国大学教学》2017 年第 10 期；赵毅：《足球法：一个新兴的领域法学》，载《体育成人教育学刊》2018 年第 1 期；杨大春：《从部门法学到领域法学——〈大明律〉转型的历史启示》，载《辽宁大学学报（哲学社会科学版）》2019 年第 1 期；洪治纲：《论领域法学理论在金融法学中的应用》，载《辽宁大学学报（哲学社会科学版）》2019 年第 1 期；解志勇：《法学学科结构的重塑研究》，载《政法论坛》2019 年第 2 期。

养的核心要素。[1] 从这个意义上说，进入一级学科核心课程体系对于二级学科专业而言是至关重要的，当且仅当特定二级学科专业的人才培养日趋成熟，表征该专业核心特征的二级学科课程（一般和该特定二级学科名称一致）才有可能成为特定一级学科的核心课程。因此，从这个角度来看，审视财税法学的人才培养，检验其是否达到了一定的水准，乃是反向考察该二级学科能否进入特定一级学科核心课程体系的重要标准。因此，要分析财税法学入选《法学国标》核心课程的原因，人才培养的解析就不可或缺。

首先，财税法学人才培养有力回应了实践需求。"社会不是以法律为基础的，那是法学家的幻想，相反地，法律应该以社会为基础。"[2] 财税法学是一门实践性很强的法律学科，其基础理论与学科体系均来自财税法实践。[3] 随着中国的改革开放，中国的财税法领域出现了越来越多的法律问题，地方层面每年因税收征管与代理咨询服务人员素质差异所导致的各种偷税、逃税、骗税、越权减免等弊病造成的税收流失等问题还比较突出，复合型财税法律人才的需求显得日益强烈。财税法学人才的培养横跨财政学、经济学及法学，对内为国家财政、预算决算、税收纳税、企业经营与税收规划等领域培养立法、司法、执法人才，对外则适应国际化发展趋势，为跨国投资的租税规划问题、公司并购的租税问题、海外子公司盈余汇出的租税问题等培养专业型人才。[4]

其次，财税法学人才培养由点及面日益繁荣。财税法学的人才培养是伴随着中国改革开放的深入进行而逐步发展起来的，改革开放所确定的以经济建设为中心的政策方针辅之以依法治国的国家方

---

〔1〕　参见吴岩：《建设中国"金课"》，载《中国大学教学》2018 年第 12 期。

〔2〕　[德] 卡尔·马克思：《对民主主义者莱茵区域委员会的审判》，载《马克思恩格斯全集》（第 6 卷），人民出版社 1961 年版，第 291~292 页。

〔3〕　参见翟继光：《中国财税法学的现状与未来》，载刘剑文主编：《财税法论丛》（第 13 卷），法律出版社 2013 年版，第 231~240 页。

〔4〕　参见谢如兰：《论财税法人才的培养——以德国税法硕士的培育为借镜》，载刘剑文主编：《财税法论丛》（第 14 卷），法律出版社 2014 年版，第 14~25 页。

略，使财税法治人才的重要性日益凸显出来。但是，财税法和财税法学应有的地位与政治、经济、法律现实之间的差距仍较为明显，尤其是中国加入 WTO 后，更加召唤着财税法治的人才培养。作为法学二级学科，财税法治人才的专门化始于 1999 年 9 月，标志性事件是中国财税法学研究会会长刘剑文教授在北京大学法学院率先招收财税法学方向的博士研究生。2004 年 9 月，北京大学又推动了全国法律硕士研究生（财税法方向）教育的创建。2008 年 9 月，北京大学法学院创设了全国首个财税法二级学科，即法学（财税法学）专业，并开始招收法学硕士研究生。[1] 此后，国内其他高校如厦门大学[2]也相继开始进行专业的财税法教育。同时，财税法学人才的培养也持续深入到大学法学专业人才培养过程之中，财税法学课程在本科阶段也逐步展开。据学者统计，全国已有近二百所大学开设了"财税法"或"税法"课程。在代表性院校中，基本形成了实务型课程与理论型课程相结合，本科、硕士、博士层次化培养的教学模式。

最后，财税法学人才培养目标层次渐次分明。就人才培养目标而言，与应用法学的学科定位相匹配，财税法学人才的培养注重复合型、应用型特征，并在此基础上，逐步升华为财税法治研究人才的培养目标。以北京大学财税法学硕士研究生为例，其培养目标被界定为："注重为税法实务部门，包括财政部门、税务部门、企业和律师事务所、税务师事务所、会计师事务所，培养应用型、复合型、高层次的高级税法专业人才，重视学生法律与财政税收等经济学的双重知识构架的形成，并重视法律基础知识的传授和税法职业技术操作的双重培训，以具有较高专业能力和综合素质，并能够在实践

---

[1]　参见北京大学法学院网站，http：//www.law.pku.edu.cn/，最后访问日期：2024 年 9 月 1 日。

[2]　参见厦门大学法学院网站，https：//law.xmu.edu.cn/，最后访问日期：2024 年 9 月 1 日。

中熟练运用法律、税收和会计解决涉税问题的高级税法专业人才。"[1] 如果说财税法学硕士研究生阶段的培养目标在于通过统合财税法学专业知识和相应的财政税收学及会计学知识，凸显高级应用型、复合型的人才培养特征，那么在财税法学博士研究生培养阶段，则更突出理论知识的体系化和创新能力的培养。如厦门大学财税法学博士研究生培养目标就被界定为："培养系统、深入地掌握财税法理论和相关部门法知识，能够在综合法学的框架下创新式发展财税法理论的高级专门人才。"[2]

四、财税法学打造了财税一体化课程的课程板块

课程是人才培养的核心要素，学生从大学里受益，最直接、最核心、最显效的方式就是课程。[3] 没有课程体系的支撑，专业的人才培养就无法在操作层面得到落实。根据《法学国标》的规定，财税法学的课程形态应当涵括作为专业方向的财税法学，又有围绕该课程建设的选修课程板块。一般而言，围绕核心课程的选修课程应在三门以上，[4] 同样，财税法学也需要具有较为完备的实践教学课程板块。

在理论课程方面，财税法学已经建立起较为完整的专业课程体系，并且仍具有广阔的扩展空间。从学科内容角度来看，财税法是一个由"收、支、管"三大方面具有内在联系的 30～40 部法律所组成的体系。[5] 这就意味着，财税法学可以衍生出与这些法律相关的课程体系，同时辅之以基础理论类课程，以财税法为中心的课程体系之完备性已经远远超越《法学国标》关于核心课程的基本要求。

---

〔1〕 《北京大学法学院税法硕士培养计划》，载 http：//www. cftl. cn/ArticleInfo. aspx？Aid＝45929&LevelId＝002004001003003，最后访问日期：2024 年 9 月 1 日。

〔2〕 《厦门大学自主设置目录外二级学科论证方案：财税法学》，内部文件。

〔3〕 参见吴岩：《建设中国"金课"》，载《中国大学教学》2018 年第 12 期。

〔4〕 参见教育部高等学校教学指导委员会编：《普通高等学校法学类本科专业类教学质量国家标准》，高等教育出版社 2018 年版。

〔5〕 参见中国财税法学研究会：《国家治理与"财税法"课程的定位》，载《中国法学教育研究》2016 年第 4 期。

以北京大学财税法学硕士研究生培养为例，财税法学类课程包括了财税法学、税收经济学、财务与会计（含审计）、税收筹划、国际税法与欧美税法、税法前沿与税务争议专题（含会计法和审计法）以及税收实例与税务专题等近十门课程。[1] 厦门大学财税法学学科设置论证中，开设的财税法学课程则包括了财政法研究、中国税法研究和国际税法研究等三门全院必须开设的专业学位课程，以及公司法研究、税法实务、所得税法研究、流转税法研究、转移定价税制研究、避税与反避税研究、财政理论与政策、税收理论与政策等八门财税法专业选修课。[2]

　　在实践课程方面，财税法学建立了课堂内容和课堂外互动的实践教学体系。根据《法学国标》关于实践教学环节的规定，法学类专业应强化案例教学，增加理论教学中模拟训练和法律方法训练环节，具体应包括实验和实训、专业实习、社会实践以及毕业论文（设计）等环节。在实践教学方面，财税法学的人才培养基本形成了较为完整的实践教学体系。仍以北京大学财税法学硕士研究生培养为例，财税法学类实践教学体系就包括财务与会计、税收筹划、国际税法与欧美税法、税法前沿与税务争议专题以及税收实例与税务专题等五门专业高级课程中的案例分析、模拟实验、社会调研以及实地考察的专业课程实践，以及课题与项目研究、专题研讨会、实习实训等其他实践教学形式，并明确要求在指导老师的指导之下完成毕业论文。[3] 同样，在其他一些大学的财税法学培养中，也有相似的实践教学要求。

五、财税法形成了量质齐升的法学研究格局

　　科学研究的繁荣是一门学科立足的根基，对于法学学科来说尤

---

〔1〕 参见《北京大学法学院税法硕士培养计划》，载 http：//www. cftl. cn/ArticleInfo. aspx？Aid＝45929&LevelId＝002004001003003，最后访问日期：2024 年 9 月 1 日。

〔2〕 参见《厦门大学自主设置目录外二级学科论证方案：财税法学》，内部文件。

〔3〕 参见《北京大学法学院税法硕士培养计划》，载 http：//www. cftl. cn/ArticleInfo. aspx？Aid＝45929&LevelId＝002004001003003，最后访问日期：2024 年 9 月 1 日。

其如此。财税法学的法学研究几乎是在一片空白之地的基础上建立起来的，但改革开放 40 多年来，经过财税法学人的不断努力，无论从数量上还是从质量上，财税法学研究都取得了令人瞩目的成就。在法学研究的推进上，财税法学人具有强烈的危机意识，不断自我更新，最终开创了量质齐升的财税法学研究格局。

从数量上来看，财税法学形成了与法学必修课程相匹配的研究成果群。以中国知网为例，若以"财税法"或"财政法"或"税法"为例进行检索，财税法学主题的发文数量自 2005 年开始就突破了千篇大关，达到了 1087 篇。其后，年度发文数量一直维持在 1000 篇以上，其中在 2011 年达到巅峰，发文共计 1563 篇，这还是精确限定主题词的前提下的发文数量。根据刘剑文教授的统计，则发文数量更多，有些年度甚至超过 2000 篇。[1] 相较于 20 世纪 70 年代个位数的发文数量，这一成就的取得不得不让人感叹。法学研究数量的巨大变化本身就反映出财税法学知识体系的繁荣，同时也说明了财税法学人的不断努力以及国家层面对于财税法学重要地位的认可。

从质量上看，财税法学通过推陈出新形成了经典与创新共荣的研究格局。在改革开放的 40 多年里，财税法学人保持着强烈的危机意识。在宏观层面，从公共财税权到纳税人权利，再到公共财产权，财税法学的研究在范畴上不断更新，与时俱进。从国家本位到纳税人本位，财税法学的研究范式逐步完成了社会化转型，完成以促进社会公平为导向的研究范式变迁。从价值分析和规范分析，到综合定性和定量分析的实证分析，财税法学研究方法日益走向多元化、科学化。在微观层面，财税法学既打造出了再版七次的《财政税收法》经典研究成果，也出现了《房产税改革正当性的五维建构》[2]

---

〔1〕　参见刘剑文：《学科突起与方法转型：中国财税法学变迁四十年》，载《清华法学》2018 年第 4 期。

〔2〕　刘剑文：《房产税改革正当性的五维建构》，载《法学研究》2014 年第 2 期。

《公共财产权的概念及其法治逻辑》[1]《税制变迁与税收法治现代化》[2]等一批有重大影响的权威期刊论文，甚至一些新近发表的财税法论文引证率也超过了百次，如《落实税收法定原则的现实路径》[3]《分配正义与个人所得税法改革》[4]等。这些成果的取得有力提升了财税法学的学科地位，为财税法学进入法学专业核心课建立了强大的支撑。

六、财税法学师资队伍素养在培养交流中不断提升

师资队伍是保证大学专业教育的重要条件，一门课程的教学质量最终取决于知识传授的主体，也就是教师队伍。根据《法学国标》对于专业必修课的要求，"原则上，法学类专业一门专业必修课程应当配备 1 至 2 名专任教师任主讲教师。专任教师中具有硕士学位、博士学位的比例应当高于 90%。专任教师中具有高级职称的比例不低于 1/3。专任教师队伍应当具有合理的年龄结构。教师队伍中应当包括一定比例的实务部门的专家。"《法学国标》中关于法学专业师资的要求乃是底线要求，这就意味着，财税法学的师资力量只有满足了这些条件，才具备进入法学专业核心课程的基础条件。而传统上，财税法师资队伍并不能满足财税法学科发展的需要。相关研究表明，除个别法学院校外，很多法学院系的财税法学师资都存在总量不足、知识能力单一、教育教学技能缺乏等问题。[5] 这种情况在近十五年的时间里发生了很大改变，财税法的师资队伍出现了"从少到多""从弱到强"以及"实务参与"的趋势。财税法师资队伍的"老中青"格局日趋合理，并大量接受实务和教育教学技能的

---

〔1〕　刘剑文、王桦宇：《公共财产权的概念及其法治逻辑》，载《中国社会科学》2014 年第 8 期。

〔2〕　张守文：《税制变迁与税收法治现代化》，载《中国社会科学》2015 年第 2 期。

〔3〕　刘剑文：《落实税收法定原则的现实路径》，载《政法论坛》2015 年第 3 期。

〔4〕　施正文：《分配正义与个人所得税法改革》，载《中国法学》2011 年第 5 期。

〔5〕　参见廖丹：《基于"卓越法律人才"培养理念的财税法师资队伍建设》，载《云梦学刊》2013 年第 5 期。

培训。

经过发展，财税法师资队伍已经初显繁荣。过去几十年中，财税法师资队伍依托财税法学研究会的力量迅速发展，同时，依托各类平台力量，财税法学人开展了大量的师资培训工作。[1] 这些工作陆续为财税法学培养了大批优秀的师资力量，据统计，全国仅在财税法学研究会注册的理事就有 227 人，纯会员约 100 人，财税法学的师资力量已经初具规模，具备了在全国高校中开展核心课程建设的基本条件。此外，在财税法学研究会的推动之下，财税法学师资队伍的理论研究水平也大幅提升，并且日益得到学界认可，在法学类顶级刊物发表论文数量不断攀升。教育教学培训计划的推行，既促成了财税法师资队伍的知识复合，又提升了财税法师资队伍的教育教学能力，与实务界的交流互动也日益频繁，参与了国家几乎所有的财税制度改革，大幅提升了财税法师资队伍的实践能力。一言蔽之，经过多维度的合力，财税法学已经形成了规模初具、知行合一、教育教学能力复合的师资队伍，呈现出一幅蒸蒸日上的繁荣景象。

七、财税法学建构了较为完善的对外交流体系

《法学国标》出台的背景是中国进入新时代，对高等教育提出了新要求。在高等教育中，新时代就要把握好国内与国际发展新形势、教育发展新机遇，用新判断、新表述、新要求、新措施、新加强回应高等教育新发展。[2] 因此，立体多维的学术交流体系的构建也就成为学科发展的重要维度。因而，财税法学的质量提升必须有前沿性、常态化的对外交流作为支撑，不断推动财税法学知识体系的更

---

〔1〕 据财税法学研究会统计，财税法学研究会与北京大学财经法研究中心、荷兰莱顿大学国际税法中心、武汉大学财税与法律研究中心、厦门大学国际税法与比较税制研究中心联合举办了 15 期全国财税法研究生暑期学校，厦门大学国际税法与比较税制研究中心则联合维也纳经济大学的奥地利与国际税法研究中心举办了 5 期国际税法暑期班。

〔2〕 参见吴岩：《加强新文科建设 培养新时代新闻传播人才》，载《中国编辑》2019年第 2 期。

新、培养目标的调整、课程结构和课堂内容的创新，以及师资团队的素质提升。在对外交流方面，中国财税法学一直围绕国家发展战略的大局，致力于展示中国财税法治建设的成就和财税法学科的进步，依托多种交流平台，在搭建国内财税法学研究交流平台促进国内学术交流的同时，又确立了财税法学"站在中国看世界、站在世界看中国"的国际发展战略，形成了具有中国特色的对外学术交流与合作的思路、理念和原则，[1] 有力地支持了财税法学中国特色、中国气派、中国风格的形成。

在国内交流方面，财税法学通过搭建平台，举办国内学术研讨会等形式，不断促进自身的学术交流。财税法学的对外交流平台建设始于 1998 年 3 月成立的中国税法学研究会，第一任会长为北京联合大学的刘隆享教授。之后于 2001 年成立了中国法学会财税法学研究会，2004 年成立了中国财税法学教育研究会。2016 年 5 月 16 日，全国第一家财税法实体研究机构——中国财税法治战略研究院正式成立。[2] 除了国家层面的对外交流平台，省级层面的研究会也不断丰富完善。截至 2018 年 6 月，全国成立了 15 个省级财税法学研究会。这些研究会以及院校的财税法学研究中心[3]形成了财税法学学术交流的重要平台。它们通过举办研讨会、讨论会、组织出版学术刊物著作、创新财税法治人才培养模式、参与财税法学立法活动以及宣传普及财税法律政策等形式，大大推动了财税法的对外交流活动，增强了财税法学的影响，这对于财税法学学科的发展形成了重要的推动力量。另外，财税法学通过建立合作关系、举办高端国际

---

〔1〕 参见刘剑文：《以报国情怀铸造对外学术交流的"中国印"——财税法学研究会国际战略发展纪实》，载《河北法学》2011 年第 4 期。

〔2〕 参见《第十届中国财税法前沿问题高端论坛在常州大学举行》，载 https：//www.chinalaw.org.cn/portal/article/index/id/11625/cid/28.html，最后访问日期：2024 年 9 月 1 日。

〔3〕 据统计，全国各个高校知名的财税法学研究中心共有 7 家，分别设在北京大学、中国人民大学、中国政法大学、武汉大学、厦门大学、首都经贸大学以及西北政法大学。参见刘剑文主编：《改革开放 40 年与中国财税法发展》，法律出版社 2018 年版，第 136~137 页。

论坛等形式，不断丰富中国财税法研究内容，发出中国财税法研究声音。目前的对外合作形式已经形成了较有代表性的若干模式和机制，如"中美税法高级论坛""中德税法论坛""中奥税法论坛""中欧税法论坛""中日税法论坛""中韩税法国际研讨会"等多种国际交流机制，在国际交流方面取得了巨大的影响。

八、结语：财税法学成为必修课是法学教育的历史必然

《法学国标》对于本科法学类专业核心课程的选择有着极其严格的标准，除了 10 门各个法学院系必须修习的核心课程外[1]，作为 X 门各个法学院系选择修习的核心课程，同样需要满足较高的条件。这些条件包括：①基础性和继发性。X 类核心课程同样要有一定的基础性，尽管和 10 门必须修习的法学专业核心课程相比，这一基础地位相对要低一些，并具有相当程度的继发性，但它们同样要有较强的理论性，能够和其他类的非核心类课程形成较宽泛的课程模块。②前沿性和交叉性。X 类核心课程应该具有一定的前沿性和交叉性，能够将基础理论和实践前沿需求结合在一起，在一定程度上反映社会多维发展的需求。③社会急需性。X 类核心课程必须反映社会某一领域的迫切需求，有对应的人才需求队伍，能够切实反映出法学教育对实践需求的回应。[2]

要进入 X 类核心课程，财税法学首先要满足上述三个基本条件，并且事实上要超越这些基本标准，形成自己独特的学科特色，唯其如此，才能从各个部门法学科中异军突起。从前文的分析中，我们可以看到财税法崛起的大体脉络，它通过国家财政法的理念建构起宏大的知识谱系，通过回应实践发展出层次分明的人才培养体系，通过财税一体打造出立体化的课程板块，通过培养交流打造出精干

---

〔1〕《法学国标》2021 年修订版中，还增加了一门"习近平法治思想概论"作为法学专业核心必修课。

〔2〕参见刘坤轮：《我国法学专业核心课程的流变及最新调整》，载《中国法学教育研究》2019 年第 2 期。

的财税师资队伍，通过强基固本完备了财税法的国内国外交流体系。在这个过程中，财税法学不仅实现了自身学科的升华，更完成了对其他学科的渗透和影响。财税法学所要求的基础性和继发性，通过财税法学中公共财产法的理念共识和经济法学裹挟之下的突围过程中予以充分实现，所要求的前沿性和交叉性通过以问题为中心的"领域法学"的范式构建实现超越，所要求的社会急需性通过对我国日新月异的财税法制实践之回应得以落地，从而使之最终进入《法学国标》的核心课程体系。

第三节　论民法学在法学本科专业课程
体系中的基础性地位 *

一、问题的提出

在法学专业学生的学习中，有着这样一种说法，"得民法者得天下"。[1] 这一说法在法学史上暗合了一种常被人提及，易引出各方争论的语词，也就是所谓民法"帝国主义"，[2] 本书无意陷入关于

---

　　* 基金项目：本节系国家社会科学基金重大委托项目"创新发展中国特色社会主义法治理论体系研究"（项目批准号：17@ ZH014）。原载于《中国大学教学》2019 年第 11 期。在本节写作过程中，中国人民大学法学院王轶教授、中国政法大学法学教育研究与评估中心田士永教授提出了诸多改进意见，在此一并感谢。当然，本书文责自负。

　　〔1〕 李军：《民法学本科教学改革探索》，载《兵团教育学院学报》2016 年第 3 期。

　　〔2〕 据介绍，民法帝国主义的支持者主要来自民法学者，最早是由徐国栋于 2003 年 11 月在中南财经政法大学作的《民法帝国主义——民法到底是什么？》这一报告中提出来的，之后遭到宪法学界的批判。在我国《物权法》审议过程中，关于民法帝国主义的论证再次引发学界关注，大量学者卷入其中。主要是对于正式法律规范的研究方面，在学界曾有过较大争议，尤其是在民法典制定的过程之中，支持者认为，民法条文众多，包罗万象，是自治的体系，民法典应成为国家法治的基础，是现代国家的根本法典。反对者则认为，民法帝国主义的观点忽略了法律常识，不重视法理的基本位阶，忽略现代社会的基本走向，因而不过是一种虚幻。

民法"帝国主义"的支持者[1]或反对者[2]行列，本书采用的话语进路无非在于说明，民法学在法学专业学习中的重要基础性地位。[3]对于此，民法学的一些学者曾经从史学考证的角度予以说明，民法学学科知识体系在法学知识谱系的演进历程中，尽管遭遇了挤压和分裂，但仍然是法学最具有基础性地位的知识体系。[4]

那么，在新时代中国的法学本科专业教育中，民法学是否应具有一种基础性地位呢？本书认为，答案是肯定的，这可以从法学发展的历史、法学所嵌入的社会生活、我国法律职业资格考试的民法学分值比例、我国法院所处理民事案件的规模比例、国内法学院校培养方案中民法学学科知识的总学分以及与他国法学教育的比较等多个层面予以检验。当然，在法学本科专业教育中，民法学的基础性地位也有着特定的目标及其界限，这些共同决定了民法学基础性地位的具体实现方式。鉴于法学教育界对于此问题尚无系统梳理，本节将尝试界定民法学基础性地位的内涵，并沿着这一逻辑线索，系统展开对民法学基础性地位的论述，以为中国法学专业本科阶段的课程设置提供一定的借鉴。

二、民法学基础性地位的内涵

法学是一套相对完整的知识体系，各个部门法都有着特殊的重要性，对应着特定重要的课程体系，这一点是毋庸置疑的。因此，当我们单独讨论民法学在法学课程体系中的重要性时，鉴于讨论主题的敏感性和重要性，需要对于民法学的基础性内涵作出明确界定。

首先，民法学基础性地位意味着民法学在法学专业课程体系中

---

[1]　龙卫球：《民法典编纂要警惕"宪法依据"陷阱》，载 https://opinion.caixin.com/2015-04-22/100802509.html，最后访问日期：2024 年 9 月 1 日。

[2]　苗连营、程雪阳：《"民法帝国主义"的虚幻与宪法学的迷思——第三只眼看"根据宪法，制定本法"的争论》，载《四川大学学报（哲学社会科学版）》2008 年第 2 期。

[3]　杨善长：《民法学思维模式与教学方法探析》，载《渤海大学学报（哲学社会科学版）》2012 年第 1 期。

[4]　徐国栋：《"民法"变迁史考》，载《中国政法大学学报》2007 年第 2 期。

具有基础性。法学是实践性很强的学科，这种实践性意味着它要和社会主体日常所处的社会关系发生关联，而对于一般社会主体来说，与之最为密切者就是民法学上所研究的平等主体之间的人身关系和财产关系。从法学教育来看，要引导法学专业学生建立法律意识和法律思维，以法律规范的视角分析所处社会的各种社会关系，那么，最有效者莫过于经验的方式。既然这些社会关系中，最常见的为民事关系，那么，民法学在法学教育，尤其是法学专业课程体系中的基础性地位也就很容易理解了。现代治理体系是多元的，常态下社会关系的治理多和民事规范相关。破裂的社会关系也可以通过人民调解、谈判、协商、仲裁等非诉讼方式解决。司法的介入往往出现在社会关系的破裂达到一定程度之时，并且民事纠纷也居多。因此，面向实践的法学教育应将民法学作为基础性知识传授给法学专业的学生，培养其法治意识和法律思维。

其次，民法学的基础性地位还意味着民法学课程可以拆分为不同的课程进行知识传授。当我们提及民法学课程时，实际上通常指的是民法总论课程。这门课程对于民法学而言，只是其课程板块中的一个部分。民法学博大精深，即便是总则部分也可以拆分出若干的课程板块，比如总则部分的民事责任、代理等，这在其他国家都是作为独立课程设置的。通常情况下，除了民法总则外，民法学的体系还包括物权法、债权法、合同法、侵权行为法、婚姻家庭法、继承法、人格权法以及知识产权法等。这些子类别既独立成一整套知识体系，构成一个个子学科，同时也都为民法学所涵括在内。需要指出的是，各国民事法律的分类不同，相应法学专业的课程也有所差异，比如西方国家的财产法，在一定程度上对应着中国的物权法、债权法以及知识产权法等内容的交叉融合。

最后，民法学基础性地位意味着民法课程板块的学分学时更多。由于民法学所涵括知识体系的板块差异，在法学专业课程设置体系方面，这种差异性所导致的结果就是，民法学知识体系往往被细分为不同的课程板块。物权法、债权法、合同法、侵权行为法、婚姻

家庭法等都是作为独立设置的课程出现在各个法学院系的人才培养
方案之中的，或是以必修课的形式，或是以选修课的形式，其学分
一般也在 2 学分以上，学时在 32 学时以上。如此一来，如果辅之以
民法学总论，其学分可以达到 20 学分，总学时超过 320 学时。不管
这种学分学时是必修还是选修，这一学分和学时总量在整个法治人
才培养中的地位即可窥一斑。

三、社会事实中的民法学基础性地位之展开

论及民法学在法学专业课程设置中的基础性地位，不能仅从应
然的层面展开，还必须具有社会事实的具体支撑。这里的事实可归
结如下。

从法学发展的历史来看，最早的法律主要是民事法。关于法学
起源，存在东西两种文明发源的争论，但无论是东方文明，还是西
方文明，都将民法视为早期法律的主要内容。关于东方文明中的近
东法律文明，学者的研究显示，法律在古代西亚地区人们的日常生
活中占据了重要的位置。在迄今所发现的楔形文字文献中，有关法
律方面的内容在苏美尔文文献中占 95%左右，在阿卡德文文献中所
占的比例也不会少很多。[1] 这些以楔形文字写就的大量法律文集或
法典，有着自己的特点——“都是诸法合体，但其中民法的内容特
别多，所占比例特别高”[2]。在西方文明中，情况也大体如此，除
自然法外，实证法层面，西方社会的法律主要来源于罗马法，罗马
法大体由公法和私法两大体系构成，构成其主体的为私法体系，这
一私法体系又包括万民法和市民法，其中，市民法是早期罗马法的
主体，而万民法则是罗马帝国扩张的产物，是罗马法较为成熟阶段
的产物，实际上是近代国际法的重要起源。[3] 在西方最早的博洛尼

---

〔1〕　于殿利：《〈巴比伦法〉的人本观初探——兼与传统的“同态复仇”原始残余说
商榷》，载《世界历史》1997 年第 6 期。

〔2〕　王立民：《古代东方法研究》，北京大学出版社 2006 年版，第 17 页。

〔3〕　米健：《略论罗马万民法产生的历史条件和思想渊源》，载《厦门大学学报（哲
学社会科学版）》1984 年第 1 期。

亚大学里，法学作为最初的专业，传授的知识主体也是罗马法，也就是现代民法的对应物。[1]

从法学所嵌入的社会生活来看，民法的基本内容最贴近社会生活。现代社会生活的核心特征就是自由和平等，在中国特色社会主义核心价值观的体系中，自由、平等、公正、法治是社会层面的价值取向，[2] 这同时也是现代社会的核心特征。民法的价值和我国社会主义核心价值观不谋而合，每个人的生老病死、衣食住行，每个企业的设立终止、生产经营都离不开民法，民法的基本内容构成了社会生活的百科全书，涉及社会生活的方方面面，它建构起社会主体日常生活的制度体系，使得社会主体得以在一个文明、理性、自由、平等、公正的日常秩序中以一种有尊严的方式生活。

从我国法律职业资格考试来看，民法学分值比例最高。法律职业是一种技术性和伦理性要求都很高的特殊职业，因此，法律职业的遴选制度也非常严格，在统一法律职业资格考试改革前，有相关机构统计，民法学在近五年统一司法考试中的平均分值达到了 92 分，约占总分 600 的 15%，为所有学科之最。[3] 新的统一法律职业资格考试改革后，在 2022 年的考试中，民法分值也达到了 54 分，约占总分 300 分的 18%，是当年分数占比的各科之最。[4]

从我国法院所处理案件的规模来看，民事案件规模比例最大。作为传统的法律实务，审判工作最具有代表性，法学知识体系要回应实践所需，就必须先了解法律实务。根据学者的研究，中国1978—2010 年人民法院所受理的一审、二审、再审各类案件的数量由 1978 年的 61.3 万件上升到 2009 年的 746.2 万件，增长了 11.2

〔1〕 费安玲：《法学本科课程设计思维中的教育目的之透视》，载《中国法学教育研究》2006 年第 4 期。

〔2〕 陈金钊：《对法治作为社会主义核心价值观的诠释》，载《法律科学（西北政法大学学报）》2015 年第 2 期。

〔3〕 孟强、闫昳琦：《民法典的实施在社会治理中的重要作用——"民法典与社会治理"学术论坛综述》，载《重庆邮电大学学报（社会科学版）》2022 年第 2 期。

〔4〕《法考各科分值占比有不同！看清楚，就知道要抓哪科！》，载 https：//wlkt.cuploeru.com/article/576，最后访问日期：2024 年 9 月 1 日。

倍，民事案件从 31.8 万件增长到 643.6 万件，增长了 19.2 倍……各类案件中刑事案件所占的比例越来越少，由 1978 年的 48% 下降到 2009 年的 11.7%，民事案件的比例越来越大，由 51.9% 上升到 86.2%，行政案件虽然增长很快，但份额很小，由 1987 年的 0.3% 上升到 2009 年的 2.1%。[1]

从我国法学院系培养方案来看，民法学学科知识的总学分学时最高。在法学教育和法律职业的实践场域，各个法学院系同样也非常重视民法学知识的传授，具体体现在法学教育和法治人才培养的具体培养方案之中。比如，在中国政法大学的法学专业 20 门必修课中，其中 4 门为民法类课程，约占 20%，法学专业必修课总学分为 63 学分，其中民法学板块课程总学分达到 14 学分，约占 22.22%。[2] 华东政法大学法学专业必修课共 24 门，其中 5 门为民法类课程，约占 20.83%，法学专业必修课总学分为 58 学分，其中民法学板块课程总学分达到 14 学分，约占 24.14%。[3] 其余一些法学院系更是将民法学纳入基础必修课程，从而凸显出其基础性地位。[4]

四、比较视野中的民法学基础性地位

以上关于法学专业课程设置方面的民法学的基础性地位正是基于国内法学专业的课程而言，那么，在国际层面，情况又如何呢？下面以美国、英国、澳大利亚和日本四个国家的法学专业课程设置为例，对这一情况进行描述，以此来验证民法学是否存在一定程度的基础性地位。

---

〔1〕 朱景文：《中国近 30 年来诉讼案件数量分析》，载《法制日报》2012 年 1 月 18 日，第 9 版。

〔2〕《中国政法大学本科培养方案（2022）》，载 http：//jwc. cupl. cn/info/1055/9127. htm，最后访问日期：2024 年 9 月 1 日。

〔3〕《华东政法大学全日制本科专业培养方案（2017 级）》，https：//jwc. ecupl. edu. cn/2018/0511/c4052a89344/page. htm，最后访问日期：2019 年 7 月 10 日。

〔4〕 刘坤轮：《中国法律职业伦理教育考察》，中国政法大学出社 2014 年版，第 132~139 页。

第一，美国法学院必修课。基于美国法学教育的职业化取向，其法学专业必修课一般较少，具有实用主义取向，但是选修课体量巨大，极为丰富，这充分反映出其精英主义的教育特点。以哈佛大学为例，法学专业除了大量特色性选修课外，其必修课只有 14 门，其中 4 门为民法学课程，分别为合同法、财产法、代理法和侵权法，约占全部专业必修课的 1/3。斯坦福大学法学院的专业必修课则只有 7 门，其中 3 门为民法学课程，分别为合同法、侵权法和财产法。芝加哥大学法学院的 12 门法学专业必修课中，也有 4 门为民法学课程，同样占了 1/3。

第二，英国法学院必修课。英国的法学教育模式和美国不同，但是，在专业核心课程设置方面，尤其是对民法学的重视方面，却异曲同工。以剑桥大学法学院为例，其第一组专业基础课一共只有 5 门，其中 2 门为民法学课程，分别为民法 I 和侵权法。牛津大学法学院在进入第二阶段学习后，共设置了 6 门法学基础类课程，其中 4 门为民法学课程，分别为侵权行为法、合同法、土地法和信托法。伦敦政治经济学院的法学专业必修课共有 6 门，其中 2 门为民法学课程，分别为财产法和债法。其他精英法学院的核心课程设置也大体如此，民法学板块均占据 1/3 到 1/4。

第三，澳大利亚法学院必修课。澳大利亚法学学士学位采用三年制设置，其中专业必修课中同样包含大量的民法课程板块，悉尼大学法学院专业必修课程共 14 门，其中 5 门为民法学课程，约占 1/3，分别为合同法、侵权法、公司法、衡平法以及财产法。新南威尔士大学法学院的专业必修课程更为细分，诸如刑法、诉讼法等都被拆分为两部分，因此叠加起来，一共设有 19 门专业必修课，其中 6 门为民法学课程，同样约占 1/3，分别为合同法（一）、侵权行为法、合同法（二）、财产法、衡平与信托法以及财产与衡平法。

第四，日本法学院必修课。日本的法学教育具有两种形态，一种类似于中国当前的法学学士教育，另外一种则类似于美国的 JM 教育，采取法科大学院模式，录取非法学本科的学士进入学习。[1] 目前，日本的精英法学院一般都设有法科大学院，其课程设置方面同样可以作为参考。以早稻田大学法学院为例，其法学专业必修课程共有10门，其中3门为民法学，名称都为民法学，但分Ⅰ、Ⅱ、Ⅲ三次讲授，占必修课程总量的3/10。

五、民法学基础性地位的目标及其界限

在法学教育中，论及某门学科知识体系的重要性可以，但若是论及地位的基础性，则容易让学界产生联想，因此，这里有必要对民法学基础性地位的目标及其界限再做一个说明。

第一，探究民法学基础性地位的目标在于夯实法学本科专业基础知识。民事法律关系是社会主体日常生活中最容易交织于内的法律关系，无论是有意或是无意，社会主体日常生活都深嵌于各种民事社会关系之中，这也是向法科学生传授法学知识最为容易、经验性最强的切入口。重视民法学课程板块，实际上意味着为法科学生进入法学博大精深的知识海洋做好基础准备。从生活经验而言，置换为法学意识和法律思维来理解日常生活中的各种人身和财产关系，更容易使法科学生对法学知识建构起理解的基础。从整体层面来说，民法学课程板块的重要意义首先在于夯实法科学生的法学知识基础，使法科学生对自己所学专业建立兴趣，从而为以后更好地提升对其他学科知识的理解打好思维基础。

第二，民法学基础性地位的界限首先在于它仅指向法学本科专业的课程设置。既然民法学基础性地位的目标在于夯实法学学科知识基础，那么，它的这种重要性主要就反映在作为最基本的法学学士学位的获取过程之中，即法学本科课程体系之中。也就是说，它并不蔓延至法学研究生培养的各个阶段，法学二级学科的知识体系要求更加精深和前沿，因此聚焦程度的要求也就更高，当法科人才

---

[1] 戴龙：《全球化时代的日本法学教育与发展》，载《南京航空航天大学学报（社会科学版）》2008年第2期。

的培养超越本科阶段后，对于前沿性知识的要求就会凸显出来，这时候按照二级学科进行法治人才的培养也就顺理成章，民法学课程板块的重要性也就主要反映在民法学二级学科的法治人才培养上了，不再蔓延至其他二级学科的人才培养过程。

第三，民法学在法学专业课程体系中的基础性地位并不意味着和理论法学相冲突。需要具体指出的是，理论法学，如法理学和法律史学，仍然是法学专业学生的重要基础知识，其课程板块也构成了法学本科专业课程体系的重要组成部分。[1] 民法学课程板块的重要性并不否认理论法学对于法治人才培养的重要奠基作用，相反，它以一种更加贴近日常生活的方式使得法科专业学生更容易理解法的基础理论。比如关于法律行为、法的价值、法的产生和起源等，有了民法学的具体实例，对于初入法学专业学习的学生来说，理解起来则更为得心应手。因此，从整个意义上说，民法学基础的建造，有助于理论法学学科知识体系的理解和掌握，更有助于理论法学前沿知识在法科学生心中落地生根。

第四，民法学基础性地位并不意味着民法的法律效力会消解宪法权威，危及法律位阶。这里的民法学基础性地位并不指向民法规范体系在整个中国特色社会主义法律体系中的重要性。它只是法学专业本科课程层面的，在正式的法律规范领域中，所遵循的原则仍然是法的效力等级，也就是说，宪法、法律、行政法规、部门规章等传统的法律位阶理论并不因此而发生变化，宪法的权威性、行政法的庞杂统合性、刑事法的保障性、国际法律法规的超越性，都不因法学本科课程体系的设置而发生改变。相反，正如王利明教授所指出的，这有利于学科知识的交叉融合，有助于对法律现象的认知和对法学知识的体系化理解，这也正是他举例哈佛大学法学院雷可夫教授同时教授民法学课程和行政法学课程的原因，并且这种现象在西方国家并不鲜见。

---

[1] 杨知文：《法理学的学科定位及教科书体系》，载《前沿》2013年第2期。

第五，民法学基础性地位有助于对其他实体法和程序法知识的理解和掌握。在法学教育中，法学二级学科各有特色，各种维护部门法地位的话语也流传在法科学子中间，比如"宪法乃万法之父""行政法是秩序之源""程序法是正义之本""国际法乃和平之基"。应该说，这些法科知识体系学习过程中所流传的日常话语，在一定程度上都反映着不同部门法知识体系的重要性，也在一定程度上揭示了法学学科知识谱系的构成。对于民法学而言，民法乃万法之母的民间定位，也反映出了民法学知识体系的基础性地位。对民法学知识的掌握和理解，有助于对其他实体法和程序法知识的理解和掌握。日常生活中法律关系的正常运行，需要宪法、行政法以及刑法等实体法律的维护和震慑，当正常的法律关系破裂时，则需要民事诉讼法、行政诉讼法以及刑事诉讼法的修复和救济，超越不同的管辖权，则需要国际层面的法律规范体系，深挖原因则需要理论法学的解释与支持。因此，从这个意义上讲，民法学基础性地位有助于对其他实体法和程序法知识的理解和掌握。

六、民法学基础性地位如何实现

从民法学基础性地位的所指、目标及界限来看，其实现路径也比较明晰，并且为避免引发学科芥蒂，本书也将严格限定其实现路径。笔者认为，民法学基础性地位的实现路径主要从以下几个方面展开：

第一，实现民法学基础性地位，需要切入法学本科专业法学课程体系。法学本科阶段目前的培养，仍具有"厚基础、宽口径"的特征，夯实法学基础知识乃是法学本科教育的重中之重，民法学所包括的物权法、债权法、合同法、侵权行为法、婚姻家庭法和继承法等知识板块，都具有贴近日常生活的特征。这就决定了民法学切入法学专业基础课程的可能性和必要性。当以一种法学思维对日常生活的经验切入分析后，经验再次和理论发生碰撞，有助于法学专业学生提升对日常社会关系中涉法关系的理解，也有助于为掌握更为深邃的理论做好基础知识准备。因此，民法学基础性地位的实现路径首先是切入法学本科基础课程体系，在《法学国标》所规定的"1+10+X"门核心课程的框架下，宜采取分类设置或是限选课程的形式，将民法学所涉及的知识体系设置为不同的课程模块，服务法学人才培养"厚基础、宽口径"的培养目标。对于本科以上的法治人才培养，因其更多地服务于高、精、尖法治专门人才的培养，或是职业型的，或是研究型的，则要根据具体的培养方向确定专业特色类课程。

第二，实现民法学基础性地位，主要以学分和学时的方式切入法学本科教育。考虑到民法学知识体系的庞杂繁多，以及法学本科专业的必修课程总学分所限，作为法学知识基础的民法学课程板块要切入法学本科教育，其方式或是增加学分，或是增加学时。但是，对于必修课程的学分和学时来说，这两种方式所能够操作的空间都受到较大限制。那么，一种可选的替代方式便是切分民法学课程板块，按照知识体系，在民法总则之外，另设民法分则课程，同时可以设置物权法、债权法、合同法、侵权行为法、婚姻家庭法、继承法、人格权法以及知识产权法等选修类课程，使其课程板块在学分和学时总量上达到一定基数，供学生选择修习。这样，既不影响其他专业必修课程的地位，又能够恰当地搭建起民法学知识体系的基本框架，是当前语境下的一个较为折中的方案。

第三，对于一些以民法学为特色的法学院系，可以增设民法学类必修课程。法学各个学科之重要性常常停留在认知层面，具体落地到法学专业人才培养方面，则需要结合各个法学院系的办学条件和办学特色。因此，对于以民法学为特长，师资力量雄厚的法学院校来说，在法学本科阶段，可以采取分类设置必修课的方式，在基础类课程中，将民法学拆分为若干部分，借鉴西方一些国家的做法，采取民法学Ⅰ、民法学Ⅱ以及民法学Ⅲ，或是民法学总论、民法学分论的专业必修课程设置方式，以此实现既不违反《法学国标》关于法学专业核心课程的设置原则，又凸显了自身民法学师资力量之雄厚、民法学研究领先之特长，从而进一步实现了学分和学时的增加。

　　需要再次强调的是，本书所论及的民法学基础性地位仅涉及法学本科专业的课程设置，其实现路径同样适用于以其他法学二级学科为特长的法学院系，比如以刑法、行政法或国际法为特长的法学院系，也可以采取分类设置相关课程的方式彰显其人才培养的特长。因此，本书所论及的法学本科课程设置中的民法学基础性地位，仅为服务于"厚基础、宽口径"的法治人才培养目标，并不涉及实际规范层面的效力、权威以及其他理论层面的争议。当然，即便是对于法学本科专业的课程设置，本书也仅为管窥之见，并不见得正确，仅做抛砖引玉之举，以供学界批判。

第四章

实践与时代：法律实践教学与人工智能

第一节　走向实践前置：中国法律实践教学的演进趋势[*]

一、问题的提出

2018 年 9 月 17 日，教育部、中央政法委发布了《关于坚持德法兼修实施卓越法治人才教育培养计划 2.0 的意见》（教高〔2018〕6 号，以下简称《卓法计划 2.0》），其中在"改革任务和重点举措"部分第 3 条明确指出要"重实践，强化法学教育之要"。从近二十年关涉法学教育或直接设定法学教育改革调整的文本来看，自教育部《关于普通高等学校修订本科专业教学计划的原则意见》（教高〔1998〕2 号）开始，到《关于进一步加强高等学校本科教学工作的若干意见》（教高〔2005〕1 号），到《关于进一步加强和改进大学生社会实践的意见》（中青联发〔2005〕3 号），到 2011 年《关于实施卓越法律人才教育培养计划的若干意见》（教高〔2011〕10 号），再到《关于完善国家统一法律职业资格制度的意见》，法律实践应当加强似乎已经成为法学教育的共识之一，成为法学教育和法治人才培养改革调整的一个必然方面。

既然强化法律实践教学已经成为国家层面和法学院校层面的重

＊　基金项目：本节系国家社会科学基金重大委托项目"创新发展中国特色社会主义法治理论体系研究"（项目批准号：17@ ZH014）的阶段性研究成果。原载于《政法论丛》2019 年第 6 期。

要趋势，那么，梳理法律实践教学在中国产生、发展、繁荣的进程，厘清中国法律职业教学在各个维度的发展趋势就成为法学教育研究者的使命。尽管自 20 世纪 90 年代以来，中国法学院系通过设置法律诊所等形式渐次展开了法律实践教学的强化工作，但是，对于法律实践教学的内涵、法律实践教学的类型、法律实践教学的定位及其使命等问题，并没有系统的梳理。由此导致了一系列问题，比如法律实践教学的内涵不清晰、法律实践教学的类型分类不明、法律实践教学的定位和使命不确定，故而，进一步加强法律实践教学的路径也就无法明朗，法律实践教学呼之欲出的演进趋势和改革方向也就无法提升到理论指引的高度。这些不足的存在恰好是本书的研究价值，只有从不同维度梳理并明确中国法律实践教学的演进趋势，才能推导出中国法律实践教学的发展趋势，以正确的方向指引中国法律实践教学的发展，为世界法学教育的发展提供中国声音、中国智慧和中国方案。

　　法律实践教学应当如何加强？法律实践教学在中国当前时代语境下，将会面临什么样的挑战，走向何种发展趋势？对于这些问题，学界的思考往往停留在具体法律实践教学的形式研究，多关注于法律诊所[1]、个案法律实践教学[2]、模拟法庭[3]、法律援助[4]等具体类型的法律实践教学形式，或者是从教学模式[5]、师资队伍[6]、教学

---

〔1〕　例见袁钢：《法律诊所教学评价方法探究》，载《法学杂志》2011 年第 2 期。

〔2〕　例见王晨光：《"个案全过程教学法"是探索法律实践教学新路径》，载《法学》2013 年第 4 期。

〔3〕　例见陈兵：《搭建高校法学教育校内实践教学平台的新探索——以模拟法庭赛季为主体的尝试》，载《黑龙江高教研究》2013 年第 5 期。

〔4〕　例见吴光升：《法学本科法律援助实践教学方式：意义、困境与出路》，载《高教论坛》2019 年第 1 期。

〔5〕　例见季敏：《法律实践教学模式改革与创新研究——基于卓越法律人才教育培养计划》，载《长春大学学报》2013 年第 8 期。

〔6〕　例见王立民：《"双千计划"与法治人才的培养》，载《上海政法学院学报（法治论丛）》2017 年第 5 期。

方法〔1〕、教学设计〔2〕等角度来对法律实践教学存在的问题予以分析解读，从而提出相应的改革建议。自《法学国标》和《卓法计划2.0》启动制定以来，学界也出现了一些从关系学角度反思法律实践教学的深度研究，或是针对实践教学的环节设置，或是针对法律实践教学的功能，〔3〕但对于以上问题，仍然没有系统的回答，以致研究得出的结论尽管有所突破，但前瞻性仍略显不够。

　　鉴于法律实践教学对于中国法学教育和法治人才培养的独特价值，笔者拟尝试梳理中国法律实践教学的基本类型与本质特征，在此基础上，对当前中国法律实践教学中所存在的基本问题进行概括，并根据法律实践教学的本质特征预测未来中国法律实践教学的发展路径，为中国法学教育和法治人才培养的持续深化提供管窥之见，以供学界批评指正。

二、法律实践教学的内涵渐次走向实践主义

　　传统上，中国的法学教育主体内容对应的是日常话语中的"理论知识"，与之相对应的实践教学并没有随着法学知识的体系化而同时完善起来，如此一来，理论知识的传授常常会变成单一的传授式教学，成为法学教育广为诟病的"填鸭式教学"。在"法律是实践的艺术"〔4〕"法学是世俗的学问……法学是实践性的、技术性的"〔5〕等此起彼伏的学界批判声中，20世纪90年代开始，我国法学教育开始对传统教学方法进行改革，案例教学法、模拟法庭、法律援助等

---

〔1〕　例见张守波：《案例教学法在法学实践教学中的应用》，载《教育探索》2014年第2期。

〔2〕　例见刘晓兵：《法律实践教学中的角色演练与技能培养》，载《中国政法大学学报》2015年第1期。

〔3〕　例见蔡立东、刘晓林：《新时代法学实践教学的性质及其实现方式》，载《法制与社会发展》2018年5期。

〔4〕　胡平仁：《我国法学教育的目标定位与人才培养模式改革》，载《法学教育研究》2010年第2期。

〔5〕　苏力：《当代中国法学教育的挑战与机遇》，载《法学》2006年第2期。

教学形式开始出现，一些院校还相继引入了美国式的法律诊所教育。[1] 法律实践教学的各种形态开始和具体法学院系的办学特色和办学条件结合起来，进入了各个法学院系的培养方案，法律实践教学在形式上越来越受到法学教育界的重视。

需要指出的是，尽管法律实践教学的重要性日益在法学界形成共识，但是法律实践教学的内涵却并没有因此而得到厘清，这也就导致了法学教育和法治人才培养并没有按照作为职业教育的法学教育的应然规律去发展，而是作为验证、反哺理论教学的形式而发展起来，在先后关系思维主导下，法律实践教学出现了学者所批判的符号化、形式化、割裂化、脱节化等问题。因此，要回答法律实践教学如何强化、如何发展的问题，首先要解决的就是法律实践教学的内涵问题。对此，学界研究者有不同的认识。但这些认识或是认为法律实践教学是一种教学方式、方法，而且是一种与法学作为实践学科的属性与特质比较切合的教学方式、方法；[2] 或是认为法律实践教学是一个教学环节，是在传统法学教育的基础上，为培养学生分析和解决法律问题的能力、强化训练学生法律实践能力而专门设置的教学环节；[3] 也有学者认为，它是一种教学模式，是在我国本科法学教育过程中开展的旨在训练法科学生实践技能的教学模式。[4] 此外，还有学者从内容和形式两个角度对法律实践教学进行解读，将其与理论教学和课堂教学分离解读。[5] 但也有学者并不认

---

〔1〕　甄贞：《一种新的教学方式：诊所式法律教育》，载《中国高等教育》2002 年第 8 期。

〔2〕　蔡立东、刘晓林：《新时代法学实践教学的性质及其实现方式》，载《法制与社会发展》2018 年第 5 期。

〔3〕　何妙：《法学实践教学研究》，载《商场现代化》2010 年第 19 期。

〔4〕　房文翠：《法学教育中的法学实践教学原则》，载《中国大学教学》2010 年第 6 期。

〔5〕　这种观点认为，通常我们可以从两个不同的角度理解法学实践教学：一是从其内容的角度，相对于理论教学而言，是指直接以培养学生的实践能力而不是以传授理论知识为目的的教学，它包括堂内的实践教学和课堂外的实践教学；二是从其形式的角度，相对于课堂教学而言，是指课堂教学之外的，以一定的实践工作为载体的，以培养学生的实践工作能力为直接目的的教学方式。参见陈兴华：《法学实践性教学的出路》，载《昆明理工大学学报（社会科学版）》2009 年第 11 期。

同这些区分，认为实践教学的手段和形式不断地更新和完善，课堂内的实践教学和课堂外的实践教学越来越难以区分，[1] 法律实践教学并不排斥法律基本知识、方法以及法律通识教育。[2]

对于这些认识，笔者认为，尽管在一定程度上反映出了法律实践教学的某些维度，但是，并未彻底厘清法律实践教学的内涵，从而无法明确法律实践教学的定位，无法具体指导我国法律实践教学的发展。有鉴于此，笔者尝试从广义和狭义两个层面来解析法律实践教学，以厘清其内涵，具体如下：

广义上的法律实践教学与高等教育中的实践教学有着共通之处，对应于法学学科的理论教学。其内涵可以从《法学国标》中探究。在《法学国标》中，法律实践教学被归属于"课程设置"部分，与理论教学设置相对，具体包括三大类型：其一，实验、实训和专业实习；其二，社会实践；其三，毕业论文（设计）。其指导性思想是"在理论教学课程中应设置实践教学环节，改革教学方法，强化案例教学，增加理论教学中模拟训练和法律方法训练环节，挖掘充实各类专业课程的创新创业教育资源"[3]。这就意味着广义的法律实践教学实际上是和法学学科的理论教学相对应的，但和课堂教学并不对立，因此，它在形式上则既包括课堂内的实验、实训课程，也包括课堂外的专业实习、创新创业实践、社会实践和毕业论文（设计），本身是一个集方法与内容、知识与理论于一体的综合教学体系。广义上的法律实践教学具有三个特征：一是共通性。这就是说，法律实践教学和其他专业的实践教学具有相似共通的地方，是属于理论教学之外的教学体系，其内涵并不一定和法律相关，而只是关涉实践，这一点也是作为高等教育重要组成部分的法学教育所必然具备的特征。二是综合性。法律实践教学是一个综合体，它不仅包括实验、实训、专业实

---

〔1〕　叶永禄：《论法学实践教学与卓越法律人才培养教育——有感于教育部"卓越法律人才教育培养计划"》，载《云南大学学报（法学版）》2013年第3期。

〔2〕　蔡立东、刘晓林：《新时代法学实践教学的性质及其实现方式》，载《法制与社会发展》2018年第5期。

〔3〕　《法学类教学质量国家标准》第5条。

习和社会实践，还包括了毕业论文和毕业设计，本身既是教学方法，又是教学内容，这就决定了法律实践教学本身并不一定局限在法学院系场域之内，而是具有突破传统法学院系规训空间的可能。三是体系性。法律实践教学本身是成体系的，也就是说，它必须由环环相扣的不同环节组成，这些环节包括了以实务技能课程为支撑的课堂内实践教学平台，以实况庭审直播、原始案卷库、庭审录像课为支撑的基于司法实务的实践教学平台，以法院、检察院、律师事务所等实习单位为支撑的校外教学实践基地平台以及以海外实习基地为支撑的海外实习实践平台。这些特征决定了法律实践教学具有开放性的特征，也呼应了法律实践教学现实发展的各种趋势。

狭义上的法律实践教学则更凸显"法治实践主义"的教育理念。中国的法律实践教学源于西方法律人的养成机制，尽管中国的法律实践教学要和我国特定的国情、民情、社情结合，但在内涵理解方面，借鉴成熟的经验也无不可。在美国律师协会的法学院认证标准中，对于法律实践教学的界定基本可以被理解为狭义的实际教学，根据《2016—2017年美国法学院认证标准》第302条和第303条的规定，所有的美国法学院都应向学生提供以下三类实践类课程：第一类是首年度的写作训练课程以及之后年份的附加写作课程；第二类是法律实践类课程，此类课程必须是模拟训练课程、法律诊所或是实习，这类课程性质上必须是实践性的，要能够将教义、理论、伦理和技能糅合起来，并能够让学生实质参与，在实践中理解掌握第302条所要求的某项职业技能；第三类主要指向的是社会实践，要让学生有充分机会参与法律诊所或进行实习，并且要真正参与到法律服务和公益法律服务工作中去。[1] 实际上，这些规定和我国《法学国标》的规定基本上是一致的，对应的分别是课堂内法律实践

───────

〔1〕　American Bar Association, 2016-2017 ABA Standards for Approval of Law schools, 2016, Chapter 3, Standard 302, 303, available at http：//www.americanbar.org/content/dam/aba/publications/misc/legal_education/Standards/2016_2017_standards_chapter3.authcheckdam.pdf, last visited on 2024-9-1.

教学，实验、实训和专业实习课程，以及以增强社会责任感为目标的社会实践课程。因此，我们可以将狭义的法律实践教学概括为"以法治实践主义为核心理念，以提升学生法律实践技能、理论知识应用能力，增强职业伦理和社会责任感为目标的，包括课堂内和课堂外两大板块，集方法与内容于一体教学体系"。如此，通过法律实践主义中心的核心特征界定其内涵，就既解决了法律实践教学方法和教学内容之争，也同时解决了法律实践教学功能界定不清的问题，明确了其知识传授、能力养成和伦理塑造的三大使命，而这也是中国法律实践现实发展的一个重要趋势。

纵观广义和狭义的实践教学内涵，对比美国法学院系的实践教学，就内涵来看，实践主义的取向渐次清晰，在实践操作层面，当一所法学院系强调自身的法律实践教学建设时，其隐含的所指也是实践主义的实践教学观。因此，对于法学教育和法治人才培养而言，狭义上的法律实践教学才是更应该关注的。至于其他社会实践和毕业论文（设计），是和通识教育对应的、各个专业都应具备的实践教学，尽管与法学教育和法治人才的培养有关联，但却不属于实质意义上的法律实践教学。对此，这一点既是法律实践教学内涵日渐清晰的表现，也是指引未来我们强化法律实践教学所必须坚持的基本出发点，这一特征建构了中国法学和法律实践教学的基本特点，充分反映出法学学科实践性、应用型的学科导向。同时，这一内涵的厘清，深刻回应了法学教育职业教育和精英教育的本质理念，根据《布莱克词典》的释义，所谓职业，即要求具有娴熟的职业技能和高尚的职业伦理，二者缺一不可。传统意义中，只有法学、神学、医学被称为职业，其内在共同的决定性要素恰好是职业技能和职业伦理要求的与众不同，这一点需要中国法学教育实践者牢记于心。

三、中国法律实践教学的形态日益形成多元化体系

当我们厘清法学教育的内涵后，与之相关的另外一个问题也就随之得到解决，那就是法律实践教学类型。目前，这一问题在各个

法学院系还处于多元发展的阶段，一些法学院系的实践教学课程实际上还没有切入法律实践主义的本质。笔者曾对全国41所卓越法律人才培养基地院系的培养方案做过调研，针对实践教学环节，这些院系有的发展相对成熟，囊括了法律诊所、法庭辩论、法律援助、专业实习等实质性法律实践教学，但也有一些院系的法律实践教学只有军训、劳动、学年论文、读书报告、社会调查等边缘性法律实践教学，基本没有凸显出法律实践主义的本质特征。[1] 因此，在法律实践教学内涵的指引下，明确划分法律实践教学的类型，对于法学院系而言，也就更具有实践意义。结合《法学国标》的规定，法律实践教学可以划分为不同的类型，且不同的划分类型存在一定的交叉。

第一，依照法律实践教学课程是否在校内进行，可以划分为校内实践教学和校外实践教学。校内实践教学主要是由学校主导，涵括学校内部进行的各种形式的实践教学，例如法律诊所、案例教学、法庭辩论、法律实务等。校外实践教学既可以由学校主导，也可以由校外实践基地主导，对应的是社会公益实践、专业实习等实践教学形式。场域的差异常常决定着法律实践教学效果的差异，通常情况下，由于校内实践教学能被纳入人才培养质量监控的全流程，一般会有系统的教学大纲和指导性方案，效果也更为明显。校外实践教学因为超越了校园场域，一些实力强劲的法学院系可能会针对性地进行系统组织，制定相关的指导性大纲和实施方案，但相当多的校外实习实践则沦为符号化、形式化的法治人才培养环节，学生在校外实践中不能得到有力的指导，实践教学的效果无法得到有力的检测和反馈，从而容易背离人才培养环节的设置初衷。

第二，根据法律实践教学是否在课堂内进行，可以划分为课堂内实践教学和课堂外实践教学。课堂内实践教学主要是在课堂内进行，主要指向的是通过教学方法改革来实现的法律实践教学形式，

---

〔1〕 刘坤轮：《中国法律职业伦理教育考察》，中国政法大学出版社2014年版，第156~159页。

对应《法学国标》规定的"改革教学方法，强化案例教学"。因此，课堂内主导型的教学方法为案例教学法，也就是通过案例选择、情境设定、任务设定、角色分工、任务执行、成果展示和点评讲解等七个环节，集启发式、参与式、互动式教学于一体，指向法律实务实战的教学形式，而不是简单的举例教学。[1] 课堂外实践教学指向的《法学国标》所规定的"利用模拟法庭、法律诊所、专业实验室、实训基地和校外实习基地，独立设置实验、实训课程，组织专业实习，开展创新创业教育"，以及"组织各种形式的法制宣传教育活动"等法律相关的社会实践。[2]

第三，根据法律实践教学指向的法律职业，可以划分为立法、司法、执法、法律服务以及法学教育与研究等实践教学。党的十八届四中全会《决定》在加强法治工作队伍建设中，将我国的法律职业细分为由立法、行政执法和司法组成的法治专门队伍，由律师、公证员、基层法律服务工作者和人民调解员组成的法律服务队伍，以及由高水平法学家、专家和法学教师组成的法学教育和研究队伍，初步形成了立法、司法、执法、法律服务、法学教育和研究等五路大军奔法治的职业群体。[3] 与之相应，法律实践教学也应在校内实践和校外实践、课堂内实践和课堂外实践中涵括对应这些法律职业的实践教学，比如关于立法实务、司法实务、执法实务、律师实务、谈判、调解以及法学研究等实践类课程，从而将法律实践教学的法律实践主义特征贯彻到具体的法律职业中去，分别形成包含立法中心主义、司法中心主义、执法中心主义、法律服务中心主义以及法学研究中心主义的多样化法律实践教学形式。

类型的划分乃是依据实践中法律实践教学的多元形态进行的，本身也构成了中国法律实践教学发展演进的一个维度，在一定意义

---

〔1〕 谢晓专：《案例教学法的升华：案例教学与情景模拟的融合》，载《学位与研究生教育》2017 年第 1 期。

〔2〕 《法学类教学质量国家标准》第 5 条。

〔3〕 李林：《全面推进依法治国是一项宏大系统工程》，载《国家行政学院学报》2014 年第 6 期。

上，有助于法学院系根据自身的办学条件，从某一个维度去补充或强化不同形态的法律实践教学，从而有助于法律实践教学体系化建设。从这一角度来说，厘清法律实践教学形态的演进趋势，就具有重要的理论和实践指导价值了。当然，对于法学院系来说，建构完整意义上的实践教学体系较有难度，一般应结合自身法学院系的定位和目标，重点建设若干类型的法律实践教学。对于专门性的政法类院校来说，由于在中国法治进程中发挥着法治人才培养主力军的作用，因此，应尽可能地完善法律实践教学体系，并且要努力结合中国的国情、社情和民情，在法律实践体系的构建上有所创新。比如中国政法大学的法律实践教学体系，就囊括了"理论课—仿真课—全真课—集成借鉴"的递进式课堂实践教学平台，又整合了证据科学教育部重点实验室、侦查学实验中心、六大法律诊所和四大模拟法庭，建设了"唯一的"国家级法学实验教学示范中心，形成集教学、实验、创新、竞赛为一体的集成借鉴综合平台，并且在此基础上，创新出实况转播庭审、实卷副本阅览以及实况庭审录像资料库等法律实践教学形式。[1]

四、法律实践教育的课程属性和三重使命逐步明确

当厘清法律实践教学的概念和内涵之后，接下来就是学者所提出的另外一个问题了，也就是蔡立东教授所提出的，什么是法学院在法学实践教学中的使命与担当？法学院应以何种作为担负起这种使命和担当？[2] 而如果将问题置换一下，就是法律实践教学在法学教育和法治人才培养过程中的应然功能问题。这一问题直接受制于法律实践教学的基本定位问题，乃是其基本定位的一个衍生问题。因此，对这一问题的回答，首先要梳理清楚法律实践教学的基本定

〔1〕 黄进：《世界一流大学建设与一流本科教学的创新——中国政法大学的理念与实践》，载《中国高教研究》2016 年第 6 期。
〔2〕 蔡立东、刘晓林：《新时代法学实践教学的性质及其实现方式》，载《法制与社会发展》2018 年第 5 期。

位，继而才能清楚界定它在法治人才培养中所应承担的使命、应当发挥的功能。从中国法律实践教学发生、发展、繁荣演进的历程来看，中国法律实践教学日益成为法治人才培养的一个基本环节，在基本定位上属于一种课程类型，在法治人才培养方面承载着知识传授、能力养成和伦理塑造三重使命，这一点既是法律实践教学内涵日益偏向实践主义的趋势所决定的，也是因法律实践教学形态日益多元的现实而得到保障的。

首先，法律实践教学属于法学专业课程的一种类型。《法学国标》中明确规定，"法学类专业课程总体上包括理论教学课程和实践教学课程"[1]，并将法律实践教学和理论课程设置并列规定。这就意味着，从定性上来说，法律实践教学首先属于一门课程。既然是大学专业教育的一门课程，就意味着，法律实践教学应按照大学课程的要素进行建设，按照现代大学课程理论，课程实质上是课业过程，课程至少应该包含教师、学生、教学内容和手段、教学环境等基本要素。[2] 因此，从课程建设的角度，法学院系应实质参与到法律实践教学的设计中去，每一阶段的法律实践教学都应有相应的课程建设要素，尤其是对作为校外实践教学的实习环节，绝不是将学生送到实习单位就意味着法学院系职责的终结。在以往的现实操作层面中，法律实践教学常常被与课程教学割裂开来，由辅导员或一些行政管理教师带领学生到法律实务部门报到即视为完成任务，很少有专业教师的参与，也没有课程设计、教学大纲、效果评价等课程教学环节，从根本上来说，这是对法律实践教学课程属性认识不清所导致的。令人欣慰的是，随着法律实践教学的发展，一些具有较强预见性的法学院系已经渐次明确了法律实践教学的课程属性，开始全面设置法律实践教学的课程实施过程，并进行了相应的效果评判，将法律实践教学逐渐推向正规化，朝着良性发展的路径推进。

---

〔1〕《法学类教学质量国家标准》第 5 条。

〔2〕 徐同文：《以课程创新为着力点 加强学校内涵质量建设》，载《中国高等教育》2012 年第 8 期。

　　其次，法律实践教学是法治人才培养的特殊环节类型。伴随法律实践教学作为课程的定位而来的一个定性就是，法律实践教学是法治人才培养的特殊环节。它偏重法治实践能力的培养，但又不限于实践能力，[1] 因此，它并不意味着"让学生把学到的理论知识拿到实际工作中去应用和检验"。[2] 与学前教育、课堂教学环节一样，它既意味着知识的获取，也意味着技能的培训。因此，从环节设置的角度来说，它既可能在理论教学之前，也可能在理论教学之后。[3] 并且，法律实践教学的环节是类型化的，因此可以是复数的，而不仅仅是个体的，和知识教学和理论教学环节相比，它既可以叠加同步，也可以后置验证，甚至可以或必然逐步走向前置。中国法律实践教学的现实场景中，既有将法律实践教学置于理论教学之后，用于验证理论教学正确性的做法，也出现了"同步实践教学"形式，以庭审直播方式，直接将法律实务部门的优质法律资源转化为法学教育的教学资源。同时，前置式法律实践教学也呼之欲出，这表现在庭审直播、原始卷宗库的建设逐步加强，真实司法实践资源越来越早地对全部法科学生开放，在没有进行理论学习之前，提前接触仿真、虚拟、全真的法律事务工作已经成为可能。实际中，这种发展趋势正是关于法律实践教学定性认知的变迁所导致的直接结果，当这种认知确定之后，中国法律实践教学的未来演进趋势，将是日益平行化、前置化。

　　最后，法律实践教学承载着知识传授、能力养成和伦理塑造的使命。与前两个基本定位相一致，法律实践教学作为一种教学环节、一种特殊的课程类型，涵括了教学理念的更新，同时也是一种教学活动和教学形式，因此，它承载着专业教学所需要承载的各种功能，直接服务于法治人才培养目标的实现，指向法科学生理论知识的传

---

〔1〕　俞可平：《治理和善治引论》，载《马克思主义与现实》1999 年第 5 期。

〔2〕　Commission on Global Governance, *Our Global Neighborhood*, Oxford：Oxford University Press, 1995, p. 38.

〔3〕　裴云、任丽婵：《重新认识实践教学的内涵和外延》，载《当代教育科学》2015 年第 15 期。

授、实践能力的养成和职业伦理的塑造。因此，在这个意义上，传统上关于法律实践教学和理论教学之间关系的认知，比如认为理论教学是实践教学的基础，实践教学是理论教学的依归，[1] 可能存在将法律实践教学所同时承载的知识传授、能力培养和伦理养成等使命互相分离开来的问题，也就陷入新近学界所批评的将法律实践教学符号化、形式化等困境。法律实践教学承载的知识传授、能力养成和伦理塑造的三重使命的厘清，是中国法学教育理念的一个革命性认知。传统的法学教育和法治人才培养实践中，割裂化、碎片化的教育理念处于主导，法学知识的教学常常只是理论的传授，实践能力的培养则一般由实习、实训和职前培训来承担，伦理的塑造甚至不被设置进入法学教育和法治人才培养的具体环节。随着"学训一体"法治人才培养理念和模式的开创实践和创新推广，法学教育界对于体系化的人才培养模式逐步达成共识，日益明确无论是法学课程教学，还是法律实践教学，都需要承载知识传授、能力养成和伦理塑造的三重使命，其中，尤其重要的是法律实践教学，因其本身所具有的特殊的实践属性，它对于这三重使命的承担，更是名正言顺，这一点也正在成为中国法学教育界的共识。

正是因为法律实践教学本身属于一类法学专业课程，具体的课程设置应涵括法学专业课程的所有要素。作为法学教育和法治人才培养的一个重要环节，法律实践教学既是教学方法，也是教学内容，既承载着法学知识传授的功能，还承载着法律实践能力养成和法律职业伦理塑造的使命。这是法律教学基本定性和使命在实践层面的基本趋势，日益为法学教育界所认同。反过来，这一实践发展趋势和认知共识就要求法律实践教学应当贯穿于法治人才培养全过程，按照标准的大学课程建设要素予以强化，从而使其更好地履行知识传授、能力养成和伦理塑造的三重使命。

---

〔1〕 房绍坤:《我国法学实践教学存在的问题及对策》，载《人民法治》2018 年第 16 期。

五、中国法律实践教学的四大现实发展趋势

当我们厘清了法律实践教学的内涵，区分了实践教学的类型，明确了法律实践教学的属性以及使命后，关于中国法律实践教学的发展路径及其趋势也就渐次明晰了。这种发展路径和趋势的过程实际上就是中国法律实践教学的发展脉络，一定程度上暗合了法律实践教学的应然功能和时代使命。这里的趋势是现实层面表征和支撑的，但同时也预设了中国法律实践教学发展未来的必然路径，厘清这些现实发展趋势，既是对中国法律实践教学 30 年发展经验的总结，更是对未来中国法律实践教学方案提出的理论提升和实践预测，对于未来中国法律实践教学的发展具有重要的理论和实践指导意义。从现实层面来说，中国法律实践教学存在着以下四大发展趋势：

第一，形式多元化。早期中国法学教育的实践教学环节，大体是和理论教学对应而言的，形式上和其他专业并无太多差异，这一点甚至是在近期调查的法学院系中仍然存在。比如，一些法学院系的法律实践教学环节，仍然只是包括了实习和毕业论文环节，并未规定其他形式。但总体上，随着中国法学界对于法学教育实践能力培养不足的质疑，法律实践教学的形式也越来越多元。比如山西大学法学院的实践教学环节就囊括了社会调查方法与实践、法律实务论坛、辩论与口才初级、学科竞赛、法律职业资格考试指导、刑事模拟法庭、公务员考试指导、律师实务、法学论文写作指导、民事模拟法庭、"物证技术学"实验和物证技术学等 12 门通识选修类课程。在形式上，法院旁听、模拟法庭、法律诊所、司法鉴定实验、实习、实践、法律援助、谈判实务、模拟侦查、模拟公诉等多种形式的法律实践教学形态不断涌现。中国法律实践教学的形式已经越来越走向多元，越来越趋向于实务导向，走向了实践中心主义。[1]渐次多元的法律实践教学形式为中国法学院系提供了更多选择，各

---

[1]　刘坤轮：《中国法律职业伦理教育考察》，中国政法大学出版社 2014 年版，第 154~159 页。

个法学院系可以根据自身的办学条件和办学特色选择适合自己的法律实践教学类型，一些政法类院校和顶级的法学院系则可以建构起完备的法律实践教学体系，充分释放法律实践教学人才培养的功能。

第二，功能承载日益全面，覆盖知识传授、能力养成和伦理塑造。随着中国法律实践教学形式的日益多元，法律实践教学所承载的功能也渐次附加于这些形式之上。法律实践教学和知识教学之间对立割裂的传统思维也在渐次革新，"做中学"越来越为法学教育界所接受。通过实践参与，法学专业的学生在各种实践教学中不仅深化了对于法学理论知识的理解和掌握，还通过参与法律实务互动养成了处理法律纠纷的能力，更为重要者在于，在这个过程中，理论知识的掌握、实践能力的养成，助力了法律职业伦理的塑造，并且为法律职业伦理所统摄，实现了法治人才培养的知识传授、能力养成和伦理塑造的三重目标，这三重目标也恰恰是当前主流法学院系所明确要求的。习近平总书记在 2017 年 5 月 3 日考察中国政法大学时曾指出，法学教育应坚持立德树人、德法兼修、明法笃行，从法学教育的具体实践层面来解读这一要求，实际上就要求中国的法学教育和法治人才培养，既要重视理论教学，形成扎实的法学理论知识体系，同时，也要注重打破知识教育和实践教学之间的体制机制壁垒，重视法律实践能力的培养。除此之外，中国的法学教育还必须是有德性的教育，重视法治人才的伦理养成。应该说，中国法律实践教学的功能演进恰好回应了习近平总书记的要求，日益明确承载了法学教育和法治人才培养知识传授、能力养成和伦理塑造的功能和使命。

第三，设置取向日益规范。法律实践教学在属性上是一门课程，因此，要围绕课程要素予以建设，建设效果也要符合课程建设的目标。法律实践教学的教师配置，参与学生的代表性和覆盖面，包括教学大纲、教学环节设计、教材教辅等资料的教学内容，案例式、混合式、纠问式、训练式的教学方法和手段，符合实践导向的实验、实训、实习等教学环境，实践教学的质量保障体系等，都是作为一种特殊环节的法律实践教学所需要考虑的。现代大学的课程理论是法律实践教学的指导性理论，法律实践教学的规范发展应按照现代大学课程建设要素，规范设置法律实践教学环节，充分发挥其在整个法治人才培养体系中的重要支撑作用。目前，国内一些顶尖的法学院校，对于法律实践教学的规范设置都较为重视，比如中国政法大学就针对不同形式的法律实践教学进行了细化规定，出台了诸如《中国政法大学本科实验教学管理办法》《中国政法大学社会实践课程管理办法》等系列规范性文件，从法律实践教学的任务管理、过程管理、考核管理、师资设定等多个方面详细规范。在全国层面，法律实践教学按照大学课程要素进行规范化管理的趋势也日益明显，对于作为一门课程的法律实践教学，法学院系大多从师资力量、教学方法、效果评价等多个角度予以强化，规范化建设发展渐成中国法律实践教学发展的主流趋势。

第四，节点由后置向同步，再向前置。传统法律实践教学的环节，一般采后置式、验证式的设置方式，其逻辑起点在于，高校本来就不承担法律实务工作，高校法学人才培养方案中的实践环节只是高校对其自身性质所做的内部技术性弥补。[1] 但是，这一认知存在的问题在于，法律实践教学并不仅仅包括真实世界的法律实践，还包括模拟、虚拟、仿真等多种形式，高等法学教育尽管不承担法律实务工作，但却应当承担培养德才兼备法治人才的使命，在高校法治人才培养目标中，从来不缺乏实践能力的规定，因此，将法律实践环节由后置式、验证式调整到"同步式""平行式"法律实践教学，就成为一些法学院系法实践教学改革的探索，其理论基础恰是法律理论知识和实践能力、知识教学和能力教学的融合统一，并且这种尝试也获得了国家层面的认可。但即便是这种尝试，仍然未能突破法律实践教学环节对于法治理论教学环节的依附，只是将法律实践对于法学理论的验证方式置换为了一种同步或平行的方式。

---

〔1〕 蔡立东、刘晓林：《新时代法学实践教学的性质及其实现方式》，载《法制与社会发展》2018 年第 5 期。

从属性上来说，作为法治人才培养的一种类型化环节，法律实践教学是可以独立于法学理论教学而先行的，也就是说，这一点在各个高校的学前教育方面就可以得到验证，既然带有实践教学性质的军训等形式可以前置到理论教学之前，那么具有实践导向的法学教育，其法律实践教学为何不能前置到法学理论教学之前，以实现相对于理论教学环节的独立呢？笔者认为，从法律实践教学所承载的功能来看，法律实践教学突破理论教学的桎梏乃是中国法律实践教学的未来发展趋势，并且在当前一些顶级法学院系中已经呼之欲出。[1]

综上，从演进趋势上来看，中国法律实践教学形式越来越多元，功能承载越来越全面，设置取向越来越规范，环节节点越来越前推，需要指出的是，鉴于法律实践教学天然所具有的和特定国家的国情、民情、社情所具有的亲和度现实，中国法律实践教学所取得的这些成绩，不仅仅是对中国法学教育的创造和贡献，更可能代表着中国对世界法学教育和世界法治文明的创造和贡献。中国法学教育要成为中国法治文明的创造者、世界法治文明的贡献者，[2] 其着力点，必然是法律实践教学这一极具本土性特征的特殊教学形态。

六、走向前置：法律实践教学呼之而出的中国方案

法学实践教学是西方的舶来品，在一定程度上对于中国的法律实践没有形成充分的回应，同时也缺乏中国智慧和中国方案的引入。这一现实和中国高等教育强国的建设目标是背离的，也是中国法学教育界一直在努力尝试改变的。基于中国法学教育发展实际的趋势预测，当我们将法律实践教学各个维度的发展趋势梳理清楚后，中国法律实践教学在整个法学教育体系中所应承载的功能和使命也就渐次清晰了，随之而来的就是中国法律实践教学趋势的核心命题，

---

〔1〕 《中国政法大学"同步实践教学"全面升级》，载《法制日报》2018 年 4 月 11日，第 9 版。
〔2〕 黄进：《新时代中国特色社会主义法治理论的创新发展》，载《人民论坛》2017年第 33 期。

也就是法律实践教学的中国方案。事实上，随着以上趋势的梳理，这一核心趋势已经呼之而出，那就是实践前置。未来的中国法律实践教学的前置性发展，也就是"实践前置"将成为中国法学教育的实践创新，也很可能成为中国法学教育对于世界法学教育的贡献，同时也可能充分汲取中国高等教育的资源优势，形成对于世界法学教育某个层面的真正引领。

第一，实践前置要解决四大法学教育教学问题。①传统法律实践教学不符合马克思主义认识论问题。马克思主义哲学观认为，物质是第一性的，意识是第二性的。人类的认知过程应是从物质世界到精神世界的过程，是从具体实践到抽象真理的过程。实践里面出真知，认识的过程是从实践到抽象，再到实践提升，是从感性认识到理性认识，再回到感性实践检验的循环过程。但中国传统的法律实践教学采用后置式方式，不符合马克思主义认识论，需要创新法治人才培养机制，予以修正。②传统法律实践教学功能单一问题。传统法律实践教学只是被作为一个人才培养验证环节，用以验证法学理论知识真伪性，但却忽略了法律实践教学本身也是一种重要的人才培养组成部分，应按照课程要素予以全盘设计。③传统法律实践教学设置不规范问题。传统法律实践教学设置没有围绕教师、学生、教学内容和手段、教学环境等完整课程要素建设，整个建设体系不够规范。④法律实践教学基地虚化的问题。传统法律实践教学基地的建设基本上围绕办学地展开，没有和生源地结合，建设过程中，盲目性较强，目的性缺失，无法形成从实践中来、到实践中去的人才培养闭环。

第二，实践前置的起点可以前置到招生后。在一些顶级法学院，法律实践教学由"后置式"走向"平行式"已经成为现实，从这一趋势可以推定，未来的法律实践教学在节点上将会进一步前置，尤其是对于校外法律实践教学，这将是必然趋势。本书预测，对于法学专业本科生，实践前置会提前到"高招"或"研招"后。高招后，法学院系可以采取一定的方式，让即将进入法学专业学习的学生进入法律实践教学体系，塑造学生对本专业的感性认知，培养他们初步的法治意识和法律思维。法律专业硕士本身是职业化的，是要走向具体岗位的，培养方向也更为明确，实践前置的选择也更有自主性。对于这些学生来说，他们未来要做什么，已经具备了初步的规划，对于将来要选择的专业学习方向，他们也有着更为成熟的思考。因此，研招后，由相关法学院系系统组织，提前将法律实践教学环节置入他们的学习生活中，也就会有更好的效果。这一趋势预测并不是毫无依据的，如从中国政法大学正在推进的全真全流程法律实践教学模式来看，法律实践教学的前置已经成为一种趋势，只是节点没有前推到招生后，而只是校内的"平行式"，但这种由后置式渐次前推的法律实践教学理念在实践中并没有停滞的表现，因此，一个合理的逻辑推论是，中国法律实践教学的节点将会继续前提，法学教育的现有基础也支持这一趋势。

第三，校内实践教学可以前置到和理论教学同步平行。当明确了法律实践教学的节点必然前提的趋势后，分类预测法律实践教学的前置坐标就成为需要关注的问题。前置到招生后的趋势隐含着对于校外法律实践教学节点的设置，但是，对于校内实践教学而言，实践前置的趋势仍然具有影响力和实践操作的空间，对此，在前文的趋势描述中基本已经呈现出来，在时间节点上，可以前置到和理论教学同步，代替以往的验证式、后置式法律实践教学形式，实现知识教学和能力培养的同步。校内的实践前置，不仅仅是先后顺序的前置，更是实践教学和知识教学位序的调整，实现和知识教学的同步。这种前置主要针对校内实践教学形式，模拟法庭、虚拟仿真、同步庭审直播、法律诊所、法律援助等形式，都可以以真实案例作为主要教学材料，实现实践能力的提前训练。在这一方面，中国政法大学独创的"同步实践教学模式"已经积累了丰富的经验，具有示范效应。这里需要明确的是，从实践前置的外在形式上看，校内实践教学似乎只是实现了和理论教学的平行，但它却是实践前置的校内场域的具体表现，是在法律实践教学体系化实践前置革命性理念指导下展开的，和以往的孤立性平行具有质的差别，是中国法律实践教育系统革命的重要组成部分。

第四，实践前置可以法学院系实践教学基地作为抓手。法律实践教学实现实践前置并不仅仅是一种理论空想，它是在中国法学院系的具体实际中逐步呈现出来的，并且具有切实可行的现实支撑。对于实践前置来说，最直接有力的支撑就是法学院系所建设的实践教学基地体系。应该说，以往的法律实践教学基地存在着务虚不务实的现象，各个法学院系常常过于关注法律实践基地的行政级别，注重办学所在地的法律实践教学基地建设，并不注重法律实践教学基地的实际效果，从而导致法律实践教学基地在法学教育和法治人才培养中的应然功能无法充分发挥。当我们清晰地预见到中国法律实践教学走向实践前置的趋势后，对于实践教学基地建设，就可以更有规划性，尤其是和生源地结合建设。如前论述，当确定了实践前置到招生后，法学院系可以围绕生源地展开教学实践基地建设，当录取的学生名单确定后，即可由法学院系和录取学生联系，推荐学生去教学实践基地提前体验法治实践，获取直观认识，从而使学生可以提前获得法律实务工作的直接经验，或是对法律实务工作产生若干思考，进而建立起对未来所学专业的兴趣，为进入正式专业学习做好准备，从而更好地提升法学专业学生法律实践教学的效果，更好发挥好法学专业教学实践基地对于法治人才培养质量提升所应当发挥的作用。

第五，实践前置的哲学基础：实践出真知。马克思主义哲学观认为，物质是第一性的，意识是第二性的。人类的认知过程应是从物质世界到精神世界的过程，是从具体实践到抽象真理的过程。实践里面出真知，认识的过程是从实践到抽象，再到实践提升，是从感性认识到理性认识，再回到感性检验的循环过程。应该说，在理论上，对于作为社会科学的法学来说，知识的获取同样需要遵循这一规律，但是，现实的法学教育和法治人才培养场景，并没有遵循马克思主义的认识论，法学专业的学生进入法学院后，常常是先进行理论学习，掌握法学理论知识，然后进入法律实践教学环节，以法律实践验证理论知识的真伪，在认识论上，并没有形成从实践中来、到实践中去的认知闭环。中国法律实践教学的发展趋势对于这一问题恰好形成了一个必要的修正，通过实践前置，法学专业学生可以通过各个法学院系的实践教学基地，提前获得对法律实践的感性认识，在进入到法学院系后，通过平行于理论教学的校内实践教学体系，对于既往的感性认知进行修正并形成新的认知，最后通过实习实训，完成从实践中来、到实践中去的认知闭环。这一过程中，最初的感性认知必然得到修正，形成一个螺旋状的、上升性的知识积累过程，这一过程大大有助于法治人才的知识学习、能力养成和伦理塑造。

综上，中国法律实践教学的发展内涵日渐走向实践主义，类型渐次多元，课程属性和三重使命渐成共识，规范设置渐成主流，这些趋势都推动着法律实践教学中国方案的呼之而出，那就是法律实践教学的"实践前置"，这是中国法学教育和法治人才培养的必然趋势，并且其可复制、可模仿。实践前置的制度预测，在教育理念上实现了将教育环节前伸到进入专业教育之前，形成了一种从实践中来、到实践中去的法治人才培养闭环，尽管目前仍处于中国法律实践教学现实的趋势预测阶段，但中国大学所具有的独特资源特征使得这一模式可以通过实践教学基地的平台体系落地，尽管这可能只是在一流的法学院才可以实现，但已经具备了较强的可行性和可能性，可能形成法治人才培养的中国特色。中国法学教育需要解决知识教学和实践教学之间分离的问题，加强实践教学是必然的路径，而加强实践教学，从教育理念上将其前置到专业学习之前，从而真正实现法律实践教学贯穿法治人才培养全过程，或许是较为理想的方式，可以为法治人才培养模式做出中国贡献，而这也正是本书所期待的。

第二节　何以固本：法学教育如何回应人工智能时代?*

一、问题的提出

人工智能会取代当前的主要法律职业，进而颠覆法学教育吗?

当前，关于人工智能对于法律职业和法学教育影响的研究，无疑已成为最热的一个话题。当研究者还停留在人工智能对于法学教育模式[1]、法学学科体系[2]、法学课程体系[3]、法学研究方法[4]、法学教学方法[5]等方面的影响之时，随着《2017年度互联网法律服务行业调研报告》的出炉，[6] 冰冷冷的数据已经让19世纪以来的法学隐喻渐次落地。当"现代法官成为自动售货机，投进去的是诉状和诉讼费，吐出来的是判决和从法典上抄下来的理由"[7]的场景真实出现，当起诉书、审查报告和量刑建议由人工智能自动生成之时，[8] 当AI在26秒内可以完成人类律师平均需要92分钟进行的法律服务[9]之时，当未来已来的"人工智能+法律"势不可

---

* 基金项目：本节系国家社会科学基金重大委托项目"创新发展中国特色社会主义法治理论体系研究"（项目批准号：17@ZH014）的阶段性研究成果。原载于《山东社会科学》2020年第11期。

〔1〕 马长山：《面向智慧社会的法学转型》，载《中国大学教学》2018年第9期。

〔2〕 左卫民：《关于法律人工智能在中国运用前景的若干思考》，载《清华法学》2018年第2期。

〔3〕 左卫民：《热与冷：中国法律人工智能的再思考》，载《环球法律评论》2019年第2期。

〔4〕 左卫民：《迈向大数据法律研究》，载《法学研究》2018年第4期。

〔5〕 赵鹏：《法律人工智能技术的发展和法学教育的回应》，载《中国高等教育》2019年第Z1期。

〔6〕 刘甦、张瑶：《AI变革法律行业尚处前夜：大数据、人文关怀和技术水平都是痛点》，载《财经杂志》2018年3月1日，第2版。

〔7〕 [德]马克斯·韦伯：《论经济与社会中的法律》，张乃根译，中国大百科全书出版社1998年版，第62页。

〔8〕 何昕航、武文芳：《法律人工智能对检察类职业的挑战与应对》，载《新西部》2018年第17期。

〔9〕 《律品智能法律机器人3分钟问答1秒出万字法律文书》，载 https://www.sohu.com/a/226126067_115239，最后访问日期：2024年9月1日。

挡，法律行业的结构性变革甚至是结构性崩塌已箭在弦上之时，[1] 我们不能不被迫思考，现有的 650 余所法学院系规模，何以存在？在人工智能的冲击之下，中国法学教育历经数十年所确定的基本理念，所厘清的法学教育的职业教育和精英属性，又如何成立？

所有这些疑问，概括为一句话就是：法学教育何以固本？

对于这一问题，本节将梳理法学教育得以固本的基本理念，并对人工智能对这些基本理念的冲击进行分析，系统梳理人工智能时代法学教育可能的危机和出路，进而对法学教育未来应当坚持、可以坚持的理念予以论证，以期为人工智能时代的法学教育发展提出固本之路。

二、人工智能和法学教育的"毛""皮"与"精髓"

关于人工智能对于法学教育的影响，已经是一个未来已来的问题，不再是一个设想或预言的问题。[2] 当前法律职业界尚在对人工智能对于法律服务的影响存疑之时，高云先生则在做出了系列肯定性分析后，提出智能科技实际上已经全方位入侵法律服务业，在法律检索、文件审核、法律咨询、案件预测和流程管理这五个领域内开花结果。[3] 网上法院、机器人检察官、在线律师的现实存在也冷酷地敲打着传统法律职业的结构特征，[4] 对于法学教育所固守的模式提出挑战。面对这些挑战，经常为学界所批评滞后的政策层面，也先于一些法学院系采取了行动，2017 年 7 月国务院印发的《新一代人工智能发展规划》（国发〔2017〕35 号）以及 2018 年 4 月教育部发布的《高等学校人工智能创新行动计划》（教技〔2018〕3 号）

---

〔1〕　姜可：《"人工智能+"背景下理工院校法学教育模式》，载《智库时代》2018年第 23 期。

〔2〕　参见《高云：律师们都说大势将至，却不知未来已来》，载 https：//m. sohu. com/a/191790264_328962/，最后访问日期：2019 年 7 月 12 日。

〔3〕　参见《高云：律师们都说大势将至，却不知未来已来》，载 https：//m. sohu. com/a/191790264_328962/，最后访问日期：2019 年 7 月 12 日。

〔4〕　程龙：《从法律人工智能走向人工智能法学：目标与路径》，载《湖北社会科学》2018 年第 6 期。

就是例证，要求法学院系重视人工智能与法学学科专业教育的交叉融合，探索"人工智能+X"的人才培养模式，这对于中国的法学教育俨然已成倒逼之态，是必须而为的时代使命。

对于法学教育来说，人工智能崛起所带来的挑战绝不仅仅是学科体系、教学方法、教学模式等具体法学教育环节上的，它对于法学教育的影响可能是颠覆性的。这种颠覆性需要我们对中国法学教育70多年以来所日益梳理清晰的基本理念和价值成就有着清晰的把握才能意识到。对于中国法学教育的发展，研究界通常从规模与质量两个维度展开，将其分为诸如形成初创阶段（1949—1956）、停滞挫折阶段（1957—1976）、恢复发展阶段（1977—1991）及改革发展阶段（1992年至今），[1] 进一步的划分则以1999年为界，划分为法学教育的高速发展时期和质量提升时期。对于这种阶段划分的论证，则通常从院系梳理、专业设置、师资队伍、课程体系、科学研究、社会服务、对外交流、管理体制等若干方面展开。但自从徐显明教授指出中国法学教育的根本性缺陷后，[2] 学界对于中国法学教育的认知就开始发生转变，这些法学教育要素，诸如数量不均衡、学科体系不完整等问题，基本上属于中国法学教育"毛"的层面，其背后更为深层的决定因素，是法学教育的"皮"和"精髓"。所谓"皮之不存毛将焉附"，精髓不立，空留皮囊。中国法学教育要固守其本，必须守住"精髓"，才能有效应对各种挑战，这里的精髓是法学教育之根本性的决定要素，所指就是中国法学教育的本质理念，

---

〔1〕　在学界中，对中国法学教育发展阶段的划分，主要是以法学教育的发展状况及其在整个在国家教育中所占的分量以及其发展所面对的不同环境和前景为标准而划分为五个阶段。如，霍宪丹将新中国的法学教育分为初步发展阶段（1949—1957）、挫折阶段（1957—1966）、全面破坏阶段（1966—1976）、迅速恢复发展阶段（1978—1993）和全面发展阶段（1993年至今），参见霍宪丹：《不解之缘——二十年法学教育之见证》，法律出版社2003年版，第105页；曾宪义、张文显主持的《中国法学专业教育教学改革与发展战略研究》中将新中国成立后的法学教育分为引进初创（1949—1956）、遭受挫折（1957—1965）、全面摧残（1966—1976）、恢复重建（1977—1991）、改革发展（1992年至今）五个阶段，参见曾宪义、张文显编：《中国法学专业教育教学改革与发展战略研究》，高等教育出版社2002年版，第2页。

〔2〕　徐显明：《法学教育的基础矛盾与根本性缺陷》，载《法学家》2003年第6期。

也就是职业教育理念和精英教育理念，二者互为表里。

在人工智能时代，法学教育何以固本，就是看法学教育如何固守职业教育和精英教育的本质理念。对于法学教育的职业教育属性和精英教育属性所获得共识的艰难历程的梳理，学界也有相关研究对此进行过论述，并且经过改革开放 40 多年的探索，这些理念在新近法学教育界逐步获得共识，先是在《法学国标》中获得权威认定，[1] 接着又贯穿于《卓法计划 2.0》全文之中，形成法学教育和法治人才培养的质量革命。在《卓法计划 2.0》中，由法学教育的本质理念衍生出第二层次的指导理念和第三层次的实操理念。指导理念包括德性教育理念、实践教育理念和协同教育理念。实操理念由本质理念决定，由指导理念衍生出来，具体包括德性教育理念衍生出的产品德性和主体德性理念，由实践教育理念衍生出的校内实践和校外实践理念，以及由协同理念衍生出的国内协同、时代协同和国际协同理念。[2] 这些理念共同建构起当代法学教育的基本形态和发展逻辑，若以"毛""皮""精髓"来比喻，那么，本质理念构成法学教育的精髓，指导理念构成法学教育的"皮"，而实操理念构成法学教育的"毛"。本质决定指导理念，细化为实践中的实操理念。因此，当我们考察人工智能对于法学教育的影响是否具有颠覆性时，要避免碎片化的研究及结论的得出，那么，以人工智能对法学教育存在发展的理念所产生的影响作为切入角度，尤其是具体切入第三层次的实操理念的影响，反向考察人工智能对于法学教育指导理念和本质理念的影响，由"皮毛"而入"精髓"，可能是最恰当、最全面的，而这也正是回答本节问题所遵循的进路。

三、人工智能对法学教育德性理念的影响

德性教育理念是法学教育的指导理念之魂，它衍生出产品德性

---

〔1〕 李树忠：《坚持改革调整创新立中国法学教育 德法兼修明法笃行塑世界法治文明》，载《中国大学教学》2018 年第 4 期。

〔2〕 刘坤轮：《中国法学教育改革的理念层次——深埋在"卓法计划 2.0"中的金丝银线》，载《中国大学教学》2019 年第 6 期。

和主体德性两个实操理念。其中产品德性主要指向接受法学教育的对象，也就是未来中国特色社会主义法治建设者和接班人。主体德性，则指向法学教育的供给者，主要指向师资队伍，他们的德性决定着中国法学教育是否能够真正立德树人。法学教育的产出要坚持立德树人、德法兼修，德性的塑造在法学教育中居于首要地位。没有德性的法学教育，培养出的法律人对于社会法治的构建，所产生的负面作用可能要更大，

产品德性的价值性和技术性。产品德性理念主要体现为对于法科学生的伦理养成问题。中国法学教育对于产品德性的塑造分为两个层面，分别是价值层面和技术层面。价值层面的塑造主要涉及法科学生思想道德素养的培养、社会主义核心价值观的塑造。价值层面的德性塑造方式主要是结合社会实践，积极开展理想信念教育、社会公益教育、中华优秀传统法律文化教育，让学生在感悟法治进步中坚定理想信念，在了解群众疾苦中磨练坚强意志，在奉献社会中增长智慧才干。[1] 技术层面的德性训练主要涉及法律职业伦理的养成，其方式主要是通过开设"法律职业伦理"必修课，实现法律职业伦理教育贯穿法治人才培养全过程。当然，这两个层面也不能完全断裂，价值和技术在两个层面上都会涉及，只是主次的区分而已，价值层面的德性塑造更多涉及价值观和意识形态的灌输，技术层面的德性塑造则更多地涉及法律职业伦理的技术性规范的学习和训练。"一课双责"对于这两个层面来说，都是必需的要求，任何一个层面的德性塑造都既要传授专业知识，又要注重价值引领。[2] 人工智能的崛起在技术性德性塑造层面，在专业知识的传授方面，取代传统法学教育的可能性是比较大的，法科学生完全可以借助现代科学技术，实现对于技术性德性知识的掌握。但是，价值层面的德

---

〔1〕 教育部、中央政法委《关于坚持德法兼修实施卓越法治人才教育培养计划 2.0 的意见》（教高〔2018〕6 号）。

〔2〕 教育部、中央政法委《关于坚持德法兼修实施卓越法治人才教育培养计划 2.0 的意见》（教高〔2018〕6 号）。

性塑造，因为其具有意识形态和价值观传递的特征，所以人工智能所能作为的空间是相对有限的，而对于德性塑造的价值层面和技术层面来说，价值层面又是具有决定性意义的，因此，从这个意义上讲，人工智能对于法学教育产品德性的理念，仍然是不能够完全颠覆的，《卓法计划 2.0》将"厚德育，铸就法治人才之魂"列为改革任务和重点措施之首，其深意可见一斑。

主体德性的价值引领性和专业前沿性。主体德性理念主要体现为法学教师队伍的师德建设问题，分为价值引领性和专业前沿性两个维度，它既要求法学教师学为人师，更要求法学教师行为人范。其中，行为人范指向的师德建设问题，更具有决定性意义；学为人师指向的法学教师专业能力问题，则是对法学教师的基础性要求。在法学教师的价值引领方面，主要涉及理念信念和社会主义核心价值观的塑造，其方式主要是开办专题研修班和进行国情教育，用习近平新时代中国特色社会主义思想武装教师头脑，坚定教师理想信念，带头践行社会主义核心价值观。在专业前沿建设方面，则主要涉及法学教师的专业知识的前沿性和实践能力的培养，提升方式主要是开办专题研修班和实务研修班，引导广大教师深入了解法治实践，提升教师专业能力和综合素质。[1] 人工智能的崛起使得法学教师的专业前沿性建设遭到巨大挑战，一些教师的知识可能因为更新和路径依赖等问题，更加不容易创新升级，[2] 反而学生通过人工智能协助获得的法律知识更为前沿，因此，在专业前沿性方面，法学教师的传统角色将面临重大挑战。但是，在价值引领层面，由于教师需要向法科学生传递他们未来进入法律职业所应具备的职业伦理，如公平正义理念、崇尚法治、献身法治的职业精神和清正廉洁的职业道德，以及忠于法律、维护法律的责任感、使命感等价值理

---

〔1〕　教育部、中央政法委《关于坚持德法兼修实施卓越法治人才教育培养计划 2.0 的意见》（教高〔2018〕6 号）。

〔2〕　苏力：《当代中国法学教育的挑战与机遇》，载《法学》2006 年第 2 期。

念，[1] 这些是人工智能教育技术所难以复制的。职业伦理属于法学教师行为人范层面，是和高等教育的一般规律相通的，是要"用一棵树撼动另一棵树，一朵云推动另一朵云，一颗心灵唤醒另一颗心灵"[2]的，是要求法学教师成为学生学习法律知识的陪伴者、高素质法律人的动力激发者、法律信仰的呵护者，真正成为学生"灵魂的工程师"，这是人工智能所不能取代的社会性角色。[3]

四、人工智能对法学教育实践理念的影响

法学是实践性很强的学科，实践教学在法学教育中的重要地位也日趋获得学界共识，渐次成为法学教育的底色之一。中国法学教育的实践理念渐次衍生出校内实践和校外实践两种实操理念，指向不同场域的实践教学。其中，校内实践教学涵括了法律诊所、案例教学、法庭辩论、法律实务等。校外实践教学则主要指向社会公益实践、专业实习等实践教学形式。当然，从不同的角度，对于法律实践教学可以进行不同的划分，比如根据阶段和真实程度进行的划分。这里的场域划分主要贴近法学教育的具体管理，法学教育主体在实践中更容易操作。

校内实践的仿真性。法律实践教学的校内形式主要采取仿真的形式进行，重在培养法科学生的实践能力，贯穿其中的乃是"做中学"的教育理念。校内法律实践教学的意图在于将中国法治实践的最新经验和生动案例、中国特色社会主义法治理论研究的最新成果引入课堂、写进教材，及时转化为教学资源，继而通过模拟法庭、法律诊所、法律援助等形式，实现法科学生的理论知识和实践能力培养的融会贯通。近年来，国内一流的法学院在不断完善升级法律

---

〔1〕 孙学亮：《当前法学教育的困境分析》，载齐恩平主编：《法学教育改革与探索——天商法学教育改革研究》，中国政法大学出版社 2015 年版，第 10 页。

〔2〕 刘楠：《学校教育的形上之思》，载《湖南师范大学教育科学学报》2014 年第 5 期。

〔3〕 贾引狮：《人工智能对法律职业的影响与法学教育面临的挑战》，载《法学教育研究》2018 年第 3 期。

实践教学形式,出现了以"庭审直播"为中心的"同步实践教学"形式,"全流程仿真法律实践教学"形式,以及全真法律实践教学等形式,其核心在于增强法律实践教学的真实程度,引入更多的真实案例,让学生更加身临其境地直面法律案件。人工智能的出现对于校内法律实践教学来说,是一种全新的机遇,它可以通过智能加工的方式,使国内真实的案例进入到法学专业课堂之中,利用 VR 仿真等技术,借助于"智慧教室",开展诸如模拟公安局、模拟法院、模拟检察院等虚拟形式的课堂活动,完成对校内法律实践教学的全面渗透。人工智能的算法规则可以在法律实践教学全流程中指导学生实践操作,检查其是否符合法律规定和法律实践要求,及时提醒法科学生对于法学理论知识的应用,一定程度上可以取代传统法律实践导师的作用,甚至更为精确。在学生借助人工智能处理法律案件的过程中体现学生中心理念,可以完全实现个性化培养的要求。在这一点上,法律实践教学对于人工智能的覆盖和侵蚀几乎是没有太多抵抗力的,尽管对于法科人才的培养,人工智能的引入可能是大有裨益的。

校外实践的智能化。传统的校外法律实践教学更多的指向法学学生的专业实习,对于法学专业的学生来说,无论是对于理论知识的学习,还是国情、社情、民情的了解,校外实习实践都具有重要的价值,这一点上,《法学国标》和《卓法计划 2.0》都给予了充分的重视。如《法学国标》规定,对于法学专业学生集中实习也有明确的要求。《卓法计划 2.0》中,法学教育和法治人才培养的职业定位要求法律实务部门和法学院系建立健全联动机制,共同打造法学教育的共同体,要着力推动建立法治实务部门接收法学专业学生实习、法学专业学生担任实习法官检察官助理等制度,将接收、指导学生实习作为法治实务部门的职责。但是,当我们在批评法科学生的校外实习实践缺乏系统指导,校外法律实践环节被形式化、符号化时,却常常忽略了另外一个法律事务的现实,那就是人工智能的崛起使得社会结构本身发生了重大变迁,人工智能所建构的以网络为基本依托的社会和现实社会建构起了"双层社会"的新型社会结构，人类社会关系因为人工智能的全面渗透已经进入了"万物皆互联、无处不计算"的崭新时代，[1] 人工智能不仅对法律处理社会纠纷的方式造成了颠覆性的影响，更是通过诸如智慧法院、智慧检务、机器人律师、机器人执法者等过去从未出现的替代品将大量的法律人工工作淘汰出局。没有人工智能法律知识的法科学生，可能既无法处理信息时代的法律问题，也无法再从事传统的法律职业的助理工作。从整个角度来说，人工智能的崛起对于校外法律实践的法学教育环节之冲击是颠覆性的，随着人工智能对于社会生活无孔不入的渗透和对各行各业几乎无所不能的取代，校外法律实践环节之于法学教育和法治人才培养的意义将会进一步弱化。

五、人工智能对法学教育协同理念的影响

高校是法学教育和法治人才培养的第一阵地，这既说明高校对于中国法治人才培养的基础性责任，[2] 也意味着法治人才的培养是一项协同的事业，需要第二阵地和第三阵地的参与。法治人才的培养从来不是闭门造车的象牙塔教育，它必须实现协同育人，这就具体体现为法学教育的协同教育理念，包括了国内协同、时代协同和国际协同。同时，这里的协同理念指向法学教育和法治人才培养的全过程，既包括理论知识的传授，也包括实践能力的养成，还包括职业伦理的塑造。

国内协同的全流程性。协同育人理念的出台在于传统法学教育重理论知识传授、轻实践能力培养的痼疾，尽管这一问题已经通过校内实践环节的设置得到了部分缓解，但是，由于法学院系师资队伍本身实践能力的缺乏，其所能够起到的能力培养效果仍不能满足

---

〔1〕　吴汉东：《人工智能时代的制度安排与法律规制》，载《法律科学（西北政法大学学报）》2017 年第 5 期。

〔2〕　张文显：《关于构建中国特色法学体系的几个问题》，载《中国大学教学》2017年 5 期。

实践所需。同时，课堂上的理论知识和实践中所要求的理论应用之间存在着较大的差异，这些也需要法学教育的模式创新予以调整。作为职业性定位的法学教育，应用型人才培养目标的共识也驱使法学教育界按照事务所需培养法治专门人才。如此，协同育人的理念首先在国内层面兴起，从党的十八届四中全会《决定》，到卓法计划的 1.0 和 2.0 两个版本，对于协同育人的法学教育和法治人才培养模式，呈现出越来越重视的趋势。国内协同育人理念的贯彻逐渐从高校和法律事务部门的双向交流机制，上升为将协同育人贯穿于法治人才培养的全过程，具体体现为在《卓越计划 2.0》中，明确要求吸收法治实务部门专家参与人才培养方案制定、课程体系设计、教材编写、专业教学。在人工智能时代，法律实务部门的内涵已经发生变化，"互联网+"法律行业的崛起大大扩展了法律职业的范围，也深入改变了法律事务的运行方式，同时，更为重要的是，对于协同育人的形态，人工智能的崛起可能也会产生颠覆性影响。中国政法大学同步庭审直播的校内法律实践教学形式，即人工智能时代渗透到校内法学教育的一个具体表现。新近崛起的 Icourt、法狗狗、Ross 法律机器人等，都代表了法律职业群体的新生力量，传统的法学院系和法律事务部门的人员互聘模式，可能由一个法律机器人或一套法律服务系统就能够完成，协同育人的意义除了空间场域的置换，之于法律实践能力的培养功能，完全可以借助人工智能取而代之。至于协同育人所涵括的法学院系之间的交流合作，一条网线或许就可以完全解决。因此，从这个角度来说，协同育人理念中法治人才的知识传授功能和实践能力培养，在人工智能时代，是完全可以通过虚拟技术实现的，或许只有伦理的塑造问题才是人工智能技术无法解决的，而这已经不是国内协同理念所承载的主要功能。

时代协同的与时俱进性。在法学教育的协同理念中，还有一个至关重要的理念，那就是时代协同的问题，一定程度上，它维系着法治人才培养质量的与时俱进，因此也是国家层面所高度重视的。无论是国务院的《新一代人工智能发展规划》，还是教育部的《高等学校人工智能创新行动计划》，都是这一理念的具体实践。《卓法计划 2.0》的"改革任务和重点举措"部分第 6 条，更是专门对这一理念进行了系统阐释，要求"适应教育信息化与法治建设信息化的新形势，推动法学专业教育与现代信息技术的深度融合，打破校园与法治实务部门间的时空屏障，将社会资源引进高校，转化为优质教育教学资源，建立覆盖线上线下、课前课中课后、教学辅学的多维度智慧学习环境"〔1〕。必须看到的是，这些政策层面的规定都是列举式的，它只是列出了当前法学教育所可能面对的时代挑战，体现了国家对于人工智能发展对法学教育可能带来挑战的积极回应。但是，这一回应背后的时代协同理念却是至关重要的，它要求法学教育和法治人才培养时刻关注法治实践的最新发展，积极应对信息化、互联网、人工智能给整个社会层面所带来的各种变化，从学科、专业、培养模式、教学方法等多个层面，形成一整套应对的体系，以保持中国法治人才的与时俱进。从整体意义上说，时代协同理念是维系法学教育和法治人才培养能力，培养法科生精英性和职业性的一个基础依据，是可以随着人工智能对于社会法律实践形态的塑造而随时跟进的。

国际协同的空间超越性。当今世界，新时代世界政治经济形势面临政治多极化、全球化、社会信息化、文化多样化深入发展，〔2〕全球治理体系和国际秩序变革加速推进，科技进步日新月异，教育国际化潮流日益凸显，国家之间的互联互通已经渗透到社会生活的方方面面，为适应我国与世界日益频繁和深入的交流互动，适应中国高等教育走向世界舞台，树立全球格局，明确国际坐标的高等教育新趋势，中国法学教育也要积极作为，砥砺开拓，在世界法学教育发展图景中发出中国声音，添加中国元素，提出中国方案。这就

〔1〕 教育部、中央政法委《关于坚持德法兼修实施卓越法治人才教育培养计划 2.0 的意见》（教高〔2018〕6 号）。

〔2〕 陈鑫：《习近平"人类命运共同体"思想产生背景的四维探析》，载《合肥师范学院学报》2018 年第 5 期。

需要中国法学教育贯彻国际协同理念，超越空间局限，提升中国法治人才适应国际规则，参与全球治理的能力，培养更多熟练掌握国际规则、通晓国际法律的专门人才。法学教育的国际协同理念所指向的正是这一问题。其方式可以通过"引进来"和"走出去"两个维度实现法学国际前沿理论知识的交流互通，实现法科学生国际实践能力的培养提升。具体来说，可以通过和国际知名大学的法学院系和研究机构建立合作交流关系，实现学分互认、教师互换、学生互派和课程互通，提升国内学生的国际化水平。可以通过选送法学专业师生到国际组织任职实践，培养一批具有国际视野、通晓国际规则，能够参与国际法律事务、善于维护国家利益、勇于推动全球治理规则变革的高层次涉外法治人才，尤其是服务"一带一路"建设，熟悉"一带一路"共建国家法制的高素质专门法治人才。人工智能时代的来临，更加剧了国际社会的互联互通，世界在虚拟空间中，成为一个崭新的社区，互联网法院的崛起在一定程度上已经突破了传统法律管辖权的主权界限，并且日益蔓延到其他法律服务领域，诚如学者所言，随着互联网络和高科技时代的来临，传统法学培训的范围被扩大，传统法学教育的重要元素（学生、法学院、研究中心）受到一定程度的动摇。[1] 当今国际化主导的法学教育的特征是超越传统国界、通过比较分析法所产生的智慧交换。[2] 因此，人工智能时代，法学教育也应重新定义其在国际多元化体系中的需求。

六、总结与回应：法学教育何以固本

诚如所言，要回答人工智能是否会对法学教育产生颠覆性影响，具体针对教育模式、课教学方法、专业设置和学科设置的研究方法，

---

[1] G. Grossman, "Building the World Community Through Legal Education", J. Klabbers, M. Sellers, eds., *The Internationalization of Law and Legal Education*, Finland: Springer, 2008: 29.

[2] S. Chesterman, "The Evolution of Legal Education: Internationalization, Transnationalization, Globalization", *German Law Journal*, 2009, 10 (7): 877-888.

可能是碎片化的，所得出的建议也会因此容易陷入"头痛医头，脚痛医脚"的困境，缺乏宏观指导意义。因此，本节从法学教育的七大实操理念切入，对人工智能所产生的影响进行了全方位的考察，并以此全面研判人工智能对法学教育三大指导理念所可能产生的冲击，进而综合判断，在人工智能时代，法学教育将面对何种冲击，这些冲击是否可能危及法学教育的存续之本，以期为未来法学教育的应对策略提供崭新的角度。经过考察，基本可以得出如下结论：

首先，德性理念基本能够继续成立。如前论述，法学教育的德性理念包括教师和学生的价值塑造和专业技能养成。在专业技能方面，人工智能时代可以替代传统的培养方式，从技术性层面对德性理念形成冲击。但是，在价值层面，法学教师德性的养成、法科学生的理想信念、公益精神，以及职业伦理的意识形态特征，却是很难为人工智能所取代的，它需要行为人范的法学教师的言传身教，需要结合特殊的国情、社情、民情进行实践训练，需要在中华优秀传统法律文化中进行无声的沁润，这是人工智能所不能取代的。尽管法律职业伦理的技术性规范很大程度上会受到人工智能的侵袭，但是，鉴于价值引领对于技术性规范的决定意义，法学教育坚定执行德性教育的理念，无疑是人工智能固守其本的根本所在。

其次，实践理念面临危机。尽管实践性是法学教育极为重要的属性，但和德性理念不同的是，校内实践理念和校外实践理念，无论是从实践的形式，还是从实践的内容来看，在人工智能时代都会面临着颠覆的危机，所可能留存的只是法律实践教学对于法律职业伦理的训练功能。这些年来，关于法律实践教学的不断升级，从后置式、验证式法律实践教学，走向同步庭审直播等形式支撑的"同步实践教学"，再到新近的"实践前置"，[1] 在一定程度上，都体现了信息化时代对于法律实践教学形态的直接影响。并且，值得注意的是，人工智能对于法律实践教学的影响正在渗透到法律实践教

---

〔1〕　刘坤轮：《前置到招生后：关于中国法律实践教学的一个构想》，载《人民法治》2019 年第 14 期。

学的内容之中，智慧教室、VR仿真技术的引入，就是法律实践教学内容变更的直接表现。但是，需要指出的是，由于法律职业伦理的塑造需要"学训一体"，[1] 因此，在人工智能时代，尽管法律实践教学在形态和内容上会发生重大变革，但由于它和法学教育德性理念的特殊关联，这一理念并不会陷入全面的结构性崩塌。

最后，协同理念取决于时代协同理念的及时更新。协同培养是现代法学教育的基本要求，协同理念之于中国法学教育的意义在于时空的超越性，国内协同和国际协同所指向的多在于空间上的超越性，但是，在人工智能时代，无界限感已经逐步渗透到教育领域的各个环节，传统法学教育的各个要素，尤其是知识传授环节，都可以在信息技术的帮助下获取。国内院校之间的合作以及和实务部门的合作，逐渐也会因智能化而淡化人员本身的流动。国际层面的交流互动，或许只会留下社会风俗的亲身感触，至于前沿知识的获取和国际实践能力的培养，人工智能技术是完全可以实现超空间运行的。协同理念中的时代协同为法学教育的与时俱进保留了前进空间，在时代协同理念之下，法学教育自身要积极应对人工智能时代的社会变迁，依据实践需求不断调整法学教育的各个要素，无论是学科设置、专业交叉、教学方法更新，还是实践教学的虚拟全真，对人工智能挑战的应对，都是时代协同理念的必然要求，也是维系法学教育职业性和精英性的重要支撑理念。

综上，人工智能不仅对于整个社会是全方位的颠覆性影响，对于法律职业更是如此，这种影响已经逆向切入法学教育的各个环节，危及现代法学教育赖以存续的根本，但是，德性理念和时代协同理念在人工智能时代，仍然能够为法学教育撑起一片天空，使得法学教育可以固守其本。因此，在人工智能时代，中国法学教育想要发出中国声音，提出中国方案，就不能只关注碎片化的影响，更是要加强宏观布局，这方面，国家层面已经采取行动，法学院系层面更

---

〔1〕 刘坤轮：《"学训一体"法律职业伦理教学模式的实践与创新》，载《政法论坛》2019年第2期。

要及时跟进，加强德性教育，系统展开时代协同对于法学教育各个环节的渗透，在宏观层面，教育规模、教学形态、教育理念、教育标准、教育技术要推陈出新；在微观层面，学科、专业、课程体系、教学方法、实践教学等各个环节要全面跟进人工智能发展的时代要求。唯其如此，中国的法学教育才能与时俱进，在人工智能的时代浪潮中，固守法学教育的职业性和精英性，积极迎接法学教育在人工智能时代的质量革命。

参考
References / 文献

一、中文参考文献

（一）著作类

1. 费安玲等：《中国法学专业本科课程体系设计改革研究》，中国政法大学出版社 2016 年版。

2. 何美欢等：《理想的专业法学教育》，中国政法大学出版社 2011 年版。

3. 唐稷尧、陈驰主编：《法学本科人才培养模式创新与课程教学改革》，四川大学出版社 2014 年版。

4. 王超杰：《转型与嬗变：地方本科院校法学专业法律文书写作课程教学初探》，世界图书出版公司 2016 年版。

5. 徐显明主编：《中国法学教育状况》，中国政法大学出版社 2006 年版。

6. 李贵连等编：《百年法学：北京大学法学院院史（1904—2004）》，北京大学出版社 2004 年版。

7. 张友渔主编：《中国法学四十年（1949—1989）》，上海人民出版社 1989 年版。

8. 汤能松等编著：《探索的轨迹——中国法学教育发展史略》，法律出版社 1995 年版。

9. 《中国教育年鉴（1949—1981）》，中国大百科全书出版社 1984 年版。

10. 霍宪丹：《不解之缘：二十年法学教育之见证》，法律出版社 2003 年版。

11. 刘坤轮：《中国法律职业伦理教育考察》，中国政法大学出版社

2014 年版。

12. 李浩:《课比天大》,生活·读书·新知三联书店 2013 年版。

13. 刘坤轮:《法学教育与法律职业衔接问题研究》,中国人民大学出版社 2009 年版。

14. 杨欣欣主编:《法学教育与诊所式教学方法》,法律出版社 2002 年版。

15. 朱景文:《比较法总论》(第 2 版),中国人民大学出版社 2008 年版。

16. 周荣编著:《证据法要论》,商务印书馆 1936 年版。

17. 董康:《集成刑事证据法》,刘氏嘉业堂 1942 年印行。

18. 王亢侯编著:《证据法学》,东吴大学法学院 1948 年发行。

19. 陈朴生:《刑事证据法》,三民书局 1979 年版。

20. 张保生主编:《证据法学》(第 2 版),中国政法大学出版社 2014 年版。

21. 北京大学财经法研究中心:《关于"坚持公共财产法定位,推进财税法基础理论大繁荣"的学科共识》,载刘剑文主编:《财税法论丛》(第 16 卷),法律出版社 2015 年版。

22. 熊伟:《走出宏观调控法误区的财税法学》,载刘剑文主编:《财税法论丛》(第 13 卷),法律出版社 2013 年版。

23. 熊伟:《财政法基本问题》,北京大学出版社 2012 年版。

24. 刘剑文主编:《改革开放 40 年与中国财税法发展》,法律出版社 2018 年版。

25. 王立民:《古代东方法研究》,北京大学出版社 2006 年版。

26. 孙学亮:《当前法学教育的困境分析》,载齐恩平主编:《法学教育改革与探索——天商法学教育改革研究》,中国政法大学出版社 2015 年版。

27. 曾宪义、张文显编:《中国法学专业教育教学改革与发展战略研究》,高等教育出版社 2002 年版。

28. 教育部高等学校教学指导委员会编:《普通高等学校本科专业类

教学质量国家标准》，高等教育出版社 2018 年版。

29. 霍宪丹：《中国法学教育反思》，中国人民大学出版社 2007 年版。

（二）译著类

1. ［英］威廉·特文宁：《证据理论：边沁与威格摩尔》，吴洪淇、杜国栋译，中国人民大学出版社 2015 年版。

2. ［美］摩根：《证据法之基本问题》，李学灯译，世界书局 1982 年版。

3. ［美］克利福德·吉尔兹：《地方性知识——阐释人类学论文集》，王海龙、张家瑄译，中央编译出版社 2000 年版。

4. ［美］托马斯·库思：《科学革命的结构》，金吾伦、胡新和译，北京大学出版社 2003 年版。

5. ［德］卡尔·马克思：《对民主主义者莱茵区域委员会的审判》，载《马克思恩格斯全集》（第 6 卷），人民出版社 1961 年版。

6. ［德］马克斯·韦伯：《论经济与社会中的法律》，张乃根译，中国大百科全书出版社 1998 年版。

（三）论文类

1. 《全国高等师范院校加强〈法学概论〉课程建设》，载《法学杂志》1982 年第 1 期。

2. 张光博：《法理学和宪法学所应树立的基本观点及法学骨干课程设置》，载《当代法学》1997 年第 5 期。

3. 刘德兴：《关于法学本科教育课程设置问题的思考》，载《四川师范大学学报（社会科学版）》1999 年第 S2 期。

4. 李龙、李炳安：《我国综合性大学法学本科专业课程体系的调查与思考》，载《政法论坛》2003 年第 5 期。

5. 项波、段春霞：《浅析我国法学本科教育课程设置的缺陷》，载《江西理工大学学报》2007 年第 2 期。

6. 高向平：《法学专业课程体系和教学内容的改革与完善》，载《黑河学刊》2009 年第 2 期。

7. 王毅、宋丽丽：《法学本科课程体系设计改革思考》，载《扬州大学学报（高教研究版）》2014 年第 4 期。

8. 黎四奇、梁爽：《对中国法学本科课程设置的检讨与反思》，载《创新与创业教育》2015 年第 2 期。

9. 吴斌：《高等理工科院校法学专业课程体系建设刍议》，载《教育教学论坛》2012 年第 18 期。

10. 王珏：《理工科高校特色法学双学位课程研究》，载《学理论》2016 年第 2 期。

11. 布署、衣海会：《民族高校法学预科阶段课程设置存在的问题及对策》，载《民族高等教育研究》2015 年第 1 期。

12. 李海军、土琮墭：《医学院校卫生法学课程设置情况调查研究》，载《中国卫生法制》2015 年第 6 期。

13. 廖晨歌：《完善医事法学专业课程体系的调查与对策建议——以滨州医学院医事法学专业为例》，载《医学与法学》2016 年第 4 期。

14. 安国江：《〈国标〉视角下对公安院校法学专业课程设置的思考》，载《贵州警官职业学院学报》2018 年第 6 期。

15. 马明飞、黄爱莲：《卓越法律人才培养视角下的法学课程改革研究》，载《课程教育研究》2018 年第 9 期。

16. 胡武艳：《司法考试背景下民办高校法学专业课程体系重构》，载《西部素质教育》2015 年第 15 期。

17. 李树忠：《坚持改革调整创新立中国法学教育　德法兼修明法笃行塑世界法治文明》，载《中国大学教学》2018 年第 4 期。

18. 《华北高等教育委员会颁布各大学专科学校文法学院各系课程暂行规定》，载《人民日报》1949 年 10 月 12 日。

19. 《关于实施高等学校课程改革的决定》，载《人民教育》1950 年第 5 期。

20. 俞江：《"文革"前的北大法律系（1949—1966）》，载《中外法学》2004 年第 2 期。

21. 张腾霄：《中国人民大学的教学工作概述》，载《人民教育》

1951 年第 1 期。

22. 克昌：《政法院校介绍》，载《法学研究》1954 年第 4 期。

23. 《中国新法学研究院第一期教学计划大纲》，载司法部教育司：《有关法律专业教学计划资料》，1958 年 6 月。

24. 《1979—1993 年的法学教育工作》，载《中国司法行政年鉴（1995）》，法律出版社 1996 年版。

25. 《法学专业 14 门核心课程教学指导纲要审定暨核心课教材主编遴选会在京召开》，载《法学家》1998 年第 5 期。

26. 王小梅：《理性对待我国大学"同质化"问题》，载《文汇报》2016 年 9 月 23 日。

27. 刘坤轮：《我国法学类专业本科课程体系改革的现状与未来——以五大政法院校类院校为例》，载《中国政法大学学报》2017 年第 4 期。

28. 方流芳：《中国法学教育观察》，载《比较法研究》1996 年第 2 期。

29. 徐显明：《法学教育的基础矛盾与根本性缺陷》，载《法学家》2003 年第 6 期。

30. 傅郁林：《以职业保障为前提实行法官员额制与选任制度》，载《中国审判》2015 年第 5 期。

31. 顾晓宁：《员额制改革与司法监督理念的转变》，载《中国检察官》2016 年第 5 期。

32. 陈永生、白冰：《法官、检察官员额制改革的限度》，载《比较法研究》2016 年第 2 期。

33. 刘斌：《从法官"离职"现象看法官员额制改革的制度逻辑》，载《法学》2015 年第 10 期。

34. 徐航、刘坤轮：《"大法学"与"小法学"：解释力的差异与同质》，载《首都师范大学学报（社会科学版）》2014 年第 4 期。

35. 王丽君、方天：《悬挂在法制社会的天平——政法类高校巡礼》，载《求学》2015 年第 6 期。

36. 黄进：《立志勤学修德"解锁"快意人生》，载《北京教育（德育）》2017 年第 9 期。

37. 《第一届"立格联盟"科研管理论坛在长沙举行》，载《比较法研究》2012 年第 1 期。

38. 徐显明等：《改革开放四十年的中国法学教育》，载《中国法律评论》2018 年第 3 期。

39. 金星均：《韩国法律人职业伦理教育和律师考试》，收录于《"回应变革呼声：中国法律职业伦理"国际学术研讨会论文集》。

40. 袁钢、刘璇：《高校法律职业伦理课程的调研与分析》，载《中国法学教育研究》2012 年第 1 期。

41. 黄冬松：《你的名字写在判决书上》，载《江淮法治》2016 年第 18 期。

42. 房文翠：《法学教育中的法学实践教学原则》，载《中国大学教学》2010 年第 6 期。

43. 袁钢：《法律诊所教学评价方法探究》，载《法学杂志》2011 年第 2 期。

44. 王晨光：《"个案全过程教学法"是探索法律实践教学新路径》，载《法学》2013 年第 4 期。

45. 陈兵：《搭建高校法学教育校内实践教学平台的新探索——以模拟法庭赛季为主体的尝试》，载《黑龙江高教研究》2013 年第 5 期。

46. 吴光升：《法学本科法律援助实践教学方式：意义、困境与出路》，载《高教论坛》2019 年第 1 期。

47. 季敏：《法律实践教学模式改革与创新研究——基于卓越法律人才教育培养计划》，载《长春大学学报》2013 年第 8 期。

48. 王立民：《"双千计划"与法治人才的培养》，载《上海政法学院学报（法治论丛）》2017 年第 5 期。

49. 张守波：《案例教学法在法学实践教学中的应用》，载《教育探索》2014 年第 2 期。

50. 刘晓兵：《法律实践教学中的角色演练与技能培养》，载《中国政法大学学报》2015 年第 1 期。

51. 蔡立东、刘晓林：《新时代法学实践教学的性质及其实现方式》，载《法制与社会发展》2018 年第 5 期。

52. 胡平仁：《我国法学教育的目标定位与人才培养模式改革》，载《法学教育研究》2010 年第 2 期。

53. 苏力：《当代中国法学教育的挑战与机遇》，载《法学》2006 年第 2 期。

54. 甄贞：《一种新的教学方式：诊所式法律教育》，载《中国高等教育》2002 年第 8 期。

55. 何妙：《法学实践教学研究》，载《商场现代化》2010 年第 19 期。

56. 陈兴华：《法学实践性教学的出路》，载《昆明理工大学学报（社会科学版）》2009 年第 11 期。

57. 叶永禄：《论法学实践教学与卓越法律人才培养教育——有感于教育部"卓越法律人才教育培养计划"》，载《云南大学学报（法学版）》2013 年第 3 期。

58. 蔡立东、刘晓林：《新时代法学实践教学的性质及其实现方式》，载《法制与社会发展》2018 年第 5 期。

59. 谢晓专：《案例教学法的升华：案例教学与情景模拟的融合》，载《学位与研究生教育》2017 年第 1 期。

60. 李林：《全面推进依法治国是一项宏大系统工程》，载《国家行政学院学报》2014 年第 6 期。

61. 黄进：《世界一流大学建设与一流本科教学的创新——中国政法大学的理念与实践》，载《中国高教研究》2016 年第 6 期。

62. 徐同文：《以课程创新为着力点 加强学校内涵质量建设》，载《中国高等教育》2012 年第 8 期。

63. 俞可平：《治理和善治引论》，载《马克思主义与现实》1999 年第 5 期。

64. 裴云、任丽婵：《重新认识实践教学的内涵和外延》，载《当代教育科学》2015 年第 15 期。

65. 房绍坤：《我国法学实践教学存在的问题及对策》，载《人民法治》2018 年第 16 期。

66. 黄进：《新时代中国特色社会主义法治理论的创新发展》，载《人民论坛》2017 年第 33 期。

67. 《教育部公布"2011 协同创新中心"首批认定名单》，载《时事资料手册》2013 年第 3 期。

68. 刘坤轮：《我国法学专业核心课程的流变及最新调整》，载《中国法学教育研究》2019 年第 2 期。

69. 《中国人民大学法学院证据学研究所》，载《证据学论坛》2010 年第 00 期。

70. 张保生、王进喜、吴洪淇：《中国证据法学三十年（1978—2008)》，载教育部人文社会科学重点研究基地——法学基地（9+1）合作编写：《中国法学三十年（1978—2008）》，中国人民大学出版社 2008 年版。

71. 张保生、冯俊伟、朱盛文：《中国证据法 40 年》，载《证据科学》2018 年第 2 期。

72. 盛振为：《十九年来之东吴法律教育》，载《苏州大学学报（法学版）》2015 年第 3 期。

73. 刘剑文：《房产税改革正当性的五维建构》，载《法学研究》2014 年第 2 期。

74. 丰霏：《法官员额制的改革目标与策略》，载《当代法学》2015 年第 5 期。

75. 苏俊雄：《论刑事证据法的本质与体系问题》，载《刑事法杂志》1971 年第 15 卷第 1 期。

76. 陈朴生：《大陆证据法之特征》，载《军法专刊》1955 年第 4 卷第 1 期。

77. 曾世雄：《法国证据法上合法之原则》，载《法学丛刊》1968 年

第 13 卷第 3 期。

78. 石志泉：《英美证据法之特征》，载《法律评论》1955 年第 21 卷第 6 期。

79. 《军法专刊》编辑部：《美国军事证据法》"（一）～（九）系列"，分别载于《军法专刊》1964 年第 10 卷第 8 期至 1965 年第 11 卷第 8 期。

80. 林升格：《比较证据法研究》，载《中兴法学》1971 年第 6 期。

81. 刘楠：《学校教育的形上之思》，载《湖南师范大学教育科学学报》2014 年第 5 期。

82. 张卫平：《民事证据法必要性之考量》，载《法商研究（中南政法学院学报）》2001 年第 3 期。

83. 刘剑文：《学科突起与方法转型：中国财税法学变迁四十年》，载《清华法学》2018 年第 4 期。

84. 张保生：《事实、证据与事实认定》，载《中国社会科学》2017 年第 8 期。

85. 张保生、阳平：《证据客观性批判》，载《清华法学》2019 年第 6 期。

86. 张保生：《广义证据科学导论》，载《证据科学》2019 年第 2 期。

87. 刘坤轮：《前置到招生后：关于中国法律实践教学的一个构想》，载《人民法治》2019 年第 14 期。

88. 张保生、王旭：《2015—2016 年中国证据法治前进步伐》，载《证据科学》2017 年第 6 期。

89. 梁文永：《一场静悄悄的革命：从部门法学到领域法学》，载《政法论丛》2017 年第 1 期。

90. 张南宁：《科学证据论》，载《证据科学》2019 年第 3 期。

91. 吴洪淇：《证据排除抑或证据把关：审查起诉阶段非法证据排除的实证研究》，载《法制与社会发展》2016 年第 5 期。

92. 刘坤轮：《"学训一体"法律职业伦理教学模式的实践与创新》，载《政法论坛》2019 年第 2 期。

93. 吴岩：《加强新文科建设 培养新时代新闻传播人才》，载《中国编辑》2019 年第 2 期。

94. 李延成：《高等教育课程的国际化：理念与实践》，载《外国教育研究》2002 年第 7 期。

95. 刘剑文：《供给侧改革下法学本科核心课程的结构调整》，载《政法论丛》2017 年第 3 期。

96. 刘剑文：《学科突起与方法转型：中国财税法学变迁四十年》，载《清华法学》2018 年第 4 期。

97. 刘剑文、耿颖：《财税法学科的综合化与多元创新之路——从北京大学财税法学专业的演进展开》，载《中国大学教学》2014 年第 2 期。

98. 张富强等：《第二届中国高校财税法教学改革研讨会综述》，载《华南理工大学学报（社会科学版）》2005 年第 3 期。

99. 刘剑文：《论财税体制改革的正当性——公共财产法语境下的治理逻辑》，载《清华法学》2014 年第 5 期。

100. 陈立诚、刘剑文：《财税制度反腐：一种源头治理的新进路》，载《政治学研究》2015 年第 1 期。

101. 刘剑文：《论领域法学：一种立足新兴交叉领域的法学研究范式》，载《政法论丛》2016 年第 5 期。

102. 吕铖钢：《公共财产与私有财产分离下的财税法一体化》，载《财政研究》2018 年第 12 期。

103. 李悦：《分享经济下财税法学研究范式转变论纲》，载《中国市场》2016 年第 46 期。

104. 刘剑文：《财税法功能的定位及其当代变迁》，载《中国法学》2015 年第 4 期。

105. 翟继光：《关于税收债法的几个基本问题——读王家林先生的文章有感》，载《法学杂志》2005 年第 5 期。

106. 王桦宇：《论领域法学作为法学研究的新思维——兼论财税法学研究范式转型》，载《政法论丛》2016 年第 6 期。

107. 熊伟：《问题导向、规范集成与领域法学之精神》，载《政法论丛》2016 年第 6 期。

108. 张文显：《关于构建中国特色法学体系的几个问题》，载《中国大学教学》2017 年第 5 期。

109. 陈鑫：《习近平"人类命运共同体"思想产生背景的四维探析》，载《合肥师范学院学报》2018 年第 5 期。

110. 吴凯：《论领域法学研究的动态演化与功能拓展——以美国"领域法"现象为镜鉴》，载《政法论丛》2017 年第 1 期。

111. 侯卓：《"领域法学"范式：理论拓补与路径探明》，载《政法论丛》2017 年第 1 期。

112. 杨东、臧俊恒：《领域法学视野下经济法学培养模式之重构》，载《中国大学教学》2017 年第 10 期。

113. 赵毅：《足球法：一个新兴的领域法学》，载《体育成人教育学刊》2018 年第 1 期。

114. 杨大春：《从部门法学到领域法学——〈大明律〉转型的历史启示》，载《辽宁大学学报（哲学社会科学版）》2019 年第 1 期。

115. 洪治纲：《论领域法学理论在金融法学中的应用》，载《辽宁大学学报（哲学社会科学版）》2019 年第 1 期。

116. 解志勇：《法学学科结构的重塑研究》，载《政法论坛》2019 年第 2 期。

117. 吴岩：《建设中国"金课"》，载《中国大学教学》2018 年第 12 期。

118. 翟继光：《中国财税法学的现状与未来》，载《财税法论丛》（第 13 卷），法律出版社 2013 年版。

119. 谢如兰：《论财税法人才的培养——以德国税法硕士的培育为借镜》，载《财税法论丛》（第 14 卷），法律出版社 2014 年版。

120. 中国财税法学研究会：《国家治理与"财税法"课程的定位》，载《中国法学教育研究》2016 年第 4 期。

121. 刘剑文、王桦宇：《公共财产权的概念及其法治逻辑》，载《中国社会科学》2014 年第 8 期。

122. 张守文：《税制变迁与税收法治现代化》，载《中国社会科学》2015 年第 2 期。

123. 刘剑文：《落实税收法定原则的现实路径》，载《政法论坛》2015 年第 3 期。

124. 施正文：《分配正义与个人所得税法改革》，载《中国法学》2011 年第 5 期。

125. 廖丹：《基于"卓越法律人才"培养理念的财税法师资队伍建设》，载《云梦学刊》2013 年第 5 期。

126. 刘剑文：《以报国情怀铸造对外学术交流的"中国印"——财税法学研究会国际战略发展纪实》，载《河北法学》2011 年第 4 期。

127. 李军：《民法学本科教学改革探索》，载《兵团教育学院学报》2016 年第 3 期。

128. 徐国栋：《什么是民法哲学》，载《华东政法学院学报》2004 年第 6 期。

129. 苗连营、程雪阳：《"民法帝国主义"的虚幻与宪法学的迷思——第三只眼看"根据宪法，制定本法"的争论》，载《四川大学学报（哲学社会科学版）》2008 年第 2 期。

130. 杨善长：《民法学思维模式与教学方法探析》，载《渤海大学学报（哲学社会科学版）》2012 年第 1 期。

131. 徐国栋：《"民法"变迁史考》，载《中国政法大学学报》2007 年第 2 期。

132. 于殿利：《〈巴比伦法〉的人本观初探——兼与传统的"同态复仇"原始残余说商榷》，载《世界历史》1997 年第 6 期。

133. 米健：《略论罗马万民法产生的历史条件和思想渊源》，载《厦门大学学报（哲学社会科学版）》1984 年第 1 期。

134. 费安玲：《法学本科课程设计思维中的教育目的之透视》，载

《中国法学教育研究》2006 年第 4 期。

135. 陈金钊：《对法治作为社会主义核心价值观的诠释》，载《法律科学（西北政法大学学报）》2015 年第 2 期。

136. 戴龙：《全球化时代的日本法学教育与发展》，载《南京航空航天大学学报（社会科学版）》2008 年第 2 期。

137. 杨知文：《法理学的学科定位及教科书体系》，载《前沿》2013年第 2 期。

138. 马长山：《面向智慧社会的法学转型》，载《中国大学教学》2018 年第 9 期。

139. 左卫民：《关于法律人工智能在中国运用前景的若干思考》，载《清华法学》2018 年第 2 期。

140. 左卫民：《热与冷：中国法律人工智能的再思考》，载《环球法律评论》2019 年第 2 期。

141. 左卫民：《迈向大数据法律研究》，载《法学研究》2018 年第4 期。

142. 赵鹏：《法律人工智能技术的发展和法学教育的回应》，载《中国高等教育》2019 年第 Z1 期。

143. 刘甦、张瑶：《AI 变革法律行业尚处前夜：大数据、人文关怀和技术水平都是痛点》，载《财经杂志》2018 年 3 月 5 日，第2 版。

144. 何昕航、武文芳：《法律人工智能对检察类职业的挑战与应对》，载《新西部》2018 年第 17 期。

145. 姜可：《"人工智能+"背景下理工院校法学教育模式》，载《智库时代》2018 年第 23 期。

146. 程龙：《从法律人工智能走向人工智能法学：目标与路径》，载《湖北社会科学》2018 年第 6 期。

147. 吴汉东：《人工智能时代的制度安排与法律规制》，载《法律科学（西北政法大学学报）》2017 年第 5 期。

148. 贾引狮：《人工智能对法律职业的影响与法学教育面临的挑战》，

载《法学教育研究》2018 年第 3 期。

149. 刘坤轮：《中国法学教育改革的理念层次——深埋在"卓法计划 2.0"中的金丝银线》，载《中国大学教学》2019 年第 6 期。

150. 刘坤轮：《〈新文科建设宣言〉语境中的新法科建设》，载《新文科教育研究》，2021 年第 2 期。

151. 许身健、张涛：《认真对待法律职业伦理教育——我国法律职业伦理教育的双重挑战及克服》，载《探索与争鸣》2023 年第 12 期。

（四）报刊类

1. 程恩富、刘志明：《"四个全面"：治国理政的重要遵循》，载《人民日报》2015 年 5 月 28 日，第 7 版。

2. 《〈立格联盟院校法学专业教学质量标准〉发布 中国政法大学校长黄进详解标准的制定背景过程和主要内容》，载《法制日报》2017 年 7 月 19 日，第 9 版。

3. 《中国政法大学"同步实践教学"全面升级》，载《法制日报》2018 年 4 月 11 日，第 9 版。

4. 郝铁川：《杨兆龙与他的恩师吴经熊》，载《人民法院报》2017 年 7 月 21 日，第 6 版。

5. 《习近平：在哲学社会科学工作座谈会上的讲话》，载《人民日报》2016 年 5 月 19 日，第 2 版。

6. 《习近平总书记"在哲学社会科学工作座谈会上的讲话"》，载《人民日报》2016 年 5 月 19 日，第 3 版。

7. 朱景文：《中国近 30 年来诉讼案件数量分析》，载《法制日报》2012 年 1 月 18 日，第 9 版。

8. 程瑞华、赵志耕：《从法学角度谈〈个税法〉修改》，载《金融时报》2005 年 9 月 8 日，第 A02 版。

9. 《中国政法大学整合资源：学科跨界原来可以这样搞》，载《中国教育报》2016 年 5 月 14 日，第 1 版。

10. 《习近平在中国政法大学考察时强调 立德树人 德法兼修 抓好法

治人才培养 励志勤学 刻苦磨炼 促进青年成长进步》，载《人民日报》2017 年 5 月 4 日，第 1 版。

（五）学位论文类

1. 董节英：《1949—1957 年的中国法学教育》，中共中央党校 2006 年博士学位论文。

2. 欧阳松：《论法律硕士的职业伦理教育》，湖南师范大学 2019 年硕士学位论文。

二、英文参考文献

1. ABA Standards and Rules of Procedure for Approval of Law Schools 2016-2017, 303.

2. ABA Standards and Rules of Procedure for Approval of Law Schools 2016-2017, 509.

3. Karl E. Klare, "The Law-School Curriculum in the 1980s: What's Left?", *Journal of Legal Education*, Vol. 32, No. 3 (Septemper 1982), pp. 336-343.

4. Paul M. Kurtz, "An Inventory of the Criminal Justice Curriculum Of American Law Schools", *Journal of Legal Education*, Vol. 31, No. 1/2 (1981), pp. 164-182.

5. Paul J. Spiegelman, "Integrating Doctrine, Theory and Practice in the Law School Curriculum: The Logic of Jake's Ladder in the Context of Amy's Web", *Journal of Legal Education*, Vol. 38, No. 1/2 (March/June 1988), pp. 243-270.

6. Leigh Jones, "Schools Altering Curriculum Beyond First Tear", *Nat'l L. J.*, Oct. 16, 2006.

7. Janel Thamkul, "The Plenary Power-Shaped Hole in the Core Constitutional Law Curriculum: Exclusion, Unequal Protoection, and American National Identity", *California Law Review*, Vol. 96, No. 2 (Apr., 2008), pp. 553-593.

8. Frank E. A. Sander, "Alternative Dispute Resolution in the Law School Curriculum: Opportunities and Obstacles", *Journal of Legal Education*, Vol. 34, No. 2 (June 1984), pp. 229–236.

9. Henry F. Fradella, "Integrating the Study of Sexuality into the Core Law School Curriculum: Suggestions for Substantive Criminal Law Courses", *Journal of Legal Education*, Vol. 57, No. 1 (March 2007), pp. 60–76.

10. M. Stuart Madden, "Integrating Comparative Law Concepts Into the First Year Curriculum: Torts", *Journal of Legal Education*, Vol. 56, No. 4 (December 2006), pp. 560–577.

11. Anita Bernstein, "On Nourishing the Curriculum with a Transnational Law agniappe", *Journal of Legal Education*, Vol. 56, No. 4 (December 2006), pp. 578–595.

12. Deborah Maranville, "Infusing Passion and Context into the Traditional Law Curriculum Through Experiential Learning", *Journal of Legal Education*, Vol. 51, No. 1 (March 2001), pp. 51–74.

13. Edward McGlynn Gaffney, Jr., "Biblical Law and the First Year Curriculum of American Legal Education", *Journal of Law and Religion*, Vol. 4, No. 1 (1986), pp. 63–95.

14. Norman R. Prance, "Economic Analysis Will Change Business Law Curriculum", *Business Law Memo*, Vol. 3, No. 5 (May/June 1983), pp. 4–6.

15. Bobette Wolski, "Why, How, and What to Practice: Integrating Skills Teaching and Learning in theUndergraduate Law Curriculum", *Journal of Legal Education*, Vol. 52, No. 1/2 (March/June 2002), pp. 287–302.

16. R. Michael Cassidy, "Reforming the Law School Curriculum from the Top Down", *Journal of Legal Education*, Vol. 64, No. 3 (February 2015), pp. 428–442.

三、网络文献

1. 骆红维：《2013—2017 年教育部高等学校法学类专业教学指导委员会成立大会在京举办》，载《中国政法大学校报》，https：// newspaper. cupl. edu. cn/index/article/articleinfo. html？doc_id＝2057，最后访问日期：2024 年 6 月 4 日。

2. 关于美国律师协会（ABA，American Bar Association），载 https：//www. americanbar. org/，最后访问日期：2019 年 3 月 1 日。

3. 关于美国法学院学会（AALS, the Association of Law Schools），载 https：//www. aals. org/，最后访问日期：2019 年 3 月 1 日。

4. 《教育部发布我国高等教育领域首个教学质量国家标准》，载 http：//www. moe. gov. cn/jyb_xwfb/xw_fbh/moe_2069/xwfbh_2018n/xwfb_20180130/sfcl/201801/t20180130_325920. html，最后访问日期：2024 年 6 月 4 日。

5. 《中共中央关于全面推进依法治国若干重大问题的决定》，载 http：//cpc. people. com. cn/n/2014/1029/c64387 - 25927606. html，最后访问日期：2024 年 7 月 22 日。

6. 参见中国政法大学法学教育研究与评估中心，载 http：//fxjyzx. cupl. edu. cn/index. htm，最后访问日期：2024 年 7 月 22 日。

7. 《法学毕业生就业率倒数第二 就业对口率仅 47%》，载 https：// www. qingdaonews. com/content/2009 - 06/19/content _ 8069327 _ 2. htm，最后访问日期：2024 年 8 月 30 日。

8. 《"以教书为业，也以教书为生"——黄进校长在 2015 年教师节庆祝大会上的讲话》，载 http：//news. cupl. edu. cn/info/1013/1230. htm，最后访问日期：2024 年 7 月 22 日。

9. 《"中华文明通论"课程简介》，载 https：//wenmingcn. cupl. edu. cn/kcgl/kcjj. htm，最后访问日期：2024 年 7 月 22 日。

10. 《〈西方文明讲演录〉被列为"全国高等院校通识课教材"》，载 https：//newspaper. cupl. edu. cn/index/article/articleinfo?doc_id＝4778，最后访问日期：2024 年 7 月 22 日。

11. 《中国政法大学本科教学质量报告（2022—2023 学年）》，载 ht-tps：//xxgk. cupl. edu. cn/info/1067/5409. htm，最后访问日期：2024 年 7 月 22 日。

12. 《我国首个高等教育教学质量国家标准发布 涉及 56 000 多个专业点》，载 http：//edu. people. com. cn/n1/2018/0130/c367001 - 29795328. html，最后访问日期：2024 年 9 月 1 日。

13. 《教育部中央政法委关于坚持德法兼修实施卓越法治人才教育培养计划 2. 0 的意见》，载 http：//www. moe. gov. cn/srcsite/A08/moe_739/s6550/201810/t20181017 _ 351892. html，最后访问日期：2024 年 9 月 1 日。

14. 《〈关于完善国家统一法律职业资格制度的意见〉印发》，载 ht-tp：//politics. people. com. cn/n1/2015/1220/c1001 - 27952144. html，最后访问日期：2024 年 9 月 1 日。

15. American Bar Association, 2016-2017 ABA Standards for Approval of Law schools, 2016, Chapter 3, Standard 302, 303, available at ht-tp：//www. americanbar. org/content/dam/aba/publications/misc/le-gal_education/Standards/2016_2017_standards_chapter3. authcheck-dam. pdf, last visited on 2024-9-1.

16. 《证据科学教育部重点实验室（中国政法大学）》，载 http：//zjkxyjy. cupl. edu. cn/jggk/zjkxjybzdsys/jj. htm，最后访问日期：2024 年 9 月 1 日。

17. 相关人才培养信息可参见中国政法大学证据科学研究院招生简章，载 http：//zjkxyjy. cupl. edu. cn/rcpy/xljy/zsjz. htm，最后访问日期：2024 年 9 月 1 日。

18. 《盛振为——培养法律精英的教育家》，载 http：//www. fxcxw. org. cn/dyna/content. php? id = 8656，最后访问日期：2024 年 9 月 1 日。

19. 《证据法学专业（证据法学方向）攻读硕士学位研究生培养方案》，载 http：//zjkxyjy. cupl. edu. cn/info/1042/1529. htm，最后

访问日期：2024 年 9 月 1 日。

20. 《2022 年证据法学专业博士研究生培养方案》，载 http：//
zjkxyjy. cupl. edu. cn/info/1042/7128. htm，最后访问日期：2019 年
3 月 3 日。

21. 《中国政法大学 2020 年秋季博士后研究人员招收公告》，载 ht-
tps：//yjsy. cupl. edu. cn/info/1110/2748. htm，最后访问日期：
2024 年 9 月 1 日。

22. 《中国政法大学 2024 年博士后研究人员招收公告》，载 https：//
yjsy. cupl. edu. cn/info/1110/11514. htm，最后访问日期：2024 年
9 月 1 日。

23. 《中国政法大学本科培养方案（2022）》，载 http：//jwc. cupl.
edu. cn/info/1055/9127. htm，最后访问日期：2024 年 9 月 1 日。

24. 中国政法大学证据科学研究院《2019—2020 学年第一学期课程
信息一览表》，载 http：//zjkxyjy. cupl. edu. cn/info/1052/3417.
htm，最后访问日期：2024 年 9 月 1 日。

25. 《我校成功举办首届全国证据科学暑期高级研修班》，载 ht-
tp：//news. cupl. edu. cn/info/1012/7995. htm，最 后 访 问 日 期：
2019 年 3 月 7 日。

26. 《首届高等学校法学类专业证据法学高级师资研讨培训班在海口
圆 满 落 幕》，载 http：//zjkxyjy. cupl. edu. cn/info/1027/1337.
htm，最后访问日期：2019 年 3 月 7 日。

27. 《中国政法大学中美双硕士学位（MS-JM）研究生项目培养方
案》，载 http：//zjkxyjy. cupl. edu. cn/info/1042/1531. htm，最后
访问日期：2024 年 9 月 1 日。

28. 《国际交流概况》，载 http：//zjkxyjy. cupl. edu. cn/kfyjl/gjjl/gjjl-
gk. htm，最后访问日期：2024 年 9 月 1 日。

29. 《"111 计划"——证据科学创新引智基地》，载 http：//zjkxyjy.
cupl. edu. cn/kfyjl/zjkx_yzjh. htm，最后访问日期：2024 年 9 月
1 日。

30. 《十周年院庆系列学术活动：我国首家法庭科学博物馆正式开馆》，载 http：//zjkxyjy. cupl. edu. cn/info/1026/1261. htm，最后访问日期：2024 年 9 月 1 日。

31. 《校长黄进主持教育部高等学校法学类专业教学指导委员会 2017 年年会》，载 http：//news. cupl. edu. cn/info/1011/25771. htm，最后访问日期：2024 年 9 月 1 日。

32. 北京大学法学院网站，http：//www. law. pku. edu. cn/，最后访问日期：2024 年 9 月 1 日。

33. 厦门大学法学院网站，https：//law. xmu. edu. cn/，最后访问日期：2024 年 9 月 1 日。

34. 《北京大学法学院税法硕士培养计划》，载 http：//www. cftl. cn/ArticleInfo. aspx？Aid = 45929&LevelId = 002004001003003，最后访问日期：2024 年 9 月 1 日。

35. 《第十届中国财税法前沿问题高端论坛在常州大学举行》，载 https：//www. chinalaw. org. cn/portal/article/index/id/11625/cid/28. html，最后访问日期：2024 年 9 月 1 日。

36. 龙卫球：《民法典编纂要警惕"宪法依据"陷阱》，载 https：//opinion. caixin. com/2015 - 04 - 22/100802509. html，最后访问日期：2024 年 9 月 1 日。

37. 《法考各科分值占比有不同！看清楚，就知道要抓哪科！》，载 https：//wlkt. cuploeru. com/article/576，最后访问日期：2024 年 9 月 1 日。

38. 《华东政法大学全日制本科专业培养方案（2017 级）》，载 https：//jwc. ecupl. edu. cn/2018/0511/c4052a89344/page. htm，最后访问日期：2019 年 7 月 10 日。

39. 《律品智能法律机器人 3 分钟问答 1 秒出万字法律文书》，载 https：//www. sohu. com/a/226126067 _ 115239，最后访问日期：2024 年 9 月 1 日。

40. 《高云：律师们都说大势将至，却不知未来已来》，载 https：//
    m. sohu. com/a/191790264_328962/，最后访问日期：2019 年 7
    月 12 日。

图书在版编目（CIP）数据

我国法学专业课程体系研究 / 刘坤轮著. -- 北京：
中国政法大学出版社，2025. 6. -- ISBN 978-7-5764
-2095-1

　Ⅰ. D92-4

中国国家版本馆 CIP 数据核字第 2025QC2402 号

出　版　者　中国政法大学出版社

地　　　址　北京市海淀区西土城路 25 号

邮寄地址　北京 100088 信箱 8034 分箱　邮编 100088

网　　　址　http://www.cuplpress.com（网络实名：中国政法大学出版社）

电　　　话　010-58908289(编辑部) 58908334(邮购部)

承　　　印　固安华明印业有限公司

开　　　本　650mm×960mm　1/16

印　　　张　14.5

字　　　数　200 千字

版　　　次　2025 年 6 月第 1 版

印　　　次　2025 年 6 月第 1 次印刷

定　　　价　75.00 元